다크패턴의 비밀

DECEPTIVE PATTERNS

다크패턴의 비밀

기만적인 온라인 설계는 어떻게
우리의 선택을 조종하는가

해리 브리그널 지음 ◦ 심태은 옮김

Deceptive
Patterns

뉴스레터를 구독하시면,
더 많은 혜택과 할인을 받을 수 있습니다.
제공하는 모든 정보를 무제한으로 읽어 보세요.

~~₩3,900~~ ₩1,900

체험 기간이 끝나면 ₩3,900로 청구됩니다.

구독하고 혜택 받기

6774명이 이 페이지를 보고 있습니다.

구독하기

괜찮습니다.
유익한 정보에 관심 없어요

어크로스

• 일러두기

이 책의 원제는 Deceptive Patterns로, '속임수 패턴', '기만적 패턴'으로 번역하는 것이 더 적절하지만, 국내에서는 '다크패턴'이 널리 통칭되고 있어 제목에는 '다크패턴'을 사용하였다. 본문에서는 '기만적 패턴'을 주로 사용하였고, 법적인 용어의 경우에 '다크패턴'으로 옮겼다.

나를 이 길로 이끌어준
마이크 스케이프를 기리며

추천의 말

온라인 쇼핑을 할 때면 좌절감을 자주 경험한다. 최저가 검색으로 합리적 소비를 하려 했는데 구매 단계에서 배보다 큰 배꼽 수준의 배송료와 부대비용을 보고 결제를 취소하는 경우가 많다. 시간과 에너지 낭비는 물론이고 굳이 싼 가격을 비교 검색한 행위에 대한 후회까지 든다.

스마트폰 화면은 아무리 내려도 끝이 나타나지 않는다. 슬롯머신처럼 화면을 아래로 당기는 손동작, 무한 스크롤 화면은 이용자들의 체류 시간을 극대화하기 위해 고안된 '속임수 설계'다. '기본 설정'이어서 이용자가 바꿀 수도 없다. '첫 달 무료'라고 가입한 서비스는 도무지 탈퇴 버튼을 찾을 수 없게 설계돼 있다.

웹페이지에서 흔하게 만나게 되는 이러한 속임수 설계와 디자인을 '다크패턴'이라고 말한다. 영국의 사용자 경험(UX) 디자이너인 해리 브리그널이 2010년 다크패턴이라는 용어와 사이트(darkpattern.org)를 만들고 본격적인 사례 수집과 고발에 나서면서 다크패턴은 기만적 설계를 지칭하는 세계 공통어가 됐다. 이후 다크패턴은 유럽 각국과 미국 등에서 소비자 단체와 정보인권 단체가 집중 감시하는 대상이 됐고, 규제 방안이 각국 법률에 속속 반영되고 있다.

편리한 스마트폰과 인공지능를 쓴다고 저절로 현명해지는 것은 아니다. 오히려 교묘하게 이용자들을 기만하는 설계와 서비스가 늘어나고 있어 주의를 기울이지 않으면 그 속임수의 함정에 빠지기 쉽다.

누구나 날마다 스마트폰을 몇 시간씩 들여다보는 세상에서 스크린 설계자들은 강력한 힘을 갖게 됐다. 다크패턴의 사례와 위험성이 늘어가는 상황에서 다크패턴을 세상에 드러낸 해리 브리그널의《다크패턴의 비밀》이 국내에 번역된 것은 다행스럽고 반가운 일이다.

사용자 경험 디자이너가 직접 고발하는 이 책은 기만적 설계에 관한 다양한 사례와 연구를 소개한, 이 분야의 지침서다. 이용자의 선택에 긍정적 혹은 부정적으로 영향을 끼칠 '넛지'를 궁리하는 기획자와 디자이너는 자신들의 직무가 갖는 힘과 윤리성에 대한 고민을 만날 책이다. 정책 관련자들에게는 이용자를 기만하는 교묘한 디자인이 이용자 권리를 침해하는 현상과 그에 대한 규제 방안을 다룰 수 있게 할 지침이다. 스마트폰과 앱을 하루 몇 시간씩 들여다보는 이용자들에게는 속임수에 빠지지 않고 스스로를 방어할 지혜와 비결을 알려주는 가이드다.

구본권

IT 전문 저널리스트,

〈한겨레〉 사람과디지털연구소장

차례

Deceptive Patterns

프롤로그

그들의 얼굴에는 아무것도 드러나지 않는다. 2021년 3월의 어느 목요일 오후, 미국 117대 의회의 통신 및 기술 소위원회 공동 청문회가 온라인으로 진행되고 있다. 전 세계에서 가장 강력하다는 세 명이 〈허위 정보의 나라: 극단주의와 잘못된 정보를 부추기는 데 대한 소셜미디어의 역할〉[1]이라는 세션의 증인으로 소환되었다. 선다 피차이 구글 CEO, 잭 도시 트위터(현 X) CEO, 마크 저커버그 페이스북(현 메타) 회장 겸 CEO가 바로 그들이다.

그동안 그렇게나 고대하던 순간이었다. 카메라가 리사 블런트 로체스터 하원의원을 비춘다. 로체스터 의원은 '다크패턴(dark pattern)'의 개념을 소개하고 이를 '사람들을 속이는 의도적이고 기만적인 사용자 인터페이스'라고 정의한다. 그러면서 피차이, 도시, 저커버그에게 다음과 같이 질문한다.

"사용자가 개인정보를 넘기도록 의도적으로 속이고 조종하는 디자인 기법의 사용을 금지하는 법안에 반대하겠습니까?"

각 CEO의 얼굴이 화면에 잡혔을 때, 시청자는 확연한 차이를 느낀다. 리사 블런트 로체스터 의원은 나무로 된 작은 부스에 앉아 해상도가 낮은 노트북 웹캠을 사용하고 있지만, CEO들은 저마다 전문 조명, 카메라, 마이크 시설을 갖춘 촬영 세트에 있음이 분명해 보인다.

피차이는 "물론 이 분야에서 관리 감독이 이루어진다면 좋을 것 같습니다"라고 긍정적으로 답한다.

도시는 "법안에 열려 있습니다"라며 간단히 답한다.

저커버그는 다소 회피하는 듯한 태도다. "의원님, 원칙에는 동의하지만, 세부 사항이 중요할 것 같습니다."

저커버그의 답은 로체스터 의원에 반대하는 것처럼 보인다. 그러자 로체스터 의원이 다음 질문으로 한층 더 압박한다. "알겠습니다. 최근 저커버그 씨 회사에서는 지난 25년 동안 인터넷이 얼마나 발전했는가를 다룬 대규모 광고 캠페인을 벌였습니다. 그 광고는 '우리는 오늘날의 문제를 해결하기 위한 인터넷 규제의 업데이트를 지지합니다'라고 끝맺더군요. 그렇지만 시청자를 향한 그 다짐은 다크패턴, 사용자 조종, 혹은 눈속임 디자인 선택 문제를 해결하지는 못합니다. 저커버그 씨, 눈속임 디자인 선택을 귀사가 말하는 더 나은 인터넷 규제에 포함하겠다고 엄숙히 약속할 수 있겠습니까?"

저커버그는 잠시 머뭇거린다. "의원님, 제가… 생각을 좀 해보겠습니다. 제가 처음에 드렸던 답은 그것보다 더 시급히 해결해야 할 문제가 있다고 보았기 때문입니다…."

5분의 제한 시간이 다 되어갔기 때문에 로체스터 의원은 저커버그의 말을 끊고 마무리 발언을 이어간다. "말씀하신 것처럼 오늘 우리가 직면한 문제를 해결하기를 바란다면 말이죠. 2010년부터 시작된 다크패턴 문제, 즉 기만적인 관행이 바로 해결해야 할 문제입니다. 이 문제에 관해 들여다봤으면 좋겠습니다! (…) 우리 아이들, (…) 어르신, 퇴역 군인, 유색인종, 그리고 민주주의 그 자체마저도 위협받고 있습니다. 우리는 행동해야 합니다. 그리고 제가, 우리가 장담컨대 우리는 행동할 것입니다."

참으로 감동적인 발언이지만, 세 CEO는 가슴에 품은 카드를 절대 보여주지 않는다. 그들은 규제에 변화가 생길 것임을 짐작하지만, 필요 이상으로 내줄 생각은 없는 것이다.

리사 블런트 로체스터 의원의 발언은 정확했다. 다크패턴이라는 개념은 2010년 초에 생겨났다. 내가 이를 아는 이유는 다크패턴이라는 용어를 만든 사람이 나이기 때문이다. 이 개념이 이렇게 대중화될 줄 알았다면, 이름 짓는 데 조금 더 신경을 썼을지도 모르겠다. 2010년 5월의 어느 날, 식탁에 앉아 펜대를 굴리던 게 생각난다. 이 주제에 관해 처음으로 글을 쓰면서 콘퍼런스 발표를 준비하고 있었다. '발표 시간 20분을 채울 만큼 내용이 나오려나' 생각했었는데, 조사를 하면 할수록 내용이 많아졌다. 곳곳에서 기만적인 속임수와 기법을 사용했고, 당시에는 이에 관해 이야기하는 사람이 아무도 없었다.

그 이후로 많은 것이 변했다.

1부

기만적 눈속임은 어떻게 만들어지는가

2010년에 나는 다크패턴을 '구매 시 보험에 가입하거나 반복적으로 청구하는 것에 동의하게 만드는 등, 사용자가 어떤 행위를 하도록 속임수로 정교하게 만들어놓은 사용자 인터페이스'라고 정의했다.

이제는 이 정의도 한물갔다고 생각해서 요즘에는 '기만적 패턴(deceptive pattern)'[1] 또는 더 꼼꼼히 따져서 '기만 또는 조종 패턴(deceptive or manipulative pattern)'이라는 용어를 즐겨 쓴다. 그렇지만 너무 기니까 이 책에서는 두 가지를 다 의미하는 '기만적 패턴'이라는 표현을 쓰려고 한다.[2]

당시에 사용자를 조종하고 속이는 사용자 인터페이스 디자인 분야를 면밀히 조사하는 학자는 내가 유일했을 것이다. 그로부터 13년이 지난 지금, 이 분야는 수많은 인간-컴퓨터 상호작용(Human Computer Interaction, HCI) 연구자, 법학자, 기타 분야 전문가를 포함하는 종합적인 주제로 성장했다. 물론 이들이 한 일이 내 덕이라고 말할 수는 없다. 내가 이 의제를 주도하고 초기에 20개가 넘는 용어를 정의했지만, 그 이후로는 주로 교육, 캠페인, 그리고 전파하는 역할을 했다.[3] 그동안 사람들의 의식을 제고하고, 문제가 있는 기업을 폭로하며, 입법·규제·집행 당국이 조치하도록 만드는 일을 해왔다.

기업이 이윤 추구를 목표로 어떻게 사용자를 조종하는 디자인을 채택하는지 이해하기 위해, 공항을 이용한 여행이라는 실제 사례를 들며 논의를 시작해보겠다. 영국 런던의 개트윅 공항을 통해 여행하려면 '체크인과 보안 검색대 통과를 여유 있게 할 수 있도록 출발 시간 최소 2시간 전에 도착'하라고 안내한다.[4] 그런데 개트윅 공항 보안 검색대를 통과하고 나면, 출국 라운지로 곧장 갈 수가 없다. 여행과는 전혀 상관이 없는 일을 하도록 강요받는데, 이는 여행객의 주의력과 에너지, 그리고 시간을 빼앗는다. 이걸 피할 도리가 없다. 출발 시간에 늦었어도 말이다.

이런 상황을 업계에서는 '강제 경로(forced path)' 매장 레이아웃이라고 부른다.[5] 마치 창자처럼 길고 구불구불한 통로를 따라 이어진 매장에 직사각형으로 매대가 배치되어 있고, 여행객은 한쪽 끝으로 들어와서 다른 쪽 끝으로 나가도록 강요받는다. 곡선 형태의 경로는 매장을 운영하는 기업에 유리하게 작용한다. 시야에 매장 디스플레이가 들어오게 만들어두어 그곳을 지나는 여행객은 판매 중인 제품을 볼 수밖에 없기 때문이다.[6]

항공권과 약관을 잠시 생각해보자. 여기에는 출국 라운지에 들

런던 개트윅 공항의 필수 쇼핑 경험

어가기 전에 향수, 미용 제품, 주류 등을 보며 쇼핑 구역에서 시간을 보내야 한다는 말은 한마디도 없다. 그리고 출발 시간보다 최소 2시간 전에 도착하는 것이 좋다는 공항의 안내는 또 어떤가. 시간적인 효율성이 정말로 최우선 순위였다면 보안 검색대와 출국 라운지 사이에 강제 경로 매장을 필수 단계로 넣지 않았을 것이다.

이는 기업이 디자인을 활용하여 소비자를 강제하고 조종하는 방법을 보여주는 전형적인 사례이다. 또한, 논란의 여지는 다소 있겠지만, 약간 기만적이다. 공항이라는 기업이 강제 경로 매장의 수익 창출 목적을 제대로 알고 있으면서도 여행객에게 2시간 일찍

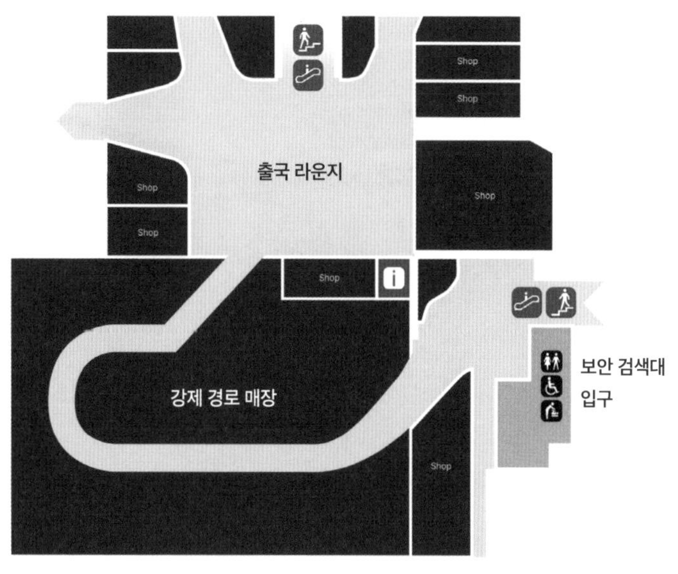

런던 개트윅 남쪽 터미널의 배치도로, 매장을 한 바퀴 돌게 만드는 필수 강제 경로가 있다.

공항에 도착하라고 할 때 이를 밝히지 않고, 매장을 건너뛸 지름길도 제공하지 않기 때문이다.

공항 사례의 경우 여행객에게 미치는 부정적인 영향은 미미하며 특별히 유해하지도 않다. 그저 짜증을 유발할 뿐이다. 그러나 매년 개트윅 공항을 이용하는 여행객이 4000만 명이 넘는다는 것을 생각하면, 왜 이런 식으로 디자인했는지 알 수 있다.[7] 이렇게 속임수를 쓰는 디자인을 이용해 쇼핑하지 않았을 여행객 중 단 몇 퍼센트라도 물건을 사게 만들 수 있다면, 공항은 엄청난 프리미엄을 붙여 영업 공간을 임대하고 입점주로부터 막대한 돈을 받는 것에

와이어드 및 콘데 나스트에서는 다양한 서비스와 기회를 알려드리고자 합니다. 이런 메시지를 받으려면 수단을 선택해주십시오.

이메일 ☐ SMS ☐

관련 서비스에 관한 내용을 받고 싶지 않으면 수단을 선택해주십시오.

우편 ☐ 전화 ☐

당사에서 관련이 있다고 생각하는 특별 서비스에 대해 당사의 파트너가 연락을 드릴 수 있습니다. 이런 메시지를 받으려면 수단을 선택해주십시오.

이메일 ☐ SMS ☐

당사의 파트너로부터 연락을 받고 싶지 않으면 수단을 선택해주십시오.

우편 ☐ 전화 ☐

콘데 나스트 와이어드 매거진의 가입 양식에서 발췌(2010년 10월)

만족할 것이다.

온라인으로 조작적이고 기만적인 경험을 만들기란 훨씬 더 쉽다. 디자이너에게 통제권이 훨씬 많기 때문이다. 모든 것이 가상으로 이루어질 경우, 수익을 높이기 위해서라면 그 어떤 것도 조작할 수 있다. 어느 웹사이트의 간단한 기만적 패턴이 담긴 위의 사례를 살펴보자. 아마 어딘가에 가입하려고 했을 때 이런 상황에 직면한 적이 있을지도 모르겠다.[8]

어떤 속임수를 썼는지 알겠는가? 잘 살펴보면, 확인란을 설명하는 말이 행마다 달라진다. 첫 행에 있는 확인란을 선택하면, 메시지를 받겠다고 하는 것이다. 두 번째 행에서는 메시지를 받지 않는 것을 선택한다. 세 번째 줄에서는 다시 받겠다고 선택하고, 네 번째 줄에서는 받지 않겠다고 선택한다. 메시지를 받고 싶지 않은데

주의를 기울여 설명을 읽지 않는다면 결국에는 어느 행을 제대로 이해하지 못해 스팸 메시지를 받게 될 것이다. 이 속임수로 콘데나스트는 마케팅 메시지를 더 많이 보낼 수 있었다. 이는 곧 더 많은 '눈', 즉, 더 많은 사람이 정보를 보게 됨으로써, 결국 판매와 수익의 증대로 이어짐을 의미했다. EU나 영국에 산다면, 이런 유형의 기만적 패턴을 최근에는 보지 못했을 것이다. 몇 년 전에 발효된 개인정보보호법(General Data Protection Regulation, GDPR)[9]에 따라 불법으로 간주되기 때문이다.[10] 박수칠 일이다!

내가 기만적 패턴을 연구하기 시작한 것은 디자인 패턴에 관한 관심 때문이었다. 디자인 패턴이란 사용자 인터페이스(UI)를 만들 때 어떤 문제에 대한 일반적이고 재사용 가능한 해법이다. 예를 들어, 당신에게 눈을 감고 웹사이트의 로그인 화면을 상상해보라고 하면 내가 생각한 것과 별반 다르지 않은 모습을 상상할 것이다. 사용자 이름을 넣는 텍스트 입력란 아래에 비밀번호를 입력하는 곳이 있고, 그 아래에는 '로그인' 버튼이 있으며, '비밀번호 찾기' 링크가 있을 것이다. 이것이 바로 UI 패턴이다. 다양한 산업에 저마다의 디자인 패턴이 있으며, 이 개념은 원래 구축 환경의 구성 방식에서 나왔다.[11]

또 하나 잘 알려진 개념은 안티패턴(antipattern)으로, 문제를 해결하려다 발생하는 일반적인 오류다. 그러나 2010년에 나는 여백에 낙서하다가 아무도 이야기하지 않는 디자인 패턴이 하나 더 있음을 깨달았다. 그것은 권장할 만한 방식도, 피해야 할 오류도 아니었다. 조작적 혹은 기만적인 방식으로, 이를 사용하는 기업에는 이득을 주지만 사용자는 피해자로 만들면서 해를 끼치는 것이었다.

오랜 시간이 걸리기는 했지만, 새로운 법이 도입되면서 이 분야의 연구도 마침내 돌파구가 마련되었다. 이제는 EU GDPR, 불공정 상관행 지침(Unfair Commercial Practices Directive, UCPD), 디지털시장법(Digital Markets Act, DMA),[12] 디지털서비스법(Digital Services Act, DSA),[13] EU 데이터법(제출됨),[14] 캘리포니아주 개인정보권리법(California Privacy Rights Act, CPRA),[15] 콜로라도주 개인정보보호법(Colorado Privacy Act, CPA)[16] 등이 있다.

CPRA와 CPA는 모두 "다크패턴이란 사용자의 자율성, 의사 결정 또는 선택을 저해하거나 손상하는 상당한 효과를 활용하여 디자인 또는 조작된 사용자 인터페이스를 의미한다"라는 정의를 동일하게 사용한다.

이 정의에서 핵심은 자율성, 즉 사용자가 외부의 영향과 관계없이 자기 선택의 본질을 제대로 이해하고 자기 목표대로 행동할 수 있음을 의미하는 개념이다. 예를 들어 어떤 사용자가 개인정보를 공유했는데 그 이유가 약관에서 완전히 숨겨져 있어서 기만당한 것이었다면, 해당 약관은 원칙적으로 무효 처리된다. 사용자가 충분한 정보를 바탕으로 스스로 결정할 수 있는 기회가 없었으므로 자율성이 거부되었기 때문이다. 그러나 CPRA와 CPA는 개인정보 영역만 다룬다. 이 책을 쓰고 있는 현재 미국에서 개인정보 외의 기만적 패턴을 직접 다루는 주 또는 연방 차원의 법은 없다. 그런

점에서 EU는 한 발 더 앞서 있다. 2023년에는 훨씬 광범위한 디지털시장법과 디지털서비스법이 발효되었다. DSA에서는 다음의 정의를 사용한다(비고 67).

> 온라인 플랫폼 내 온라인 인터페이스의 다크패턴은 의도적으로 또는 사실상 서비스 이용자가 정보에 기반하여 자율적으로 선택하거나 결정할 능력을 물질적으로 왜곡 또는 손상하는 관행이다. 이런 관행은 서비스 이용자가 자기에게 부정적인 결과를 유발하는 원치 않는 행동을 하거나 원치 않는 결정을 내리도록 서비스 이용자를 설득하는 데 활용될 수 있다.

여기서 알 수 있듯이, DSA의 정의는 CPRA, CPA와 비슷하다. 핵심은 사용자의 자율성, 선택, 의사 결정을 방해하지 않는 것이다.

기만적 패턴에 관해 여러 관점에서 생각해볼 수 있으며, 법적 관점은 그중 하나에 불과하다. 예를 들어 UI 디자인이나 엔지니어링을 하는 사람이라면 기만적 패턴을 결합하는 방식에 더 관심이 갈 것이다. 심리학이나 HCI 분야 사람이라면 이런 관행이 인간의 마음을 어떻게 이용하는지에 집중할 것이다. 윤리학자라면 더 폭넓은 철학적 함의에 주목할지도 모른다. 이 책에서는 앞으로 이런 다양한 관점을 다뤄보고자 한다.

내가 특히 강조하고 싶은 것은 기만적 패턴이 더 이상 소수의 관심사가 아니라는 것이다. 특히 기술업계에서 일한다면 기만적 패턴을 알아야 한다. 어떤 유형은 이미 불법이 되었고, 입법 기관 및 행정 당국에서 기만적 패턴과 관련한 더 많은 활동을 하고 있기 때문이다.[17]

더 깊이 들어가기 전에 디자인 업계가 어떻게 진화해왔는가도 알아볼 필요가 있다.

1장

다크패턴을 이해하기 위해 알아야 할 용어들

디자인이라고 하면 글꼴, 색상, 텍스처, 그리드, 무드 보드(mood board)처럼 어떻게 보이는지에 관한 것이라고만 생각하기 쉽다. 이는 그래픽 디자인이다. 물론 그래픽 디자인도 중요하지만, 지금의 디지털 디자인 업계에서는 일부에 불과하다.

오늘날 디자인에서는 무언가를 꾸미는 방법보다는 누군가를 설득하고 그들에게 영향을 미쳐 어떤 행동을 하게 만드는 것이 핵심이다. 추적, 테스트, 심리학, 행동경제학, 통계학, 경험과학적 연구 등이 주로 이루어진다. 즉, 디자인에서는 비즈니스 목표를 달성하고 돈을 버는 것이 가장 중요하다.

아마 인식하지 못하겠지만, 인기 있는 앱이나 웹사이트를 이용하면 그곳에서 클릭하거나 스크롤한 모든 세부 정보가 기록된다. 그리고 신중하게 분석된다. 메타, 아마존, 넷플릭스, 구글 등 대기업에는 억대 연봉을 받으며 사용자로부터 돈을 더 많이 벌어들일 수단을 강구하는 사람들로 구성된 팀이 있다. 매일같이 사용자의 행동이 추적되며, 이를 통해 사용자는 클릭하게 만들거나, 상품을 구매하거나 약관에 동의하게 만드는 요인이 무엇인지 알아보는 정량적 연구(예: 'A/B 테스트'나 '다변수 테스트')에 참여하게 된다. 이 연구 방법이 사용자를 돕거나 해를 끼치는 데 모두 활용될 수 있음을 아는 것이 중요하다. 이는 기업 소유주의 의도에 따라 달라진다. 기만적 패턴은 만들기 쉬운 데다 측정할 수 있는 결과를 가져다주기 때문에, 기업 소유주가 이를 용납하지 않는다는 강경한 입장이 아니라면 흔히 제작된다.

기만적 패턴이 늘 철저한 연구에 기반하거나 신중하게 만들어진 결과물은 아니다. 그저 수익성이 좋아지는 우연한 사고에 불과할 때도 있다. 문구 작성자가 부주의해서 요금제의 속성을 제대로 설명하지 않은 구독 안내문이 만들어졌다고 생각해보자. 이로 인해 매출이 엄청나게 오를 수도 있는데, 정작 기업은 매출이 오른 이유를 모를 수도 있다.

이 책에서는 업계 용어를 사용할 것이므로, 먼저 정의를 정리하겠다.

제품

사람들이 사용하는 앱이나 웹사이트, 소프트웨어 등을 지칭하는 일반 용어이다. 아마존 앱도 제품이고, 페이스북 웹사이트도 마찬가지다. 이 정도면 충분히 이해가 갔을 것이다. 때때로 기업에서는 고객이 오랜 기간에 걸쳐 다양한 사람과 수많은 접점에서 상호작용하는 경우 '서비스'를 제공한다고 말하기도 한다.

제품 매니저

요즘 대부분의 조직에서는 한 사람이 하나의 제품이나 기능에 관련된 모든 의사 결정을 직접 책임진다. 이런 사람을 제품 매니저(product manager, PM)라고 한다. 이들은 미니 CEO처럼 자기에게 할당된 영역에서 일어나는 모든 일에 책임을 진다. 그렇지만 구체적인 직함이나 업무 내용은 다양하다. 해당 제품의 PM은 기만적 패턴이 왜 만들어졌고, 목적이 무엇이며, 얼마나 많은 사용자가 이를 경험하고, 얼마나 많은 돈을 버는지 알아야 한다. 집단 소송에서 소환 대상을 선정하는 일에 관여하는 사람이라면 PM이 누구인지 알아두면 좋다.

사용자

사용자는 '지구의 모든 인간'이라기보다는 제품이 누구를 대상으로 만들어졌는가의 범주에 해당한다. 이 업계에서 어떤 제품을 일상적으로 사용하는 사람을 '활성 사용자(active user)'라고 하며, 잠재적인 제품 사용자로서 실제 사용하지 않을 수도 있는 사람을 '타깃 사용자(target user)'라고 한다. '월별 활성 사용자(monthly active user, MAU)'와 '일별 활성 사용자(daily active user, DAU)'도 제품의 성공 여부를 측정할 때 많이 활용된다. 그리고 기만적 패턴은 보통 이런 수치를 높여준다.

사용자 인터페이스 디자인

인터페이스(interface)란 두 가지가 서로 만나 교차하는 접점을 의미한다. 나무 조각 두 개를 접착제로 붙일 때, 접착제가 바로 인터페이스다. 여기에 나무 조각 대신 제품과 사용자를 대입하는 것이다. 그러면 그 중간에서 접착제 역할을 하는 것이 사용자 인터페이스(user interface, UI)이다. 화면을 사용하는 기기의 경우 문자, 이미지, 상자와 버튼 등을 많이 이야기하는데, 이 모두가 사용자 인터페이스를 구성하는 요소다. 아마존 에코처럼 음성을 활용하는 기기의 경우 사용자 인터페이스는 스피커에서 들리는 단어나 소리, 사람이 마이크에 대고 말할 때 기기가 인식하는 명령어 등이다.

사용자 경험 디자인

사용자 경험(user experience, UX)은 어떤 제품의 사용자 인터페이스를 장기간 사용하면서 사용자가 인식하거나 느끼는 것을 말한다. 인터페이스 사용이 어렵다면 사용자는 부정적인 경험을 하게 될 것이다.

그러나 모든 사용자 경험에서 똑같은 전략 목표를 수립하지는 않는다. 예를 들어 온라인 결제에서 사용자는 결제가 신속하고 간편하게 이루어지기를 바란다. 회원가입 등 양식을 작성하는 경험의 경우 대부분 재미있기를 바라기보다는 얼른 끝낼 수 있기를 바란다. 이런 맥락에서 보면 사용성과 효율성이 매우 중요하다. 반대로, 닌텐도를 켜거나 오큘러스 헤드셋을 작동시키는 경우라면 그 경험을 충분히 즐기고 싶을 것이다. 그렇다면 이모티콘과 엔터테인먼트가 중요해진다.

물론 수많은 인간 활동에 대해 다양한 디자인 요소를 고려해야 한다. 교육 제품을 디자인한다면 사람들의 학습 방식을 이해해야 한다. 엑스레이 기기 제어를 디자인한다면 안전을 최우선으로 고려해야 한다. 그 외에도 고려할 사항은 수도 없이 많다. 이런 것들을 고민하는 사람이 UX 디자이너이다. UX 디자이너는 사용자 요구, 사용자 심리에 관한 이해를 사업 목표에 접목한다. 또한 사고와 협업을 돕고 팀 내 다양한 역할(제품 매니저, 연구자, 각 주제 전문가, UI 디자이너)을 하는 사람을 서로 이어주는 스케치, 다이어그램, 모델 등을 만든다.

그렇지만 디자인 업계에는 보편적으로 인정되는 자격증도, 보편적으로 정의된 직함이나 역할, 책임도 별로 없다. 그러다 보니 각 기업에서는 저마다 약간씩 다른 용어와 프로세스를 사용한다.

다크패턴의 대안 용어

다크패턴이라는 용어가 여전히 사용되기는 하지만, 이제는 이 용어보다는 부정적인 이미지를 탈피하는, 더 포용적인 용어를 쓰는 쪽으로 가야 한다. 내가 선호하는 용어는 '기만적 패턴'이다. 다만, 변호사와 일할 때는 '기만 또는 조종 패턴'이라고 더 길게 표현한다. 모든 패턴이 기만적이기만 한 것은 아니기 때문이다. 전 세계의 다양한 단체에서 여러 용어를 사용하지만, 의미하는 바는 대체로 같다.

- **유해한 온라인 선택 구조(harmful online choice architecture)**: 이 용어는 영국의 경쟁시장청(Competitions and Markets Authority, CMA)에서 사용한다.
- **거지 같은 디자인(asshole design)**: 구어체적인 용어로, 레딧 등 포럼에서 쓰인다.
- **다크 넛지(dark nudge)**: 리처드 탈러와 캐스 선스타인이 만든 '넛지'라는 용어에 기반하여 행동경제학자들이 가끔 사용하는 용어다.
- **슬러지(sludge)**: 사용자를 방해하는 디자인을 특별히 가리키는 용어로, 캐스 선스타인이 이에 관해 많은 글을 썼다.

가까운 시일에 보편적으로 쓸 수 있는 용어가 나오기는 어렵다. 이제는 이 분야의 연구가 법률과 규제와도 연계되기 때문이다. 예를 들어 '기만적(deceptive)'이라는 단어는 연방거래위원회법 때문에 미국 연방 차원 법률에서 기술적인 정의로 매우 협소하게 사용된다. 내가 이 책에서 광범위한 의미로 사용하는 것과 달리 미국 법률 전문가는 기만적 패턴이라는 용어를 매우 신중하게 사용한다.[1]

마찬가지로, 최근 EU 법률에서 다크패턴의 정의가 포함되었으므로, 이 용어의 단점에도 불구하고 계속해서 이 용어를 사용할 것이다. 변호사나 법조계 사람이 아닌 이상, 자기가 말하는 디자인 패턴을 정확하게 충분히 설명하고, 이후 용어가 변할 가능성이 있음을 받아들이면 된다.

2장

다크패턴은 어떻게 널리 퍼졌나

기만적 패턴에 관한 연구를 시작했을 때, 나는 참 순진하게도 이런 방법을 활용하는 기업을 폭로하면 문제가 근절될 것이라 생각했다. 아니, 최소한 UI, UX 디자이너가 오늘날 존재하는 기만적 패턴을 줄이게 하는 윤리강령을 채택하도록 독려할 수 있으리라 믿었다.

그러나 이 방법은 먹히지 않았다. 오히려 그때보다 상황이 더 안 좋아졌다. 이제는 기만적 패턴이 판을 친다. 경각심 있는 사용자의 신고를 받아서 전 세계의 정책입안자와 집행 당국으로 전달하는 제보 기관이 생겼을 정도다.[1] 이런 제보 기관이 필요하다는 사실은 앞으로 해야 할 일이 많다는 것을 의미한다.

따지고 보면 기만적 패턴은 하루아침에 생긴 게 아니다. 기만이란 인류 역사의 일부였다. 사실, 동물의 왕국에서는 너무나 흔해서 기만을 생명체의 특성으로 여길 정도다.[2] 이 책의 영어판 표지에는 파리지옥이 그려져 있는데, 이 식물은 과일이나 꽃에서 나는 향기를 발산하고 이 향에 이끌린 곤충이 잎에 난 감각모를 건드리면 잎의 양면이 닫히면서 곤충을 가둔다. 표지 그림은 기만적 패턴을 활용하여 사용자를 속이고 기만하는 부도덕한 기술 기업을 상징한다.

많은 역사 속 이야기와 신화가 기만을 중심으로 한다. '1실링 동전(King's shilling)'처럼 말이다. 18~19세기 영국은 전쟁을 많이 벌였다. 그러나 전시에 육군이나 해군에 가는 것은 별로 매력적이지 않았다. 자원입대자가 부족한 상황에서, 강제징집대는 입대하는 모든 남성에게 1실링을 주며 공격적으로 입대를 권하기 시작했다. 이렇게 동전을 받는 행위는 구속력이 있는 합의로 여겨졌고, 부도덕한 징집관은 어느 선원의 주머니나 큰 맥주잔에 동전을 슬쩍 집어넣기도 했다. 그렇게 동전의 소유권이 넘어가면 합의가 이뤄진 것으로 간주하고 그 남성을 강제로 해군의 노예로 삼았다.

신화든 아니든, 기만적 패턴에 관한 이 이야기는 상당히 강력하다. 사용자 인터페이스에서 모호하게 표현된 버튼을 클릭하든, 아니면 동전이 숨겨진 술잔을 받는 일이든, 의도치 않은 사소한 행동을 한 다음 이를 번복할 수단이 없다면 '동의'한 것이라는 말의 정의에는 분명 문제가 있다.

오늘날의 상업적 눈속임과 조종이 인터넷 도입 이전의 눈속임과 무엇이 다른지 생각해보는 것이 좋겠다. 현대 기술이 촉진제,

혹은 촉매제 역할을 하여 이런 관행을 더 강화하고 확산시켰기 때문이다.

수치 중심 문화의 부상

수치 중심의 문화는 오랜 역사를 가지고 있다. 고고학적 증거에 따르면 7000년 전인 메소포타미아에 회계 기록이 있었다. 당시에는 조악한 수준이었겠지만, 시간이 지나면서 인류는 측정 기술을 발전시켰고, 이제는 정확하게 측정하는 데 집착한다.

달라진 점은 측정의 장벽이 훨씬 낮아졌다는 것이다. 비즈니스와 관련된 모든 활동을 측정하고 의사 결정을 내리기 위한 데이터 분석을 활용하기 위해 특별히 똑똑해야 하는 것도 아니고, 자본이 많이 필요치도 않은 세상이 되었다.

사실상 수치 중심 관리는 상당히 편리하다. 비즈니스에 어떤 수치가 필요한지만 알면, 성과 연동 급여제, 목표 수치, 보너스, 승진 등의 경영 기법을 활용하여 이런 수치를 달성하는 팀에게 보상을 주면 된다. 물론 목표를 달성한 사람에게 보상을 주는 것은 그렇지 못한 사람에게 벌을 주는 것과 같은 효과를 낸다. 노동 기준이 덜 엄격한 국가에서는 기업이 '수직 서열화'라는 경영 기법을 쓴다. 다양한 기준으로 직원의 성과를 측정하여 순서대로 나열하고, 저성과자를 해고한다. 직원의 고용에 의료 보험이나 이민 상태가 연결되면, 이는 직원에게 엄청난 압박으로 작용하여 목표 달성을 위해서라면 직원이 무엇이든 하게 만든다.

웹도 기만적 패턴을 구축하고 최적화하기에 매우 수월하다. 이를 염두에 두고, 소프트웨어에서 기만적 패턴이 부상한 이유를 아래의 일반 요인으로 설명하겠다.

쉬워진 추적

인터넷이 도입되기 전에는 대상 스스로가 관찰 대상임을 인식하지 못하는 상태에서 관찰하는 일이 상당히 어려웠다. 전통적인 관찰 방법이란 연구자가 매장으로 가서 클립보드를 들고 서 있는 것이었기 때문이다.[3]

그러나 현장 연구자를 쓰면 비용이 많이 들고, 한 번에 하나밖에 보지 못한다는 단점이 있다. 오늘날에는 웹사이트에 자바스크립트[4] 한 줄만 추가하면 제품을 사용하는 모든 사용자의 가능한 모든 행동을 동시에 관찰하여 심층적으로 추적하고, 이를 클라우드의 어마어마한 데이터베이스로 기록할 수 있다. 기업 소유주는 온라인 추적의 또 다른 장점을 알게 되었다. 이전보다 더 사생활을 침해하는 형태가 되었지만, 물리적으로 사람의 시선이 느껴지지 않기 때문에 사용자가 사생활 침해를 전혀 신경 쓰지 않는다는 것이다. 모든 추적이 보이지 않는 곳에서 일어나다 보니 우려 수준도 그만큼 줄어든다.

데이터 처리도 달라졌다. 인터넷 도입 전에는 수천 장의 종이로 서류 작업을 해야 했다. 사용했던 클립보드를 모두 수거해서 기록을 옮기고 대장에 기록했다. 얼마나 많은 사람이 무엇을 왜, 어떻게 해서 기업의 순수입에 영향을 주었는지 수동으로 계산했다. 오늘날에는 이 계산이 눈 깜빡할 새에 이루어진다. 구글 애널리틱스, 어도비 애널리틱스, 믹스패널, 핫자, 앰플리튜드 같은 웹 기반 소프트웨어 제품을 쓰면 누구나 할 수 있다.

이런 도구를 사용하면 어느 광고 또는 채널이 온라인 트래픽을 높이는지, 어떤 페이지가 가장 효과적으로 사용자를 설득하여 행동하게 만드는지, 일련의 페이지 중 어느 단계에서 사용자가 헷갈리거나 짜증 나서 포기하는지 등 매우 광범위하고 다양한 정보를 얻을 수 있다. 이런 정보를 다시 디자인 프로세스로 투입하여 전환율(어떤 행동을 취하지 않는 사람과 취하는 사람의 비율)을 높이기 위해 제품을 변경한다.

무한정 가능한 A/B 테스트

A/B 테스트[5]가 상업적으로 처음 사용된 시기는 20세기 초였지만, 당시의 테스트 과정은 불편하고 고생스러웠다.[6] 이를테면 광고에 쿠폰만 다르게 넣어서 신문 광고를 내보는 것이다. 이후 사용량이 가장 많은 쿠폰의 광고가 효과적인 것으로 판단했다. 당시에는 모든 작업을 사람이 직접 했다. 기업으로 수거된 쿠폰을 직원이 일일이 분류해서 집계했다. 업무량이 막대한 것은 물론, 일반 소비자 제품을 대중에 광고하는 것이 핵심인 비즈니스가 아니라면 막막할 수밖에 없었다.

물리적 세계의 한계는, 디지털 세계에서 하는 것처럼 A/B 테스트를 물리적 상품과 서비스에 적용하려면 엄청난 비용과 불확실성이 따른다는 것이다. 예를 들어 시내 중심가에 매장이 있다고 할 경우, 고객이 들어올 때마다 매장 배치를 바꿀 수는 없다. 영화 〈인셉션〉의 등장인물인 코브라면 손가락을 튕기는 것만으로 순식간에 매장 배치를 바꿀 수 있을지도 모르겠다.

그런데 디지털 세계에서는 〈인셉션〉에서와 같은 리모델링이 매우 쉽다. 어떤 페이지나 기능의 버전을 두 개 만들고 어느 쪽이 더 나은지 쉽게 알아볼 수 있다. A 버전 페이지에서는 '20명이 이 상품을 보는 중'이라고 하고, B 버전 페이지에서는 '재고 2개 남음'이라고 해놓는 것이다. 그러면 A/B 테스트 소프트웨어가 임의의 샘플 사용자에게는 A 버전을 보여주고, 다른 사용자에게는 B 버전을 보여준다. 이 테스트가 끝나고 나면 A/B 테스트 소프트웨어는 자동으로 통계를 내서 측정된 전환율(예: 상품 구매율)을 기준으로 어느 디자인의 성과가 훨씬 좋았는지 알려준다.

심지어 통계를 이해하려 할 필요도 없다. 결과값은 보통 매우 단순한 문장으로 요약되어 표시되기 때문이다. 마법도, 시멘트와 벽돌도, 박사 학위도 필요 없다. 사실 오늘날에는 무료로 VWO나 옵티마이즐리 같은 제품에 가입해서 몇 가지 양식만 채우면 간단하게 A/B 테스트를 만들 수 있다.

A/B 테스트에서는 어느 디자인이 실제로 사용자에게 좋은지, 나쁜지를 판단하지는 않는다. 그저 정해진 기준에 따라 A 또는 B 디자인 중에서 어느 디자인이 성과가 좋은지 통계를 제공할 뿐이다.

즉, A/B 테스트는 기만적 패턴으로 향하는 문을 열어준다. 기업에서 기만적 패턴과 이보다 중립적인 안을 놓고 테스트를 진행하면 보통 기만적 패턴의 수치가 훨씬 더 잘 나온다. 왜일까? 사용자를 속이거나 함정에 빠뜨리는 것이 설득하는 것보다 훨씬 효과적이기 때문이다. 그리고 설득에는 기만이 포함된 경우가 많은데, 이는 전체 페이지를 통해 사용자를 사로잡을 기회가 두 번 있음을 의미한다. 우선 사용자를 설득하여 원하는 행동을 완료하도록 하는 것에서 시작한다. 여기서 사용자를 설득하는 데 실패하면, 기만적 패턴에서 비도덕적인 수단으로 원하는 행동을 완료하도록 만들 기회가 생기는 것이다.

설득력 있는 콘텐츠에 미리 선택이 완료된 확인란이 뒤따라오는 경우를 생각해보자. 어떤 사용자는 콘텐츠에 설득되어 기본적으로 선택이 된 것에 만족할 수 있다. 그러나 설득되지 않은 사용자가 미리 선택이 완료된 확인란을 보지 못하고 넘어간다면, 결국에는 속아서 원치 않는 것을 선택하게 된다.

기만적 패턴이 A/B 테스트에서 성과가 좋은 것으로 나타난다는 말은 매출의 직접적인 원천이 되며 통계로 그 효과가 입증됨을 의미한다. 수치 중심의 환경에서 일개 직원이 이에 맞서서 더 사용자 친화적이지만 수익성은 낮은 방식을 채택하자고 하기란 매우 어려운 일이다.

모방 디자인

오스카 와일드는 "모방이란 평범한 사람이 위대한 사람에게 보일 수 있는 가장 진실한 형태의 아첨"이라고 말했다. 일부 기술 기업이 기만적 패턴으로 전환율을 높이는 데 크게 성공하자, 다른 기업도 이를 따라 하기 시작했다. 당연한 수순이다. 경쟁자가 수년 동안 그 어떤 법이나 규제의 제재도 받지 않고 성공적으로 돈을 벌어들인다면, 이를 따라 하지 않을 자가 과연 얼마나 있겠는가.

3장

경제적 인간에서 조종당하는 인간으로

기만적 패턴을 이해하려면 경제학 개념 몇 가지를 이해해야 한다. 오랫동안 경제학자들은 인간이 완벽하게 정보를 처리할 수 있다고 믿었다. 항상 제공되는 모든 정보를 소비하고 이해하며 이를 토대로 사고한다고 말이다. 그래서 '호모 에코노미쿠스(homo economicus)'라고 불렀다. 그런데 우리가 하루에도 수없이 저지르는 실수를 생각하면 이 개념이 정말 어리석다는 점을 알게 될 것이다. 그럼에도 이 개념이 나온 이유는 이해할 수 있다. 경제학자들도 출발점이 필요했고, 인간의 행동 방식에 관한 비교적 단순한 모델에서 시작해야 했기 때문일 것이다. 그렇지 않으면 계산이 상당히 복잡해졌을 테다.

경제학자들이 관점을 업데이트한 것은 20세기 후반으로 비교적 최근의 일이다. 허버트 사이먼이 '제한된 합리성(bounded rationality)'[1]

개념을 제시했을 때는 매우 획기적이라고 여겨졌다. 그는 "의사 결정권자의 지식과 계산 능력은 매우 제한되어 있다"면서, "현실 세계와, 현실 세계에 대한 행위자의 지각 및 사고를 구분해야 한다"고 했다. 즉, 사람은 특정한 양의 정보만 기억할 수 있고 그 나머지는 망각하며, 머리로 계산하는 것도 어느 정도의 수준에서만 가능하고 그 이상은 틀리며, 상당히 복잡한 문장을 읽다 보면 피로해져서 잘못 이해하기 시작한다는 것이다.

조금 더 환원주의적인 측면에서 보면, 제한된 합리성은 인간이 제한된 능력으로 최선을 다하며 삶을 헤쳐 나간다는 말이다. 이사한 걸 깜박한 바람에 밤에 가구에 부딪혀본 경험이 한 번쯤 있을 것이다. 나 역시 그렇다.

최근 행동경제학에서는 제한된 합리성 개념을 더욱 확대했다. 리처드 탈러는 행동경제학의 창시자 중 한 명으로 여겨지며, "심리학적으로 현실적인 가정을 경제적 의사 결정 분석에 접목"[2]한 공로로 2017년 노벨상을 받았다. 사람들이 바보 같은 행동을 하는 방식을 이해하는 일은 경제 모델링에 매우 유용한 것으로 밝혀졌다. 특히 모든 사람이 저지르는 흔한 실수의 원인을 이해하는 것이 중요하다고 한다.[3]

> 진짜 사람은 계산기가 없으면 긴 나눗셈을 하는 데 어려움을 겪고, 배우자 생일을 잊어버리기도 한다. (…) 이들은 호모 에코노미쿠스가 아니다. 호모 사피엔스다.

— 리처드 탈러, 캐스 선스타인(2008)

물리적으로 인간의 몸에는 많은 결점이 있다. 기관지는 식도와 매우 가깝게 붙어 있다. 사람들은 대부분 우발적으로 목이 막히는 것의 위험성을 잘 알고 있다. 이런 결점을 알고 그에 관한 지식을 공유한 것은 인류에게 큰 도움이 되었다. 똑같은 논리가 인간의 사고와 의사 결정에도 적용된다. 인간이 스스로에 관해 더 잘 알게 되면 인간의 약점을 더 잘 극복할 수 있게 된다는 것이다.

심리학 연구자와 이론가 대부분이 인류의 조건을 개선한다는 영광스러운 목표에 자극 받았다. 심지어 응용심리학에 "인간의 오류를 줄이고 생산성을 높이며 안전과 편리함을 개선"[4]하는 것을 목표로 하는 인간공학이라는 하위 분야가 생겼다. 한마디로 인간의 마음이 어떻게 움직이는지 이해하고, 이에 관한 정보를 활용하여 더 나은 결정을 내릴 수 있게 돕는 것이 목표이다.

아쉽게도 모든 사람에게 선의가 있는 것은 아니다. 어떤 이들은 인간의 약점을 상업적인 기회로 여긴다. 인간을 호모 에코노미쿠스로 보는 것이 아니라, '호모 머니푸러블(homo manipulable)', 즉 불완전하고 부지불식간에 벌어지는 타인의 통제에 취약한 존재[5]로 생각하는 것이다.

이번 장에서는 디지털 세상에서의 기만적 패턴 부상과, 기만적 패턴이 많이 활용되는 이유를 다루었다. 그러면서 수치 중심 문화, 더 쉬워진 추적과 데이터 처리, A/B 테스트 활용 확대, 기술업계 내

모방 디자인 확산 등 기만적 패턴의 확산에 영향을 미친 몇 가지 주요 요소를 확인했다. 지난 몇십 년간 선의에서 진행된 학문적 연구를 통해 인간의 사고와 의사 결정에 내재한 약점이 드러났다. 오늘날에는 사용자를 조종하여 이윤을 추구하는 데 이런 정보를 활용하고 있는데, 이는 원래의 연구 의도와는 매우 동떨어진 것이다.

2부

다크패턴이 노리는 인간의 8가지 취약성

기만적 패턴에 적용된 심리학이나 원칙을 탐구하는 방식에는 여러 가지가 있다. 먼저 기만적 패턴이 착취적인 비즈니스 전략의 결과라고 생각하는 것에서 시작해볼 수 있다. 즉, 제품 사용자를 서로의 성공을 위해 협력해야 할 대상('사용자의 성공이 우리의 성공')이 아니라, 이용해먹을 상품처럼 여기는('사용자의 약점이 우리의 기회') 기업인지 보는 것이다. 착취적인 사고방식에는 기업이 법을 대하는 태도(법을 지켜야 할 체계로 보는 것이 아니라, 틈새와 모호한 부분을 찾아 이익을 얻기 위해 이용할 일종의 게임으로 여기는 것)도 포함된다.

단순하게 보면, 착취 전략은 협력 전략보다 훨씬 효과적인 경우가 많다. 사용자가 충분한 정보를 바탕으로 선택할 수 있도록 만드는 일을 하지 않기 때문이다. 이를테면 물고기를 낚기 위해 그물망을 쓰는 것과, 물고기에게 보트 위로 점프하라고 시키는 것 중에서 어느 방법이 더 효과적인가를 따지는 것과 같다. 여기서 그물망은 기만적 패턴과 비슷한 함정이다. 사용자가 충분한 정보를 바탕으

	착취적 '사용자의 약점이 우리의 기회'	협력적 '사용자의 성공이 우리의 성공'
사용자에 대한 태도	사용자를 상품으로 인식	사용자를 인간으로 인식
	이익을 얻기 위해 약점 이용	세심하게 약점 지원
법에 대한 태도	법을 게임으로 인식	법을 지켜야 할 체계로 인식
	법의 틈새를 성장 기회로 인식	법의 틈새를 피해야 할 위험으로 인식
결과	**기만적 패턴**	**사용자 중심 설계**

착취적 디자인 전략과 협력적 디자인 전략 비교

로 선택할 능력을 저해하거나, 사실을 은폐하거나 잘못된 정보를 제공하여 의사 결정을 방해한다면, 사용자의 의사에 반해서(사용자는 명확하게 설명된 정보가 없으므로 당시에는 이를 깨닫지 못함) 그들을 효과적으로 사로잡거나 묶어둘 수 있다.

기업에서는 대체로 착취 전략을 쓴다는 사실을 스스로 인정하지 않는다. 기업이 성장과 수치적인 결과에만 집중한다면, 부지불식간에 착취적인 사고방식으로 빠져들 수 있다. 또한 비즈니스에서는 돌려 말하기도 매우 흔하다(이메일 알림 없이 자동 갱신되는 구독의 경우 "사용자가 중단 없이 서비스를 이용할 수 있도록 해드립니다"라는 식으로 표현). 게다가 디자인 결정으로 생기는 진짜 결과와, 이 결정을 이행한 당사자 간에 거리가 너무 멀 수도 있다. 기술 대기업의 경우, 고객 서비스팀이 해외에 있어 의사 결정이 이루어지는 본사와 물리적으로 멀리 있는 경우가 많다. 사용자가 임원 회의에서 차트와 데이터 대시보드의 형태로만 다뤄지면 사용자의 인간성은 전혀 고려되지 않으며, 그저 숫자, 즉 처리하고 가치를 창출해야 할 상품으로만 여겨지기 쉽다.

기만적 패턴을 설명하는 가장 좋은 방법은 착취적인 디자인 전략을 살펴보는 것에서 시작된다. 그렇게 이론과 원칙, 목표를 이해하고 그런 전략의 결과를 들여다본다. 그렇게 함으로써 현재 사용되는 기만적 패턴의 구체적인 유형과 사례를 이해할 토대를 갖출 수 있다.

콜린 M. 그레이 교수와 퍼듀 대학교 UXP2 연구소는 기만적 패턴으로 이어지는 착취적인 디자인 전략을 면밀하게 살펴본 최초의 연구진이다.[1] 그들의 연구 결과에 기반하여 이번 장에서 착취적인 디자인 전략을 여덟 가지로 분류하고 살펴볼 것이다. 이를 요약하면 다음과 같다.

- **지각의 취약성 이용하기**: 인간은 정보에 관해 사고하기 전에 이를 지각부터 해야 한다. 인간의 지각이 완벽한 것은 아니므로, 이와 관련된 결점을 이용해 정보를 숨길 수 있다(예: 저대비, 작은 글씨).
- **이해의 취약성 이용하기**: 인간의 언어 능력, 수리력, 비판적 사고력, 기억력에는 한계가 있다. 착취적인 디자이너는 필요 이상으로 복잡하게 제품을 만들 수 있다(예: 사용 약관을 장황하게 작성).
- **의사 결정의 취약성 이용하기**: 인지적 편향은 모든 인간이 사

고할 때 발생하는 체계적인 오류이다. 의사 결정을 방해하는 데 이를 이용할 수 있다(예: 미리 선택된 확인란을 이용하여 디폴트 효과의 이점을 누림).

- **기대치 이용하기**: 유용한 디자인에는 사용자가 제품을 예측할 수 있도록 만드는 표준을 채택하는 것이 포함된다. 이런 표준을 무너뜨려 사용자를 속일 수 있다(예: 'X' 버튼의 의미를 '아니요'가 아니라 '예'로 사용).
- **자원 고갈과 압박**: 인간의 주의력, 에너지, 시간에는 한계가 있다. 이런 자원이 고갈되면 사용자는 포기하거나 압박과 피로감을 느껴 다른 속임수에 취약해질 수 있다(예: 쿠키 동의 대화창에서 선택 사항을 확인하고 거부하려면 노력이 많이 필요하므로 결국 사용자가 피로감을 느껴 포기).
- **강제와 차단**: '강제'에는 사용자가 원하는 행동을 하기 전 단계에 거부할 수 없도록 필수 단계를 배치하는 것이 포함된다(예: 구매를 완료하려면 등록이 필수인 경우). '차단'에는 기능을 아예 없애버리는 것이 포함된다(예: 사용자가 자기 데이터를 내보내지 못하도록 함).
- **감정의 취약성 이용하기**: 인간은 죄책감, 수치심, 공포나 후회 등 부정적인 감정을 겪고 싶어 하지 않으며, 이를 회피하려고 한다(예: 헬스클럽 과정 제안을 거부하려면 '괜찮습니다. 그냥 건강하지 않게 살래요'라는 말을 클릭하게 만듦).
- **중독 이용하기**: 인간은 중독에 취약하다. 습관이 해로운 결과

를 유발하고 점점 이를 중단하기 어려워지는 것이다. 이런 중독적인 습관 중에는 무제한 스크롤이나 자동 플레이 등의 디자인 기법으로 강화될 수 있는 행동 주기가 포함된다.

4장

제대로 보지 못한다

지각의 취약성

인간은 정보에 관해 사고하기 전에 이를 지각부터 해야 한다. 삶에서 온라인과 화면을 떼어놓을 수 없는 상황에서 시지각이 어떻게 작용하는지 알면 도움이 된다.

건강한 인간의 눈이 고화질 카메라 같다고 생각하기 쉽지만, 사실은 그렇지 않다.[1] 실제로 인간이 시각적으로 인지하는 대부분은 뇌의 지각 체계가 조작한 결과이며, 눈은 매우 불완전한 정보를 제공한다. 예를 들어 인간의 눈에는 눈알과 뇌를 연결하는 시신경이 있는 뒤쪽 부분에 물리적인 사각지대가 있다. 정상 시력을 갖춘 사람은 이 사각지대가 언제나 존재함에도 이를 보지 못한다. 이 사각지대는 시각 피질로 채워져 있다.[2] 간단히 말하면, 인간의 시지각 체계는 있어야 할 것을 추측하여 조작한다. 즉, 뇌가 상황에 따라 조작한다는 말이다.

마찬가지로, 망막 가운데에는 색상을 볼 수 있게 하는 원뿔 세포가 있다. 막대세포라고 부르는 다른 수용 세포가 망막 가장자리를 둘러싸고 있으며, 색은 감지하지 못하지만 어두운 빛을 감지할 수 있게 한다. 그러나 인간은 시각 중추의 중앙에서 가장자리까지 보이는 것의 색상 변화를 지각하지 못한다. 인간의 시각 피질이 일정하지 않은 원래 데이터를 가지고 엄청난 '추측'을 통해 부족한 부분을 채워서 완전한 색상과 높은 화질을 구현하는 것이다.

게다가 정상 시력을 갖춘 사람은 무언가를 볼 때 보통 정지되고 고정된 화면으로 인식한다. 그러나 인간의 눈알은 엄청나게 많이 움직인다. 무언가를 읽거나 주변 환경을 둘러볼 때, 눈알이 재빠르게 여기저기 움직이며 집중해서 보는 대상 외에도 주변의 모든 정보를 수집한다. 이런 빠른 움직임을 단속 운동이라고 하는데, 이것이 유지되는 시간은 20~200밀리초다. 단속 운동은 50~600밀리초 정도로 눈알이 짧게 움직임을 멈추는 고정 운동 사이에 일어난다. 그렇지만 이런 활동으로 멀미가 나지는 않는다. 오히려 알아차리는 것조차 못한다.

요약하면, 인간이 '보는' 것은 현실이 아니다. 불완전한 감각 기관(눈)과 부족한 정보를 메우려고 탁월한 추론 능력을 활용하여 어마어마한 내부 처리 과정을 거친 끝에 현실을 자기식으로 재현한 모습을 보는 것이다. 즉, 시각계 전체를 이용하여 무언가를 숨기기가 쉬워진다는 말이다. 다른 말로 하면 위장이 되겠다.

자연에서 위장으로 가장 대표적인 예시가 바로 박각시나방[3]이

라임박각시의 시각적인 위장

다. 이 곤충은 색상과 시각적 대비를 활용하여 주변 환경을 모방하고 형태를 잘 알아보지 못하게 테두리를 만들어서 자연에 잘 녹아들도록 진화했다. 그 결과, 라임 나무나 이와 유사한 식물에 앉아 있으면 포식자가 발견하지 못한다.[4]

앱과 웹사이트의 경우, 착취적인 디자이너는 이와 비슷한 기법을 자주 활용한다. 글자의 색상대비와 크기를 조작하는 것이다.

색상대비에서 재미있는 사실은 계산이 쉽다는 점이다.[5] 글자와 배경색의 헥스 코드(hex code: RGB 방식 색상 코드 표기법-옮긴이)를 수집해서 이 값을 계산 도구에 넣기만 하면 된다.[6] 국제 기준인 W3C의 웹 콘텐츠 접근성 가이드라인(Web Content Accessibility Guidelines, WCAG

2.1)에서는 최소 색상대비를 규정한다. 중간 수준인 'AA'를 기본 목표로 해야 한다고 많이 알려져 있다.[7] 즉, 색상대비 계산 도구를 활용하여 어느 페이지의 글자 색상대비가 권장 기본 수준을 만족하는지 바로 알 수 있다.

페이지의 글자 색상대비 차이를 알아볼 때 주의해야 할 점이 하나 있다. AA 수준을 만족한다고 해도, 대부분의 글자 색상대비가 비교적 높은데 어느 한 부분만 상대적으로 낮으면 이 페이지를 읽는 사람은 이를 발견하지 못하거나 여기에 주의를 덜 기울일 수 있다. 읽어야 할 내용과 무시해도 될 내용을 색상대비로 판단('연한 회색 글자는 그다지 중요하지 않을 것이다. 정말 중요했다면 더 눈에 띄게 했겠지')하는 경우가 많기 때문이다.

내가 처음으로 전문가 증인으로 나섰던 사건이 아레나 대 인튜이트 소송이었다.[8] 2019년 스투브 시겔 핸슨이라는 로펌에서 인튜이트의 터보택스 제품과 관련하여 계정 생성과 로그인 과정을 검토해달라고 부탁했다. 다음 쪽에 제시된 로그인 페이지의 캡처 화면에서 어떤 문제가 있는지 살펴보자.

이것만으로는 문제가 무엇인지 알아채지 못했을지도 모르겠다. 그렇지만 'Create Account(계정 만들기)' 버튼을 누르면 구속력이 있는 중재에 동의하게 된다. 즉, 인튜이트에 소송을 걸 수 없다. 중재에 관한 정보를 찾으려면 계정을 만드는 큰 버튼 아래에 있는 고지사항인 'By clicking Create Account…(계정 만들기 버튼을 클릭하면…)'을 찾아서 읽어야 한다.

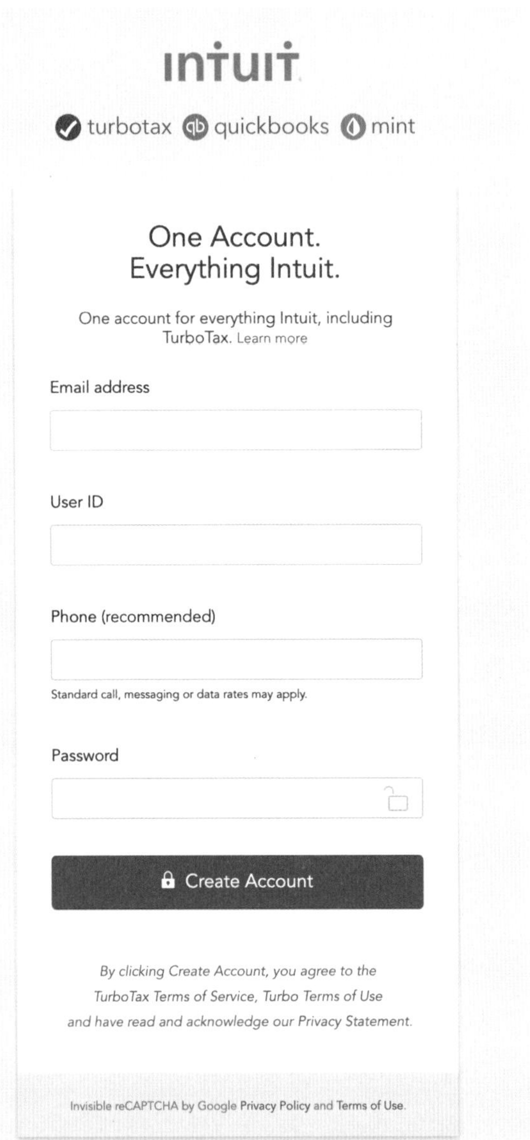

2019년 11월의 터보택스 로그인 화면

나는 이 고지 사항의 색상대비가 페이지 내 다른 부분보다 훨씬 낮고, 글자 크기도 훨씬 작다고 보았다. 관련한 내용 대부분이 기밀이기 때문에 여기에 많은 내용을 공개할 수는 없지만, 중요한 것은 판사도 이 분석에 동의했다는 것이다. 판사의 말을 인용하면 다음과 같다.

> "…고지 사항과 하이퍼링크 모두 전체 로그인 화면에서 가장 연한 색상으로 되어 있습니다. (…) 본 법정은 합리적인 소비자가 같은 페이지의 다른 글자보다 매우 흐린 색상으로 된 내용을 인지할 가능성이 적다고 판단합니다."

— 찰스 R. 브레이어 미국 지방법원 판사, 2020년 3월 12일

이 소송에서 인튜이트는 분석 데이터를 공개해야 했다. 데이터에 따르면 2019년에 4개월 동안 관련 하이퍼링크를 클릭한 사용자 비율은 실제로 0.55%도 되지 않았다.[9] 이는 매우 강력한 증거였고, 기업 내부 데이터나 문서가 소송 과정에서 공개될 수 있음을 보여준 사례였으며, 전문가 증인이 어떤 자료를 요구해야 하는지 알게 된 계기였다.

요약하면, 글자 크기를 작게 하고 글자 색상대비도 낮게 만드는 것은 페이지에서 내용을 숨김으로써 사용자가 내용을 이해하고 이를 바탕으로 결정하는 것을 방해하는 데에 매우 효과적인 방법

이라는 것이다. 다른 수많은 착취 전략과 마찬가지로, 지각을 조작하는 것은 관점에 따라 일부 지역에서는 불법일 수 있다.[10]

조금 더 뻔뻔하게 인간의 지각력을 이용하는 방법은 사용자의 지각 영역에서 무언가를 아예 없애버리는 것이다. 사람들이 어떤 내용을 이해하는 것을 원하지 않으면 그냥 페이지에서 보여주지 않고, 다른 것을 암시하는 링크나 버튼 뒤에 숨겨놓는다. 이는 쿠키 동의 대화창에서 흔하게 사용된다. 처음에 사용자가 보는 화면에서는 모든 형태의 추적을 거부할 수 있는 버튼이 있을 가능성이 보이지 않는다. 2020년에 나우웬스 등은 이런 방식의 영향을 측정하기 위한 연구를 진행했다.[11] 40명의 참여자가 온라인 현장 실험에 참여했다. '모두 거부' 버튼을 동의 팝업의 첫 페이지에서 삭제하자, 동의율이 23%p 증가했다.

영국 정부의 행동 인사이트 팀(Behavioural Insights Team, BIT: '넛지 유닛'으로도 불림)은 호주 정부 부처와 함께 벌금·부채·세금 납부율을 높이기 위한 연구를 진행했다.[12] 이 연구에서는 두 가지 버전의 편지를 4만 8445명에게 보냈다. 한 버전에는 다음 장의 이미지처럼 빨간색으로 'PAY NOW(지금 납부)'라는 도장을 크게 찍어놓았다. 다른 버전에는 이 도장이 없었다.[13]

연구진은 'PAY NOW' 도장이 있는 편지의 납부율이 3.1%p 높음을 알게 되었다('PAY NOW' 도장이 없는 편지의 납부율은 14.7%, 있는 편지의 납부율은 17.8%).[14] 이 숫자를 'PAY NOW' 도장이 없는 편지의 납부율이 낮았다고 해석할 수도 있다. 단순히 행동을 요구하는 문구

January 29, 2016

Dear Driver,

Our records show that you have not yet paid a parking fine that you received in Louisville 45 days ago.

The majority of drivers who receive a parking fine in Louisville pay it within 13 days. If you do not pay your fine, your debt will be referred to a third-party collection agency.

You owe: $50 VISA PayPal

To pay now, visit www.parkingticketpayment.com/louisville/

Ticket Number: xxxxxxx

License Plate: xxxxxxx

BIT에서 수행한 연구에서 'PAY NOW' 도장이 찍힌 편지와 유사한 편지 예시

를 없앤 것만으로도 효과가 있는 것이다. 어떤 행동을 해야 할 필요나 무언가를 해야 할 이유를 제대로 인지하지 못한다면 사람들이 그에 관해 생각할 가능성도 작아진다. 생각하지 않으면, 의사결정에 해당 정보가 영향을 주지도 못한다.

다음 유형의 전략으로 넘어가기 전에, 다른 유형의 지각 능력 조종 방법에 관해 언급하고자 한다. 착취적인 디자이너는 어수선함과 소음을 활용하는 경우가 많다. 이는 여백, 반복, 정렬, 근접성이라는 그래픽 디자인의 원칙에 반하는 것이다(이런 원칙이 생소하다면 입문자용 안내가 있는 입문서를 보는 것이 좋다[15]). 이는 일종의 연막을 형

성하여 페이지의 요소를 보고, 읽고, 훑어보기 어렵게 만든다. 그리고 이는 기대치 이용 전략과 이해의 취약성 이용 전략으로 이어진다.

5장

제대로 읽지 않는다

이해의 취약성

언어 능력, 수리력, 문제 해결 능력

2013년에 전 세계적으로 이루어진 국제성인역량조사(Program for the International Assessment of Adult Competencies, PIAAC)에는 33개국의 25만 명이 참여했다.[1] 이 조사에서는 참여자들의 언어 능력, 수리력, 문제 해결 능력을 살펴보았다. 아래의 결과는 미국에만 해당하지만, 많은 국가에서도 이와 비슷한 양상을 보였다. 2013 PIAAC 결과는 다음과 같다.[2]

- 미국 성인의 30%가 수신한 이메일을 폴더로 분류하여 정리하는 것에 어려움을 겪음.
- 미국 성인의 20%가 지역구, 이름, 생년월일 정보가 포함된 요약 정보를 보지 않으면 의원의 이름을 검색할 수 없음.

- 미국 성인의 30%가 하루 주행 거리, 하루 비용, 거리당 비용을 알려줬을 때 일일 차량 렌트 총비용을 계산하지 못함.
- 미국 성인의 16%가 디지털 문맹이며, 컴퓨터를 활용하여 조리법 검색, 상품 구매, 세금 신고 등을 할 수 없음.

앞서 살펴본 것처럼, 언어 능력과 수리력이 낮은 현상은 매우 흔하다. 착취적인 사고방식을 가진 사람에게 이는 착취할 수 있는 취약점이 된다. 기업이 거래에서 불공정하거나 선호되지 않는 측면을 감추려고 한다면, 복잡한 언어나 숫자를 써서 감출 수 있다. 이런 맥락에서 공공 기관 웹사이트의 글쓰기 방식(쉬운 언어, 짧은 문장, 모든 시민이 이해할 수 있도록 최대한 노력함)과 암호 화폐 거래 앱 등 훨씬 착취적인 제품에서 나타나는 글쓰기 방식(이해하기 어려운 기술 용어 남발, 자세한 설명 거의 없음, 안전장치나 교육은 최소한으로 제공하면서 사용자가 온갖 위험성 높은 거래를 할 수 있도록 함)을 생각해보면 흥미로울 것이다.

훑어보기로 사람을 조종하는 방법

무언가를 읽을 때, 보통은 모든 페이지의 단어를 하나하나 다 읽지는 않는다. 엄청나게 열심히 공부하거나 소설처럼 빠져서 즐기는 것이 아니라면 말이다. 다음 장의 예시를 살펴보자.[3]

왼쪽의 그림은 시각적인 위계가 읽는 순서에 영향을 미친다는 것을 보여준다. 우리는 크고 눈에 잘 띄는 내용을 먼저 읽고, 작게

인간의 시각 인지 능력이 조종될 수 있음을 보여주는 사례

쓰인 글씨를 나중에 읽는 것이 좋다고 배웠다. 오른쪽 그림은 우리가 어떻게 내용을 대충 보고 경험에서 우러나는 추측을 통해 각 단어의 의미를 이해하여 시간을 절약하는지 보여준다(단어 배열을 일부러 틀리게 했지만 사람들이 문장을 이해하는 데 어려움을 느끼지 않는다는 점을 보여주는 밈이다). 이는 선천적인 능력이 아니다. '훑어보기'라는 기법으로, 읽기 능력이 향상되면서 자연스럽게 터득하는 기술이다. 이와 비슷하게 훌륭한 라이터와 페이지 디자이너는 훑어보기를 위한 디자인을 통해 사람들이 더 효율적으로 내용을 읽을 수 있게 돕는 방법을 배운다.

스티브 크룩은 2000년에 《(사용자를) 생각하게 하지 마!》를 펴냈다. 벌써 세 번째 개정판이 나왔고, 인쇄 부수도 35만 부가 넘었다. UX 디자인 업계에서는 이 책을 상당히 높게 평가하는데, 화면 이용자의 훑어읽기라는 개념을 명확하게 설명하기 때문이다.

디자인 목적

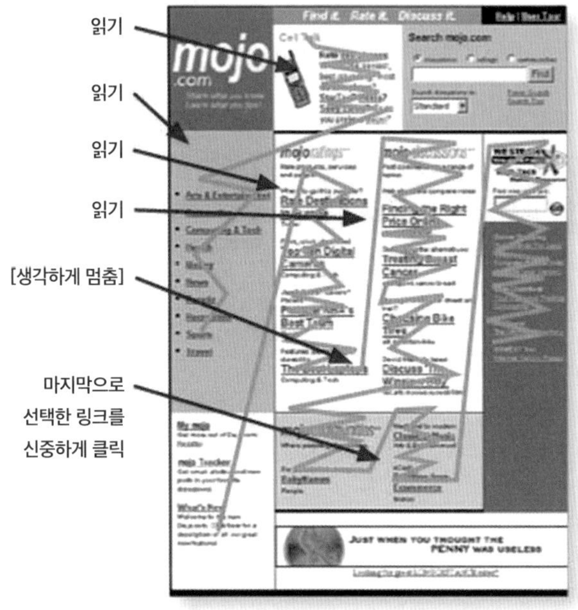

읽기 행동에서 '디자인 목적'에 관한 묘사(크룩, 2006)

다음에 소개하는 2개의 그림을 더 살펴보자. 첫 번째 그림은 인간이 정보를 읽는 자연스러운 방식이라고 여기는 순진한 가정이다. 이론에서는 독자가 연달아 나오는 각 단어를 이해하고 디자인의 모든 요소에 주의를 기울일 것으로 생각한다. 이렇게 순진하게 인간의 정보 추구 활동을 바라보는 관점은 기존 경제학에서 인간의 주의력, 에너지, 비판적 사고 능력에 제한이 없다고 보았던 호모 에코노미쿠스의 개념과 닮았다. 한 페이지에 있는 모든 단어를

현실

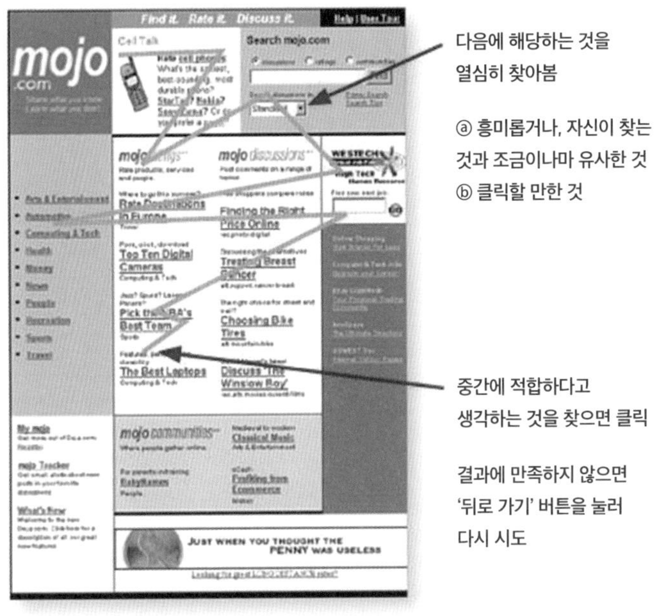

읽기 행동에서 '현실'에 관한 묘사(크룩, 2006)

순서대로 읽으면 어떤 내용이든 이해할 수 있다고 보는 것이다.

작성자는 사람들이 페이지의 모든 단어를 최고로 집중해서 합리적인 방식으로 읽을 거라 기대하지만, 실상은 두 번째 그림처럼 읽는다고 크룩은 주장한다. 많은 양의 정보를 주면 현실에서 대부분은 '시속 100킬로미터로 지나치는 광고판을 보는' 방식[4]을 취한다.[5]

크룩은 또한 사용자가 "새로운 페이지를 쓱 보고 내용 일부를 훑어본 다음, 처음으로 관심이 가거나 찾는 것과 조금이나마 유사한 링크를 클릭한다. 해당 페이지의 내용 중 상당 부분은 보지도 않는 경우가 많다"고 주장한다. 그러면서 우리가 선택지를 줄이고 관심이 가는 부분만 찾으려고 하면서 신문, 잡지, 도서를 빠르게 넘겨 보는 등의 훑어보기를 어릴 때부터 훈련한다고 설명한다.

다른 연구자들도 여러 증거를 제시했다. 1997년에 모르케스와 닐슨은 51명의 참여자가 각기 다른 글쓰기 스타일이 적용된 다섯 가지 버전의 웹사이트를 테스트한 정량적 실승 연구를 수행했다.[6]

1. 홍보용 글쓰기 – '마케팅' 용어 많이 사용
2. 훑어보기가 가능한 글쓰기 – 훑어보기를 권장할 목적
3. 간결한 글쓰기 – 간단명료한 내용
4. 객관적인 글쓰기 – 홍보를 위한 언어는 구사하지 않음
5. 간결하고 객관적이며 훑어보기가 가능한 글쓰기

각 참여자에게 간단한 질문에 답을 찾는 등의 작업을 주었고, 이들이 해당 작업을 수행하는 데 걸린 시간과 실수의 수를 기록했다. 실험 결과, 참여자들은 홍보용 글쓰기를 했을 때 결과가 가장 좋지 않았고, 훑어보기가 가능한 글과 간결한 글을 읽었을 때는 결과가 훨씬 좋았다.

이 연구는 우리가 직감적으로 알고 있던 사실, 즉 글쓰기 스타일이 사용자의 정보 독해 및 이해 능력에 영향을 준다는 사실을 입증했다. 사용자가 모든 페이지의 모든 단어를 체계적으로 읽는다면

실험 결과에서 차이가 발생하지 않았을 것이기 때문이다. 이 연구 이후에 쓴 글에서 닐슨(1997)은 "사용자가 웹에서는 어떤 방식으로 읽는가?"에 관한 질문에 "읽지 않는다"고 짧게 답했다. 그러면서 "사람들은 웹페이지의 모든 단어를 읽지 않는다. 대신 페이지를 훑어보고 개별 단어와 문장을 가려낸다"[7]고 설명했다.

눈알의 움직임을 추적하는 연구도 읽기 행동을 이해하는 데 유용한 정보를 제공한다. 2014년에 퍼니스, 휘튼턴, 닐슨은 300명의 참여자를 대상으로 눈알의 움직임을 추적하는 연구를 진행했다.[8] 한 과제에서 참여자들은 검색 엔진을 활용하여 특정 정보를 찾아야 했다. 눈알의 움직임을 추적하는 기술이 참여자의 진행 상황을 모니터링하며 페이지에서 시선을 어떻게 고정하는지 살펴보았다. 실험 결과, 17%의 참여자는 하나의 결과만 보고 다음 페이지로 넘어가는 것으로 나타났다. 다른 곳에는 시선을 주지 않았다. 페이지의 모든 결과를 체계적으로 읽는 대신에 '그럭저럭 괜찮은' 첫 번째 결과를 선택하여 수고를 아꼈다는 뜻이다.

이는 1999년에 피롤리와 카드가 동물의 먹이 탐색 전략과 인간이 온라인에서 정보를 탐색하는 전략에서 유사성을 발견하며 처음으로 정의한 정보 탐색 전략을 보여준다.[9] 동물이 먹이를 찾을 때 모든 곳을 다 탐색하지는 못한다. 그러다가 굶어 죽을 수 있기 때문이다. 그러니 비용을 적게 들이고도 최대의 효과를 누릴 수 있는 '그럭저럭 괜찮은' 것을 찾는 전략을 써야 한다. 대체로 정보 탐색도 목표를 향한 훑어보기 전략이라고 볼 수 있다.

일반적으로 훑어보기와 정보 탐색은 시간과 에너지를 절약할 수 있는 꽤 효과적인 방법이다. 그러나 이는 디자이너가 사용자의 이득을 고려한, 예측 가능하고 신뢰할 수 있는 환경일 경우에만 효과적이다. 디자이너가 당신을 속이려고 한다면 예상치 못했던 곳에 관련 정보를 숨기거나, 오해하게 만드는 제목과 시각적 체계를 활용하는 방법 등을 써서 훑어보기 행동을 악용할 수 있다.

오해를 부르는 정보와 잘못된 믿음

기업은 오해의 소지가 있는 정보를 게시해 사용자가 자기에게 이득이 되지 않는 결정을 하게 만들 수 있다. 이런 정보는 사기성 주장 같은 명백한 거짓말부터 사용자가 잘못된 믿음을 갖게 하는 모호하거나 교묘한 언어와 디자인까지 다양하다. 예를 들어 기업은 제목, 링크, 버튼에 표시한 것과 본문에서 실제로 말하는 내용을 전혀 다르게 만들어 훑어보기를 악용할 수 있다. 할인 안내의 경우 제대로 비교하려면 상당한 암산 능력과 단기 기억력이 필요하게 만들기도 한다. 이런 일을 잘 못하는 사용자라면 금전적으로 손실을 볼 수 있는 나쁜 거래를 하게 될 것이다.

미국 연방거래위원회(Federal Trade Commission, FTC)에서는 '잘못된 믿음'을 기만적 패턴의 가장 큰 위험으로 꼽았다.[10] 2021년에 3777명이 참여한 연구에서 루구리와 스트라힐레비츠는 중립적인 디자인과 비교했을 때 '숨겨진 정보'가 있는 디자인의 경우 제품 할인 안내를 수락한 비율이 2배 높았다고 보고했다. 즉, 사실이 눈에 보이지 않으므로 연구 참여자는 할인 안내에 관해 잘못된 믿음을 가졌고, 이는 그들의 의사 결정에 큰 영향을 미쳤다.[11]

6장

비합리적으로 행동한다

의사 결정의 취약성

당신의 머릿속에 들어오는 정보들을 생각해보면, 당신은 우선 이를 인지하고 나서 이해해야 한다. 앞서 이 두 영역의 약점이 어떻게 악용될 수 있는지 설명했다. 지각과 이해라는 단계를 거치고 나면 우리는 비판적 사고, 즉 인지심리학자들이 '판단 및 의사 결정'이라고 부르는 단계로 나아가는데, 이 또한 상업적 이익을 위해 악용될 수 있다.[1] 내부고발자인 크리스토퍼 와일리가 쓴 책 《사기꾼(Mindf*ck)》[2]의 내용을 인용한다.

> 해킹의 목적은 시스템의 약점을 찾아 그 취약점을 이용하는 것이다. 심리전에서 약점은 사람들의 사고방식에 있는 결함이다. 누군가의 마음을 해킹하려면 인지 편향을 파악하고 이를 이용해야 한다.

— 크리스토퍼 와일리(2020)

인지 편향은 판단과 의사 결정에서 체계적인 오류를 일으킬 수 있는 정신적 지름길이다. 인간은 참 뻔하게도 이런 편향에 빠지는데, 이에 대해 경제학자 댄 애리얼리는 인간의 행동을 "예상대로 비합리적"[3]이라고 설명했다. 인지 편향은 그 결점에도 불구하고 지름길, 즉 시간과 에너지를 절약하여 더 중요한 다른 일을 할 수 있도록 수고를 아낄 방법을 제공한다는 점에서 이점이 있다고 여겨진다.

인지과학자 아론 슬로먼은 이를 "생산적 게으름"이라고 표현하면서 "몇 수 앞서 가능한 모든 말의 움직임을 생각해보고 최적의 수를 선택하여 승부에서 이기는 체스 챔피언은 그렇게 많은 경우의 수를 살펴보지 않는 플레이어만큼 똑똑하지 못하다"[4]고 설명한다. 슬로먼이 이 글을 쓴 게 1988년인데, 오늘날 글을 썼다면 체스 대신 웹을 인용하며 썼을 것이 분명하다. 어떤 항목을 선택하기 전에 구글에 나온 모든 결과를 읽어보거나 아마존에 있는 모든 상품을 살펴보는 합리적인 인간은 없다. 이에 대처하기 위해 지름길이 필요한 것으로, 오늘날 우리는 인지 편향에 그 어느 때보다 더 의존한다. 우리에게 쏟아지는 모든 정보를 세세히 들여다보고 처리할 수는 없기 때문이다.

인지 편향에 관한 논문은 수천 건에 달하고, 제기된 인지 편향의 유형도 100개가 훨씬 넘는다.[5] 인지 편향에 관한 연구는 2000년대

초에 널리 알려지기 시작하며 대중 심리학, 비즈니스, 디자인 교과서의 영역으로 진입했다. 기술 산업에서는 매우 열정적으로 이를 탐구하기 시작했다. 어떤 저자는 연구 목적을 매우 솔직하게 밝혔다. 로버트 치알디니는《설득의 심리학》의 서문에서 자기 연구 분야를 '수락의 심리학(여기서 수락이란 다른 이들의 요구에 따르는 것을 의미)'이라고 말하며 '설득의 여섯 가지 보편 원칙'을 설명했다.[6] 니르 이알은《훅: 일상을 사로잡는 제품의 비밀》에서 나타샤 다우 슐의 '즐거움의 고리' 모델과 거의 동일한 '습관 형성' 행동 모델을 주장한다. 다만, 다우 슐은 '고의적인 중독' 모델이라고 설명하고 도박으로 파괴된 삶의 처참한 사례를 제시한다.[7] 이얄이 '중독'이라는 단어를 사용하지는 않았지만, 관련성은 잘 나타난다.

오늘날 수많은 웹사이트와 블로그에서는 이윤을 위해 인지 편향을 어떻게 이용하면 되는지 알려준다. 예를 들어 컨버타이즈에서는 인지 편향 백과사전을 제공하면서 "뉴로 마케팅(Neuromarketing: 뇌 속에서 정보를 전달하는 신경인 뉴런과 마케팅을 결합한 용어로, 무의식에서 나오는 상품에 대한 감정, 구매 행위를 분석해 마케팅 전략에 적용하는 기법-옮긴이)에 기반한 A/B 테스트 아이디어"라며 유쾌하게 사용을 권하지만, 최종 사용자가 속아 넘어간다거나 원치 않는 거래나 계약을 하게 된다는 부정적인 결과에 관해서는 언급하지 않는다.[8]

또한 착취하지 않는 방식으로 활용할 수 있는 인지 편향과 설득에 관한 내용도 많지만, "편향을 투명하고 유용한 방식으로 활용"하는 것에서 "편향을 활용하여 다음번 A/B 테스트에서 어떤 일이 일어날지 보는 것"으로 넘어가기란 매우 쉽다. 디자인을 테스트하자마자 통계 결과에서 다른 디자인보다 더 수익성이 좋다고 판명되면, 기업에서는 별다른 논의 없이 도입할 가능성이 높기 때문이다. 사용자가 그런 디자인으로 인한 결과를 제대로 인지하는지와 상관없이 말이다.

디폴트 효과

디폴트 효과란 사람들이 현재 상태를 고수하고 기본으로 주어진 옵션을 선택하는 경향을 말하는 심리학적 현상이다. 이는 소비자 의사 결정부터 공공 정책에 이르기까지 다양한 맥락에서 연구된 편향의 일종이다. 기업들은 사람들이 기본 옵션을 고수하는 경우가 더 많다는 점을 알기에 기업에 유리하게 기본값을 설정한다. 보통은 선택란이나 원형 버튼을 사전에 선택해두는 방식을 사용한다.

디폴트 효과에 관한 가장 유명한 연구는 에릭 J. 존슨과 대니얼 골드스타인의 2003년 논문인 〈기본값이 생명을 구하는가?〉[9]이다. 두 사람은 여러 나라의 장기 기증 동의율을 살펴보고, 기본적으로 장기 기증이 선택되지 않은 나라(다음 장에 제시된 그래프 왼쪽)와 선택된 나라(그래프 오른쪽)를 비교했다.

보다시피 동의율의 차이는 극명했다. 디폴트 효과의 영향을 주도하는 요인에는 여러 가지가 있다.

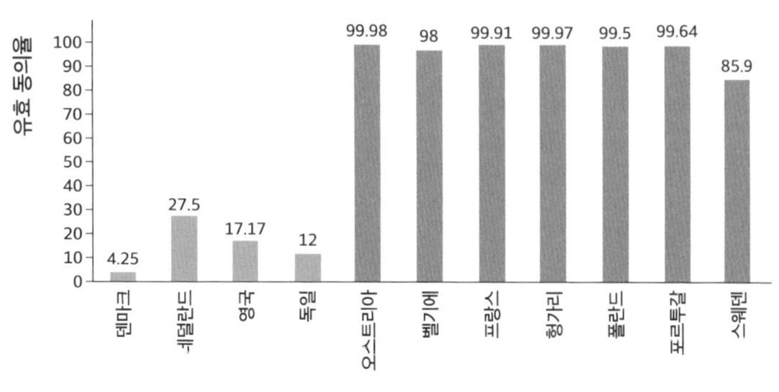

국가별 유효 동의율. 명시적인 동의(선택해야 함, 살구색)와 추정 동의(선택을 해제해야 함, 하늘색)

- **인식**: 사용자가 기본값을 바꾸려면 우선 그것이 가능한지를 인식해야 한다. (이는 지각의 취약점 이용을 다룬 이전의 내용과 관련된다.)
- **노력**: 사용자가 기본값을 바꾸려면 무언가를 해야 한다. 이 경우에는 적합한 정부 서식을 찾아 작성해야 한다. 시민들은 기본값을 변경할 수 있지만, 그럴 만한 시간이나 에너지가 없을 수 있다.
- **권위 편향 및 사회적 증거**: 디폴트 효과는 다른 인지 편향과 결합할 수 있다. 예를 들면 권위자(예: 의사)가 그 일이 옳은 일이라고 말하는 항목을 기본값으로 보여줄 수 있다. 또는 다른 모두가 하는 일(사회적 증거)로 표현될 수 있다. 두 가지 방식 모두 그 자체만으로도 강력한 인지 편향으로 유명하다.

리처드 탈러는《행동경제학: 마음과 행동을 바꾸는 선택 설계의 힘》에서 진정한 장기 기증율과 추정 동의율을 살펴보는 후속 연구를 진행했다.[10] 그는 추정 동의가 서류상으로는 효과적으로 보일 수 있지만, 실제로 사람들이 병원에서 사망할 경우 직원이 가족에게 장기를 기증할 것인지 물어본다는 점을 발견했다. 이 시점에서 추정 동의는 폐기되기 일쑤다. 사망자의 실제 선택에 관한 기록이 없기 때문이다. 탈러는 운전 면허 갱신 시 명시적으로 동의를 강제하는 '의무 동의'가 더 효과적인 정책이라고 결론지었다.

디폴트 효과는 개인정보와 쿠키 동의 대화창이라는 맥락에서도 연구되었다. 칠레 소비자 보호 기관인 SERNAC에서 진행한 대규모 연구는 설득력 있는 증거를 제시한다.[11] 이 연구에서는 7만 명이 넘는 연구 참여자에게 서로 다른 쿠키 동의 인터페이스를 제시했다. 일부는 기본적으로 쿠키 추적이 선택된 화면을, 다른 참여자는 기본적으로 쿠키 추적이 선택되지 않은 화면을 보았다. 이때 쿠키 추적이 선택되지 않은 버전이 제시된 사용자의 쿠키 거부율이 86%p 더 높았다.

이런 증거를 보면 알 수 있듯이 디폴트 효과는 사용하기도 쉽고 매우 강력하다. 기업은 착취적인 방식으로 이를 많이 활용한다. 사용자가 제시된 내용의 진정한 속성을 이해하고 명시적으로 선택지가 주어지면 선택하지 않을 수 있는 항목에 대해 추정 동의를 적용하는 것이다.

앵커링과 프레이밍

앵커링(anchoring) 효과는 인지 편향으로, 의사 결정을 할 때 개인이 받아들이는 첫 번째 정보인 앵커(닻)에 과도하게 의존하는 심리학적 현상을 말한다. 트버스키와 카너먼(1974)은 연구에서 참여자에게 유엔에서 아프리카 국가의 비율을 추정하는 질문을 던졌다.[12] 처음에 임의의 숫자[닻]를 주고, 추정 비율이 이보다 높은지 낮은지 물어본 나음, 최종 추정치를 납하도록 했다. 실험 결과, 참여자의 추정치는 초반에 주어진 닻에 크게 영향을 받은 것으로 나타났다. 높은 숫자를 받은 사람의 추정치는 높게, 낮은 숫자를 받은 사람의 추정치는 낮게 나타난 것이다. 이는 마케터가 제품의 소비자 가격을 설정할 때 착취적인 방식으로 많이 사용된다. 예를 들어 제품의 초기 가격을 일부러 높게 설정한 다음 할인율을 높게 제시하면 가성비가 좋아 보이는 효과를 낳는다.

프레이밍(framing)도 앵커링과 유사한 인지 편향으로, 근본적인 사실보다는 정보가 제시되는 방식에 과도하게 의존하는 현상이다. 1981년에 트버스키와 카너먼은 실험을 통해 참여자에게 가상의 질병에 관한 시나리오를 주고 두 가지의 치료 프로그램 중 하나를 선택하도록 했다.[13] 실험 그룹에 따라 치료 프로그램의 결과를 제시하는 프레임을 다르게 활용했다. 하나는 'X명이 생존할 것'이라는 긍정적인 방향으로, 다른 하나는 'Y명이 사망할 것'이라는 부정적인 방식으로 만든 것이다. 두 연구자는 근본적인 사실이 같음에도 프레이밍이 참여자의 선택에 상당한 영향을 미친다는 점을 디자인 A: 같은 가격의 인쇄판 구독 선택지가 바람잡이 역할을 하여 참여자 대부분이 인쇄판과 인터넷 판 결합 구독을 선택했다.

구독 유형	선택 수
☐ **인터넷 판 구독** - 59달러 인터넷 판 1년 구독. 1997년 이후 모든 〈이코노미스트〉 온라인 기사 읽기 가능	선택 수 16/100
☐ **인쇄판 구독** - 125달러 〈이코노미스트〉 인쇄판 1년 구독	선택 수 0/100
☐ **인쇄판 및 인터넷 판 구독** - 125달러 〈이코노미스트〉 인쇄판 1년 구독 및 1997년 이후 모든 〈이코노미스트〉 온라인 기사 읽기 가능	선택 수 84/100

디자인 B: 인쇄판 구독 선택지가 없는 경우 인쇄판과 인터넷 판 결합 구독 선택자 수가 적었다.

구독 유형	선택 수
☐ **인터넷 판 구독** - 59달러 인터넷 판 1년 구독. 1997년 이후 모든 〈이코노미스트〉 온라인 기사 읽기 가능	선택 수 68/100
☐ **인쇄판 및 인터넷 판 구독** - 125달러 〈이코노미스트〉 인쇄판 1년 구독 및 1997년 이후 모든 〈이코노미스트〉 온라인 기사 읽기 가능	선택 수 32/100

바람잡이 선택지의 존재 여부가 참여자의 의사 결정에 영향을 미친 것으로 나타난 댄 애리얼리의 〈이코노미스트〉 연구

발견했다.

댄 애리얼리는 《상식 밖의 경제학》에서 이런 유형의 인지 편향을 가진 사람을 조종하는 힘을 보여준 연구를 소개했다.[14] 그는 〈이코노미스트〉의 가상 구독 페이지를 두 가지 버전으로 만들어 200명의 학생(디자인당 100명)에게 보여주고 원하는 구독 유형을 선택하라고 했다. 참여자에게는 비밀로 하고, 하나의 디자인에는 속

임수(디자인 A)를 넣어 인쇄판과 인터넷 판 구독을 결합한 항목이 더 나은 가치를 주는 것처럼 보이게 했다. 인쇄판 구독 가격을 인쇄판과 인터넷 판 결합 구독 가격과 동일하게 만들어 추가적인 '바람잡이' 구독 선택지를 제공한 것이다. 표에서 볼 수 있는 것처럼, 인쇄판과 인터넷 판 결합 구독을 선택하는 비율이 바람잡이로 인쇄판 구독 선택지를 넣은 디자인 A(84%)에서 이 선택지가 없었던 디자인 B(32%)보다 현저히 높았다.

사회적 증거

사회적 증거라는 인지 편향은 다른 사람의 행동을 따르기 쉬운 현상을 말한다. '편승 효과', '집단사고', '군집 효과' 등으로도 알려져 있다. 즉, 수많은 사람이 어떤 것을 가치 있다고 여기면 우리도 그들이 옳다고 믿게 되는 것이다. 이는 비판적으로 판단하는 수고를 덜어주는 지름길이다.

2014년에 한 연구진이 HMRC(영국 관세청-옮긴이)와 함께 대규모 실험을 통해 사회적 증거의 영향력을 시험했다.[15] 이들은 다음의 표처럼 각기 다른 메시지를 포함하는 다섯 가지의 납세 안내문을 만들었다. 그리고 이 안내문을 임의의 영국 납세자 10만 명에게 발송하여 23일 이내에 세금 납부를 완료한 것을 기준으로 응답률을 추정했다.

1, 2, 3에서는 사회적 증거를 여러 방식으로 제시했지만, 4와 5에서는 그렇게 하지 않았다. 3은 가장 공격적으로 사회적 증거를 제

번호	메시지	응답률
1	10명 중 9명이 제때 세금을 납부합니다.	1.30%
2	10명 중 9명의 영국인이 제때 세금을 납부합니다.	2.10%
3	10명 중 9명의 영국인이 제때 세금을 납부합니다. 현재 귀하는 아직 세금을 납부하지 않은 극소수의 인구에 해당합니다.	5.10%
4	세금을 납부하면 NHS*, 도로, 학교 등 중요한 공공 서비스를 이용할 수 있습니다.	1.60%
5	세금을 납부하지 않으면 NHS, 도로, 학교 등 중요한 공공 서비스를 이용할 수 없습니다.	1.60%

HMRC 세금 안내문 연구 결과(할스워스 등, 2017)
*NHS: 영국의 국민 의료 보험

시했으며, 효과가 가장 뛰어난 것으로 나타났다. 이는 HMRC의 큰 성과였고, 세금을 제때 납부하는 일은 국가 전체로도 득이 되는 일이다. 물론 이 예시에서 착취적인 요소는 없다. 정확하고 진실한 사회적 증거 정보는 건설적이고 유용하다. 그러나 정보를 어떤 방식으로든 조작하고 사용자에게 무슨 일이 벌어지는지 의도적으로 알리지 않는다면 착취적인 성격을 띠게 된다.

온라인에서 사회적 증거는 보통 후기, 사례 연구, 추천 글, 데이터(점수나 '좋아요') 등으로 표현된다. 추천 글을 생각해보자. 기업에서 추천 글을 날조하면 허위 광고, 즉 사기 행위가 될 수 있다. 실제 사용자가 작성했다고 하더라도 긍정적인 내용을 쓰는 대가로 돈을 받았다면 이것도 사기 행위에 해당된다.

그런데 실제 사용자가 솔직하고 공정하게 후기를 작성할 것을 제안 받고 돈을 받으면 어떻게 될까? 후기에 인센티브를 주는 형식은 착취적인 관행을 은폐할 수 있는 회색 지대를 만든다. 후기 작성자가 어떤 대가를 받는가? 제공된 서비스에 비례하여 지급하는가? 기업에서 이번에 긍정적인 후기를 쓰는 조건으로 후기 작성자로서 고용할 것을 암시했는가? 후기 작성자는 부탁 받지 않았는데도 인센티브 때문에 긍정적인 후기를 남겼는가?

공짜거나 할인 폭이 크면 정가를 주고 샀을 때보다 덜 비판적이었던 경험을 모두가 나 해보았을 것이다. 그러니 인센티브를 받는 후기에는 이를 알리는 표시가 있어야 한다. 해당 후기가 돈을 받고 작성된 것임을 사용자에게 알려야 한다. 그러나 이런 공개 방식이 모호할 수 있다는 점이 문제다. 아마존 영국 웹사이트에 있는 에어프라이어 후기를 살펴보자.[16]

Steven E. VINE VOICE

★★★★★ **Brilliant**

Reviewed in the United Kingdom on 17 July 2021

Verified Purchase

The ninja dual zone Air fryer has a huge 7.6 L total capacity. There is two individual baskets which are 3.8 L each. It has six programs, which are Air fry, roast, bake, dehydrate, Max crisp and reheat. If you are only going to use one of the baskets then zone one is the default zone to cook with, but what I particularly like about this is that for instance you can air fry at 200° in zone one for 30 minutes and you can roast in zone two at 180° for 20 minutes at the same time by pressing sync and then start. This will start zone one and when it reaches the 20 minute timer zone two will come off of hold and start roasting. If you remove the basket such as for chips to give them a shake, then the timer will pause until The basket is re-inserted and if both zones are cooking it will pause both timers. The other option that I really like which is nice and easy and can maximise your output if you're cooking the same thing, For example if you had to Air fryer 1.5 kg of chips. Then place your chips in both baskets and on the zone one display enter in your temperature timer and press match then start. This will duplicate all of the information to zone two, Which makes it easy and super efficient. The max crisp is set at 240° and this is the only function that The temperature can't be changed, and it could be set to a maximum time of 30 minutes. The air fryer function can be set between 150 and 210° and has a time range between 1 minute to 1 hour. The roast function allows you to

⌄ Read more

1,486 people found this helpful

Helpful   Report abuse

'VINE VOICE'라는 표시가 있는 아마존 영국 웹사이트 후기의 캡처 화면 후기 작성자 이름 옆에 'VINE VOICE'라는 표시가 있다. 그런데 사용자가 아무리 이 표시를 클릭하거나 마우스를 갖다 대어봐도 자세한 정보는 나오지 않고, 해당 페이지에도 설명이 없다. 사용자가 화면 상단의 제품 검색란에 'vine voice'라고 입력해도 관련 검색 결과는 나오지 않는다. 이와 관련한 내용은 아마존 영국 웹사이트의 '도움말 라이브러리'에 깊이 숨겨져 있다. 여기서 'vine voice'를 검색하면, 이 표시가 있는 경우 작성자에게 무료로 제품이 제공된 것이므로 대가를 받은 후기라는 설명을 볼 수 있다. 이는 정보를 공개하는 적절한 방법이 절대 아니다.

사회적 증거를 조작하는 또 다른 방법이 있다. 모바일 앱 스토어 초기에 앱스파이어라는 기업이 앱부스터[17]라는 앱 개발자용 제품에서 영리한 방법을 개발했다. 사용자에게 평가 점수와 후기를 요구하는 '가짜' 후기 페이지를 보여준 것이다. 사용자가 후기 작성 시 '좋아요' 버튼을 누르면 이를 앱 스토어에 제출해달라는 메시지가 나온다. 사용자가 '싫어요' 버튼을 누르면 외부에 공개되지 않은 이메일 지원 페이지로 넘어간다. 그런데 이런 내용은 사용자에게 전혀 설명되지 않는다. 이를 다음 장의 이미지에서 살펴볼 수 있다.

그림에서 볼 수 있듯이 앱부스터는 '좋아요'와 '싫어요' 버튼의 진짜 목적을 숨겼다. 더 정직한 방법은 사용자가 자기 후기를 공개 앱 스토어에 남기고 싶은지, 개발자에게 개별적으로 이메일을 보내고 싶은지 스스로 정하게 하는 것이다.

앱부스터에서 '좋아요'를 눌렀을 때의 사용자 경험

앱부스터에서 '싫어요'를 눌렀을 때의 사용자 경험

오늘날에는 이런 유형의 조작 기법이 애플과 구글 앱 스토어에서 금지되므로 자주 볼 수는 없다. 사회적 증거를 조작하는 다른 방법에는 부정적인 후기의 게시를 지연시키거나(긍정적인 후기보다 대기열에 더 오래 있게 만듦) 단순히 이를 눈에 덜 띄게 만드는 것 등이 있다.

희소성 효과

희소성은 공급이 제한된다고 여기는 자원에 더 큰 가치를 부여하는 경향을 말하는 인지 편향이다. 충동과 위험 감수 의지를 높여 의사 결정에 영향을 주는 경우가 많다. 사람들은 어떤 자원이 고갈되기 전에 이를 손에 넣어야 한다는 긴급성을 느끼기 때문이다.

희소성에 관한 최초이자 가장 유명한 실험에서는 쿠키를 사용했다. 브라우저의 쿠키가 아니라 맛있게 구워진 진짜 쿠키 말이다. 1975년에 워첼, 리, 애디월은 146명의 대학생을 상대로 실험을 진행했다.[18] 실험 참여자에게 쿠키가 10개 또는 2개가 든 병을 보여주고, 먹고 싶은 생각이 얼마나 드는지를 물어보았다. 연구 결과에 따르면, 쿠키가 10개였을 때보다 2개였을 때 더 탐나고 더 매력적으로 느꼈다.

연구진은 실험을 더 역동적으로 만들기 위해 약간의 극적인 요소를 가미했다. 연기자가 실험 공간에 2개 또는 10개의 쿠키가 든 병을 또 하나 들고 들어가도록 한 것이다. 연기자는 실험 참여자가 보고 있던 병과 자신이 들고 온 병을 바꿔야 한다고 말했다. 이 행동은 병을 바꾸기 전과 후에 달라지는 쿠키 개수에 이목을 집중시키는 역할을 했다. 원래보다 쿠키가 줄어드는 조건에 있던 참여자는 쿠키가 더욱더 매력적으로 느껴졌다고 답했다. 이는 희소성이 얼마나 효과적인지, 그리고 사람이 희소성에 주목하게 될 경우 그 효과가 강화된다는 점을 잘 보여준다.

현실에서 희소성은 피할 수 없는 사실이며, 희소성에 관한 정보를 사용자에게 제공하면 매우 도움이 될 수 있다. 어떤 사용자가 여행을 가기 위해 특정 날짜에 연차를 쓰려고 한다면, 그 사람에게는 해당 날짜의 교통편이 언제 매진될지가 중요할 것이다. 매진이 임박했다면 바로 교통편을 예약할 것이다. 그러지 않으면 기회가 사라질 테니 말이다.

정직하고 진정성 있는 메시지는 당연히 괜찮지만, 희소성 효과는 너무나 강력하다. 그래서 기업은 허위로 희소성을 만들거나 모호한 언어, 범주, 사용자 인터페이스를 이용하여 희소성이라는 개념을 조작하기도 한다. 이에 대해서는 기만적 패턴 유형을 설명한 3부에서 더 자세히 살펴볼 것이다.

매몰 비용 오류

매몰 비용 오류는 단지 엄청난 양의 노력이나 자원을 이미 '투입'했기 때문에 계속해서 노력과 자원을 투자하는 현상을 말한다. 아르케스와 블루머가 1985년에 한 연구는 개인이 어떤 일에 투자했을 때 투자 비용을 회수할 수도 없고 그 일을 지속하는 것이 합리적이지 않더라도 그 일을 계속하는 경향이 있음을 보여준다.[19] 한 연구에서 이들은 61명의 참여자에게 다음과 같은 시나리오를 주었다. 시나리오의 발췌 내용을 읽으면서, 자신이라면 이 시나리오에 어떻게 반응할지 생각해보자.

> 당신은 몇 주 전에 미시간주로 스키 여행을 떠나는 티켓에 100달러를 냈습니다. 그리고 몇 주 후에 위스콘신주로 주말 스키 여행을 가는 티켓을 50달러에 샀습니다. 당신은 미시간주 스키 여행보다 위스콘신주 스키 여행이 더 재미있을 것으로 생각합니다. 그런데 위스콘신주 스키 여행 티켓을 막 사서 지갑에 넣으려고 보니, 미시간주 스키 여행과 위스콘신주 스키 여행의 날짜가 같았습니다! 티켓을 되팔기에는 너무 늦었고, 환불도 되지 않습니다. 두 티켓 중 하나는 반드시 써야 합니다. 어느 스키 여행을 선택하시겠습니까?

이미 돈을 썼고, 그 돈을 돌려받을 수도 없는 상황이니 의사 결정에 여행 비용을 고려하는 것은 비합리적이다. 위스콘신주로 가는 여행이 더 재미있겠다고 생각했으니 위스콘신주 여행 티켓을 선택하는 것이 논리적일 것이다. 그렇다면 실험 참여자도 이런 선택을 했을까? 그렇지 않았다. 46%의 참여자만이 이런 선택을 했다. 미시간주 여행의 매몰 비용이 다수 응답자(54%)의 선택에 영향을 미쳤다.

매몰 비용 오류는 기만적 패턴에서 많이 쓰인다. 사용자에게 매력적인 제안을 제공하여 이목을 끌고, 길고 지루한 단계를 거치며 이들이 시간과 주의력, 에너지를 쓰게 만든 다음, 그제야 제안이 처음에 말했던 것보다 덜 매력적이라는 사실을 밝힌다. 예를 들면 가격이 더 높아진다거나 약관이 덜 유리하다든가 하는 식이다. 이 내용은 3부에서 더 자세히 다루겠다.

호혜성 편향

호혜성 인지 편향은 자기에게 무언가 주어지면 그에 보답해야 할 의무가 있다고 여기는 현상이다. 일종의 사회적 통화로도 여겨지는데, 이는 사람들이 호의에는 호의로 보답해야 한다고 느끼기 때문이다. 2013년 영국 정부에서는 100만 명이 넘는 웹사이트 방문자를 상대로 대규모 A/B 테스트를 실시하여 8개의 디자인을 테스트했다.[20] 사람들이 gov.uk 웹사이트에서 자동차세 갱신을 완료하면 다음과 같은 페이지로 넘어갔다.

정부는 이 페이지의 여덟 가지 변형을 테스트했다. 다음 장의 그림이 대조군(1)이고 그 다음 장에는 가장 효과적이었던 변형(7)이 제시되어 있다. 두 페이지의 구성은 똑같지만 "장기 이식이 필요하다면 이식을 받으시겠습니까? 그렇다면 다른 사람도 도와주세요"라는 메시지의 유무만 다르다.

문구가 눈에 확 띄지 않아서 효과도 적으리라 생각했다면 오산이다. 첫 번째 디자인(1)의 경우 2.3%의 이용자가 장기 기증자로 등

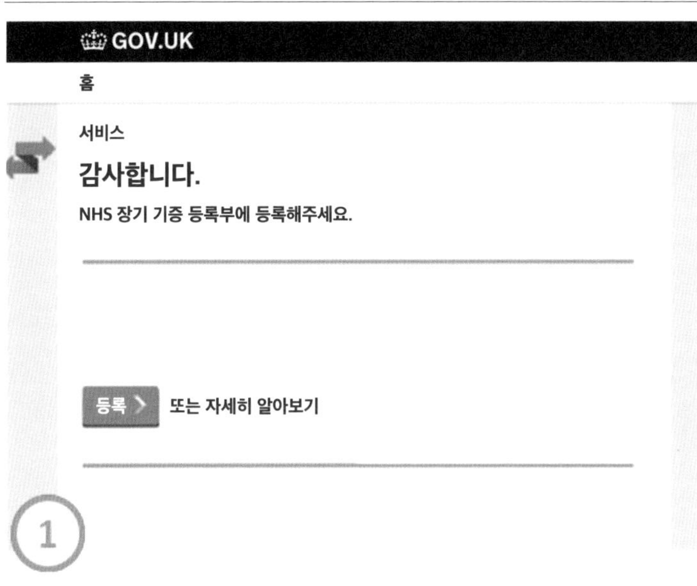

영국 정부의 자동차세 등록 완료 페이지 A/B 테스트에 쓰인 디자인 예시

록했다. 두 번째 디자인(7)의 경우 3.2%의 이용자가 장기 기증자로 등록했다. 약 1%p 더 높았다는 말이다. 다른 말로 하면, 대조군보다 3분의 1 정도 많다.

영국 정부의 행동 인사이트 팀(BIT)은 보고서에서 이 디자인을 '호혜성' 편향을 활용하는 사례로 언급했다.[21] 이 경우에는 정직하고 투명하게 편향을 활용했지만, 문구가 거짓이나 잘못된 내용에 근거한다면 속임수가 될 수 있으며, 비도덕적인 목적으로 사용되리라는 점도 쉽게 예측할 수 있다.

영국 정부의 자동차세 등록 완료 페이지의 또 다른 변형으로,
NHS 장기 기증 등록부에 관한 설득 요소가 들어 있다.

7장

예상한 대로 될 거라 믿는다

기대치 이용하기

모든 사람에게는 웹사이트와 앱에 갖는 기대치가 있다. 사용자를 돕고자 하는 디자이너는 가이드라인, 사용자 중심의 패턴과 디자인 체계를 적용하여 제품을 일관적이고 예측할 수 있게 만드는 방식으로 이런 기대치를 활용한다. 이렇게 하면 사용자는 제품으로 새롭게 무언가를 할 때마다 작동 방법을 배우는 수고를 덜 수 있다.[1]

2016년에 진행한 연구에서 니콜라우스와 보너르트는 135명의 참여자에게 격자 눈금을 주고 로고, 검색, 광고 등 일반적인 웹사이트 요소가 어디에 위치할 것으로 기대하는지 표시하게 했다.[2] 두 사람은 사용자 기대치의 종합적인 결과를 50개의 실제 웹사이트 레이아웃과 비교했다. 다음 그림에서는 대부분의 사용자가 검색 기능이 페이지의 상단 오른쪽에 있으리라고 기대하고, 실제 웹사

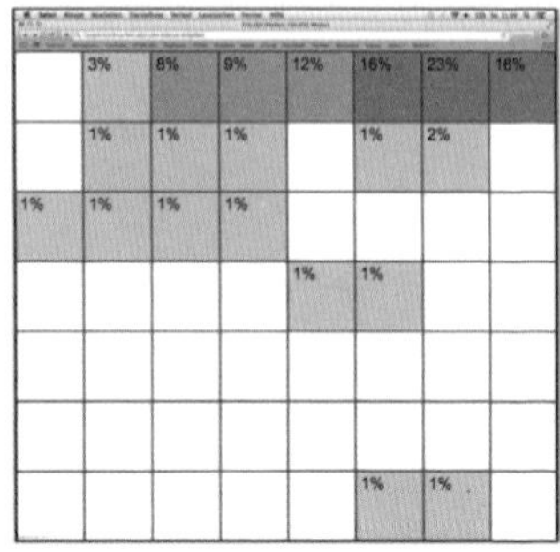

사용자가 기대하는 웹사이트 검색 기능의 위치(왼쪽)와 실제 검색 기능의 위치(오른쪽)
니콜라우스와 보너르트(2016)

이트에서도 상단 오른쪽에 검색 기능이 있는 경우가 많다는 점을 볼 수 있다. 이는 사용자가 무엇이 어떻게 될지를 대개 잘 알고 있으며 디자이너도 이런 기대치를 충족하는 것이 좋다는 점을 알고 있음을 증명한다.

그런데 착취적인 디자이너는 사용자 기대치에 관한 지식을 악용하고 이윤을 뽑아낼 수 있는 약점으로 본다. 가장 대표적인 사례가 바로 2013년에 혜성처럼 나타나 iOS 앱 스토어 랭킹 상위에 오른 플래피 버드라는 게임일 것이다. 당시 앱 스토어 랭킹 알고리즘은 여러 요소 중에서도 게임 후기가 좋으면 순위가 상승하는 방식이었다. 플래피 버드에서는 게임을 하다가 실패하면 다시 해당 레벨에 도전할 수 있는데, 여기서 아주 사소하지만 간단한 기만적 패턴을 적용하여 후기의 수를 늘렸다. 게임을 다시 시도할 때 '플레이' 버튼이 있는 곳에 똑같은 모양과 크기의 '평가하기' 버튼을 '플레이' 버튼 대신 넣었다. 그래서 게임을 재시도하려는 사용자가 의도치 않게 이 버튼을 눌러서 앱 스토어의 후기 작성 페이지로 연결되는 경우가 많았다. 물론 기만적 패턴으로 대부분의 사용자가 자기 의도와는 다르게 후기 작성 페이지로 넘어갔지만, 게임 자체가 재미있었기 때문에 사용자가 기꺼이 긍정적인 후기를 남기는 매우 효과적인 결과를 낳을 수 있었다. 어느 시점에서는 미국에서 일반적인 상위권 게임이 1년에 받는 후기보다 훨씬 많은 70만 건이 넘는 후기가 한 달 만에 작성될 정도였다.

이런 유형의 기만적 패턴은 '빨리 감기 속임수'[3] 및 '긍정적 터널 효과'[4]라고도 한다. 그러나 앞으로 살펴보겠지만, 사용자 기대치를 이용하는 일반적인 전략에 해당하는 기만적 패턴에는 더 많은 유형이 있다. 흔히 '미스디렉션(misdirection, 잘못된 방향 가리키기)'이라고 하는데, 사용자가 어떤 일이 일어날 것을 기대하게 만든 후 실제로는 원치 않던 일이 일어나는 현상을 말한다.

8장

시간과 주의력을 쉽게 빼앗긴다

자원 고갈과 압박

모든 사람에게 시간은 유한하다. 그리고 모두 언젠가는 죽기 마련이다. 여기에 더해 우리는 살아가는 동안 상당히 바쁘게 시간을 보낸다. 일하고 자는 것 외에도 침실 정리나 양식 작성 등 싫은 일을 하는 데 대부분의 시간을 할애한다. 또한 하루에 사용할 수 있는 에너지의 양도 정해져 있어 인지 부하[1]나 인지 마찰[2] 때문에 피곤을 느낀다. 피곤하면 어려운 인지 과제를 수행하기 어렵게 되고, 지름길(인지 편향)로 가서 실수를 더 많이 할 가능성이 커진다.[3]

이런 단순한 통찰력을 착취적인 방식에 활용하면 사람의 정신을 마모시키고 속일 수 있다. 소프트웨어는 먹거나 잠을 자거나 쉴 필요가 없다. 따분한 단계가 계속 이어지더라도 무생물인 소프트웨어에 영향을 주지 않는다. 그러나 이를 봐야 하는 사용자에게는 영향을 준다. 즉, 무언가 하기 어렵게 만들면 사용자가 구독을 취소하거나 감시 추적이나 데이터 내보내기를 선택하지 않는 등 비용이 많이 드는 일을 하지 못하게 효과적으로 막을 수 있다. 이렇게 자원의 고갈을 이용하는 전략을 보통 '슬러지'[4]라고 부른다. 캐스 선스타인은 자신의 저서에서 슬러지 문제를 다음과 같이 설명한다.

> 십중팔구 당신의 삶은 원하는 일을 하거나 가고 싶은 곳에 가지 못하게 방해하는 마찰로 구성된 '찐득찐득한 혼합물'인 슬러지로 더 나빠졌을 것이다. (…) 많은 경우, 슬러지는 경제적 폐해를 가져온다. (…) 환자, 부모, 교사, 의사, 간호사, 직원, 고객, 투자자, 개발자 등에 손해를 끼친다. 투표할 권리, 인종이나 성별에 따른 차별에서 자유로울 권리 등 근본적인 권리를 손상한다. 이는 불평등의 온상이다. 또한 슬러지는 인간의 존엄성에 대한 공격이다. (…) 카프카는 소설에서 이 찐득찐득한 혼합물 때문에 사람들이 자기 삶을 영위하지 못하거나 곤경에서 빠져나오지 못하는 세계를 묘사했다. (…) 슬러지는 모든 사람에게 피해를 주지만 특히 병자, 노인, 장애인, 빈민 또는 교육 수준이 낮은 사람에게는 저주가 된다.
>
> — 캐스 선스타인(2022)

기만적 패턴에 관한 문헌에서 인터페이스의 착취적인 슬러지는 보통 '방해물'[5] 또는 '바퀴벌레 모텔'[6]로 설명하는데, 이는 나중에 다뤄보도록 하겠다.

슬러지를 만들기란 매우 쉽다. 어떤 프로세스에 단계와 방해 요소를 많이 넣으면 된다. 사용자가 작성해야 하는 양식을 길게 만들고 비밀번호를 몇 번씩 입력하게 할 수도 있다. 이보다 더 강하게 나가고 싶다면, 사용자가 우편으로 서한을 보내게 만들거나 직접 어딘가로 가게 한다거나, 헷갈리는 메뉴를 보게 하거나 통화 대기 시간이 긴 콜센터로 연락하게 만들 수 있다. 이런 전술은 신문 구독과 헬스클럽 회원 등록에서 많이 찾아볼 수 있다. 삶에는 무수히 많은 방해 요소와 서로 경쟁하는 우선순위가 있다. 즉, 슬러지로 사용자가 원하는 것보다 더 오랜 기간 구독을 유지하게 만들 수 있으며, 이는 기업의 공짜 매출이 된다.

단 하나의 단계만 추가하더라도 그 효과는 상당하다. 한 연구에서 BIT는 HMRC와 함께 수천 명의 영국 시민에게 세금 납부를 요구하는 안내문을 보냈다. 안내문의 유형은 두 가지였다. 하나는 사용자가 세금 납부 양식으로 이어지는 링크를 클릭(추가 단계)할 수 있는 웹사이트로 안내했고, 다른 안내문은 추가 단계 없이 바로 세금 납부 양식으로 연결되었다.

이 추가 단계로 세금 납부를 완료한 사람의 비율이 6.1%p 낮았을 정도로 효과는 강력했다.[7] 그러니 사용자를 피곤하게 만들고 목표를 달성하기 전에 포기하게 만들기 위해 더 많은 단계를 추가하는 것이 얼마나 영향이 클지 상상하기는 어렵지 않다.

슬러지 말고도 기업에서 이용할 수 있는 자원 고갈 방법은 많다. 흔히 쓰이는 기법의 하나는 사용자의 귀중한 시간을 낭비하게 만드는 대신, 기한을 정해서 인위적으로 제한을 만드는 것이다. 기간이 한정된 제안이나 결제 전에 보이는 카운트다운 타이머는 사용자가 신중하게 판단해 의사 결정을 할 시간이 충분하지 않다고 생각하게 만든다(이를 '압박 판매', '긴급성', '희소성' 기만적 패턴이라고도 한다). 이런 기법은 감정적인 반응(예: 공포, 스트레스)을 끌어내지만, 가장 신중한 사용자조차 지름길을 활용하여 더 빨리 의사를 결정하도록 만드는 실질적인 효과도 있다. 예를 들면 '이걸 다 읽을 시간은 없지만 긍정적인 후기가 많은 걸 보면 안전할 거야'(사회적 증거 편향) 또는 '선택지를 따져볼 시간은 없으니 덜 비싼 중간급을 사야겠어'(앵커링 및 프레이밍 편향)라고 생각할 수 있다.

성가시게 들볶는 것 또한 넓게 보면 자원 고갈의 범주에 해당한다. 어떤 앱이나 웹사이트에서 매번 무언가를 하기 위해 허락을 요구한다면, 사용자는 한정된 시간과 주의력을 여기에 할애할 수밖에 없다. 이는 기업의 요구 사항을 따르고 싶어 하지 않는 사용자에게 기업이 부과하는 시간과 집중력 대가이다. 그 대가가 금전적인 것은 아니지만, 이것이 쌓이고 쌓이면 결국 무시할 수 없게 되고 어느 시점이 되면 그냥 포기하고 기업이 요구하는 것이 무엇이든 간에 동의하는 게 효율적이라는 결론에 다다를 수 있다.

또한 사회의 어떤 집단은 다른 사람보다 여유 시간이 적다는 사실도 알아야 한다. 빈곤선에 있는 사람의 경우 직업이 하나 이상이며 근무 시간이 길 수 있고, 출퇴근도 힘겹게 하며 가정 상황도 좋지 않을 가능성이 크다. 우리의 자원이 고갈되고 피곤함을 느끼면 우리로부터 이윤을 뽑아내려는 기업의 속임수에 쉽게 넘어갈 수 있다.

9장

거부할 수 없는 상황에 가두기

강제와 차단

보통 강제는 사용자가 완료하고자 하는 작업의 바로 앞에 거부할 수 없는 필수 단계를 배치하는 것이 포함된다. 차단의 경우 사용자가 하려는 일을 막는다. 사용자가 자기 데이터를 추출하려고 할 때, 기업에서 해당 기능을 아예 제공하지 않거나 다른 어느 곳에도 언급하지 않는 것으로 이를 막는 것 등이 해당된다. 이는 잠금 효과(lock-in)가 있으며, 사용자는 자기 데이터를 버릴 게 아니라면 울며 겨자 먹기로 남을 수밖에 없다.

커피 캡슐과 프린터 잉크는 강제와 차단을 활용한 가장 대표적인 사례라고 할 수 있다.

커피 머신 제조업체 큐리그는 사용자가 커피를 내릴 때마다 특별 설계된 '브루 캡슐'을 넣는 K컵이라는 캡슐 머신으로 유명하다. 이 제품이 시장에 출시되고 시간이 지나자, 경쟁업체에서 큐리그의 캡슐을 모방하기 시작했고, 소비자가 선택할 수 있는 커피 캡슐의 종류가 늘었다. 이는 큐리그의 이윤을 잠식하는 행위이므로 큐리그에는 상당한 골칫거리였다. 큐리그의 비즈니스 모델은 커피 머신을 상대적으로 저렴한 가격에 팔고 소비자가 큐리그에서 모든 커피 캡슐을 사도록 강제하여, 잠금 효과로 장기적인 이윤을 창출하는 것이었기 때문이다. 2015년에 큐리그는 디지털 저작권 관리(DRM)를 커피 캡슐과 머신에 도입했다. 모든 커피 캡슐에 RFID 칩을 부착하여 커피 머신에서 커피 캡슐 제조업체가 큐리그인지, 아니면 경쟁업체인지 확인하도록 한 것이다.

흥미로운 점은 이 전략이 빗나갔다는 것이다. 소비자들은 다 쓴 커피 캡슐의 RFID 칩을 잘라서 머신의 센서 부분에 올리기만 하면 된다는 내용의 DRM 우회 방법을 동영상으로 만들어 유튜브에 올렸다.[1]

최근에는 프린터 제조업체 HP에서 이와 매우 유사한 전술을 사용했다.[2] 2023년 3월 어느 날, HP 프린터 사용자 대다수는 HP에서 클라우드 업데이트를 진행하여 타사 잉크 카트리지를 사용할 수 없게 프린터 기능을 제한했다는 사실을 알게 되었다. 프린터 기능에 이상이 없고 잉크도 충분한데 단지 장착된 잉크 카트리지의 제조업체가 경쟁사라는 이유만으로 일부 프린터의 작동이 하루아침에 멈춘 것이다.

인터페이스 디자인과 소프트웨어 세계에서 기능 강제와 차단을 추가하기란 너무나 쉽다. 페이지를 새로 만들거나 재배열하는 데

그다지 큰 수고가 들지 않기 때문이다. 이 부분은 3부의 기만적 패턴 유형에서 자세히 다루겠다.

10장

부정적 감정을 피하려 한다

감정의 취약성

인간은 죄책감, 수치심, 공포, 후회 등 불편한 감정을 겪고 싶어 하지 않으며, 이런 감정을 피하려는 목적으로 결정을 내릴 때가 많다. 이런 특성을 착취적인 방식에 적용하여 사용자가 어떤 결정을 하도록 또는 하지 못하도록 만들 수 있다. 이 방법은 인쇄와 TV 광고에서 오랫동안 활용되었고, 심리학 연구 결과에서도 효과성이 입증되었다.

크리센과 부이는 122명의 참여자를 모집하여 실험을 진행했다(2015). 참여자에게 비만과 관련한 광고를 보여주고 이후에 달콤한 디저트를 먹을 것인지 등 가상의 시나리오와 태도에 관한 설문에 답하도록 했다.[1] 이 실험에서는 2개의 광고를 사용했다. 하나는 공포의 메시지(첫 번째 그림)를, 다른 하나는 희망사항의 메시지(두 번째 그림)를 넣었다.[2]

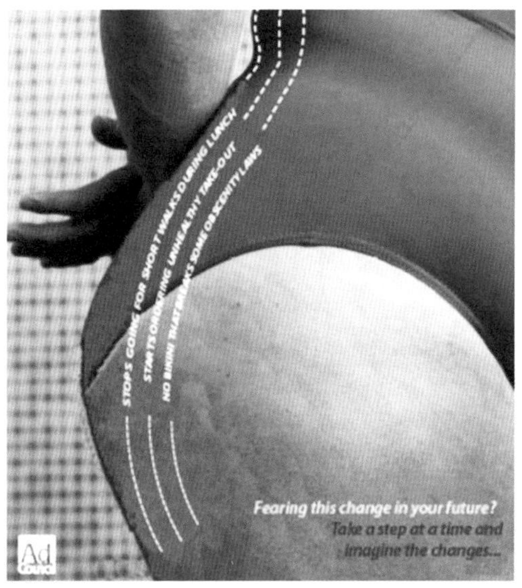

'미래에 이렇게 될까 봐 걱정되나요?' — 크리센과 부이(2015)가 실험에 사용한 광고

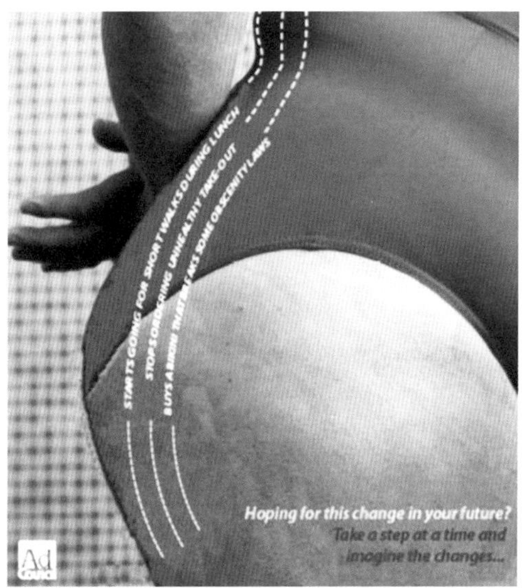

'미래에 이렇게 되길 바라나요?' — 크리센과 부이(2015)가 실험에 사용한 광고

연구진은 달콤한 디저트를 멀리하도록 만드는 데는 공포를 조장하는 광고가 희망사항에 기반한 광고보다 훨씬 효과적이었음을 발견했다. 오늘날 공중 보건 캠페인에서 행동을 끌어내는 데 공포가 많이 활용되며, 이 전술의 윤리성에 관해서는 논쟁이 이어지고 있다.[3] 또한 감정은 앱과 웹사이트 사용자를 조종하기 위해 많이 사용되고 있다. 이 내용은 3부에서 더 자세히 살펴보겠다.

11장

인간은 도파민의 노예다

중독

다음 기준에 따라 자신과 친구, 가족의 행동을 돌아보자.

1. 생각보다 오래 이용한다.
2. 줄이려고 하지만 잘되지 않는다.
3. 이용 후에는 회복에 많은 시간이 필요하다(예: 수면 부족).
4. 이용하지 않을 때 갈망을 느낀다.
5. 이용하느라 자기 의무(직장, 학교, 가정 등)를 다하지 못한다.
6. 관계를 방해(예: 파트너와의 다툼이 반복되거나 파트너를 향한 원망이 커짐)하는데도 계속 이용한다.
7. 위험한 상황(예: 운전 중)에서도 이용한다.
8. 이용할 시간을 확보하기 위해 사교 또는 친목 행사에 나가지 않기로 한다.

9. 이용하지 못하면 금단 증상을 느낀다.

이 목록은 미국 정신과 의사가 정신 건강 질병, 특히 약물 남용을 진단할 때 쓰는 책인 《정신질환 진단 및 통계 편람(DSM-5)》에서 가져온 것이다.[1] 그러나 이 목록을 보고 게임과 여타 디지털 제품에 대한 강박 증세를 쉽게 떠올릴 수 있다. 리그 오브 레전드, 콜 오브 듀디, 드위터, 페이스북 등을 사용하며 건강하지 못한 습관이 생긴 사람을 알고 있다면 이 내용이 친숙하게 느껴졌을 것이다. 이는 행동 중독이라고 하며, 약물을 사용하지는 않지만 보이는 현상은 약물 중독과 매우 비슷하다.[2]

사실 어떤 신경과학자들은 인간 뇌에서 모든 중독에 동일하게 적용되는 생물학적 기원이 있음을 입증하는 증거를 찾았다고 주장한다.[3] 약물을 남용하든 리그 오브 레전드를 끊지 못하고 계속 플레이하든 뇌의 보상 체계, 특히 중변연계 도파민 경로가 작동한다는 것이다.[4]

부정적인 영향에 쉽게 눈감을 수 있다면 이윤을 위해 매우 쉽게 중독을 이용할 수 있다. 일부 제품은 애초부터 최대한 중독성이 있도록 만들어졌고, 이를 위해 다양한 형태의 조작과 속임수를 이용한다. 초대 페이스북 회장인 숀 파커는 다음과 같이 말했다.[5]

> 사용자의 시간과 의식적인 집중력을 가능한 한 많이 사용하게 만드는 방법은 무엇이겠는가? (…) 사용자에게 가끔 작은

> 도파민 자극을 주어야 했다. 누군가가 어떤 사진이나 포스팅에 '좋아요'를 누르거나 댓글을 남기니 말이다. (…) 이는 사회적 확인 피드백 고리다. (…) 인간 심리의 취약점을 이용하는 것이다. [이걸 만든 사람들은] 이를 알고 있었고, 의식적으로 활용했다.
>
> — 숀 파커(2017)

놀랍게도 중독성 있게 만드는 가장 효과적인 방법은 수혜자가 항상 원하는 것을 얻지 못하도록 설계하고, 예상하지 못한 방법으로만 이를 얻을 수 있도록 하는 것이다. 이를 '가변적 보상 일정' 또는 '간헐적 강화 일정'이라고 부른다.

이와 관련하여 심리학자 B.F. 스키너의 1938년 실험이 가장 유명하다.[6] 그는 쥐와 비둘기가 레버를 누르게 하는 실험을 진행했다. 여기서 실험동물이 레버를 누르면 먹이나 다른 보상을 주었다. 스키너는 보상이 가변적인 일정에 따라(즉, 예측할 수 없는 방식으로) 주어졌을 때가 정해진 일정에 따라(예측할 수 있는 방식으로) 주어질 때보다 훨씬 더 레버를 누를 가능성이 크다는 점을 발견했다. 이를 가장 잘 나타낸 것이 다음 그림과 같은 도파민 주기다.[7]

가변적인 일정이 효과적인 이유는 실험동물이 언제 다음 보상을 받을지 알 수 없기 때문이다. 이는 흥분과 기대감을 자아내어 더 오랫동안 그 행동을 수행하게 한다. 이는 도파민 주기와 관련이

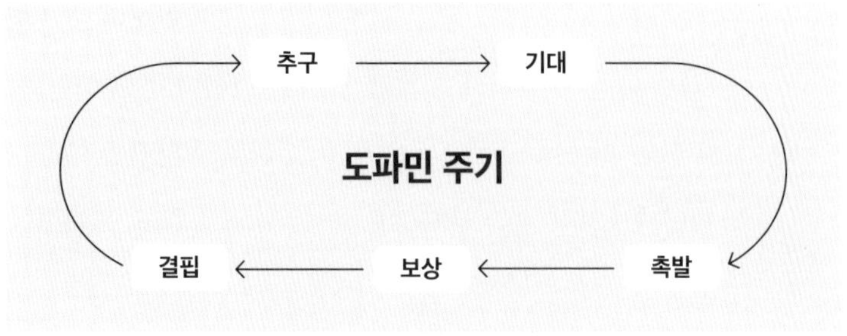

도파민 주기를 단순화한 다이어그램

있다고 여겨진다. 예측할 수 있는 일정은 주기를 단절시킨다. 흥분과 기대감을 주지 못하기 때문이다. 중독의 사회적인 폐해가 잘 알려져 있는데도 중독으로 인한 수익성이 상당히 크기 때문에 마케팅과 제품 디자인 관련 문헌에서는 중독 모델을 모범 사례로 많이 권장한다. 다음 장에 있는 이얄과 후버의 '훅 모델'(2014)이 가장 유명한 예시일 테지만, 자세히 들여다보면 도파민 주기를 다른 말로 브랜딩한 것에 불과하다는 점을 알 수 있다.[8] 중독 대신에 '훅'이라는 말을 쓴 것은 중독의 이용을 조금 더 사회적으로 수용할 수 있게 만든 노력이라고 볼 수 있겠다.

행동 중독은 대개 사용자가 '존(zone)', 즉 시간 가는 줄 모르고 온갖 걱정거리를 잊은 채 깊이 몰두하여 그 행동을 하는 상태에 빠지는 것과 관련이 있다. 인류학자 나타샤 다우 슐은 도박에 중독되었을 때 사람들이 찾는 것이 바로 이 존이라고 주장한다. 존에 들어가면 일상의 고민에서 벗어날 수 있기 때문이다.[9]

이런 통찰력을 이용하여 사용자가 존에 들어갔을 때 방해하지

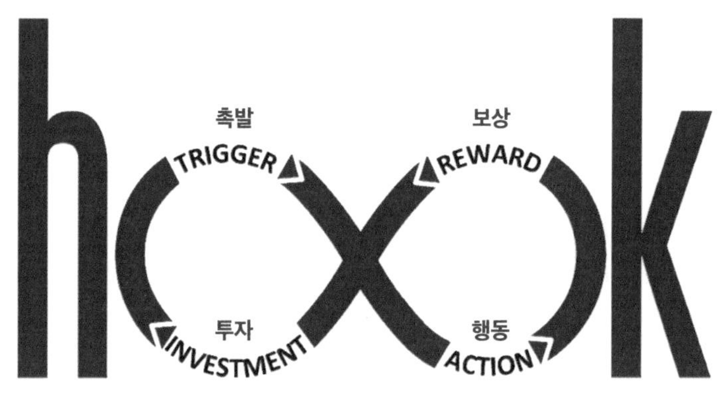

이얄과 후버의 훅 모델(2014)

않도록 제품을 디자인하는 것도 가능하다. 요즘 대부분의 소셜미디어 제품에 적용된 무한 스크롤이 대표적이다. 무한 스크롤은 페이지 넘김 버튼으로 사용자를 방해하거나 살펴본 콘텐츠의 페이지가 얼마나 되는지 알려주지 않아도 되는 환경을 만들었다. 개발자 아자 래스킨은 무한 스크롤을 개발한 것을 후회했다. 2019년 인터뷰에서 그는 이렇게 말했다. "이게 어떻게 사용될지를 깊이 생각해보지 않은 점을 후회한다. (…) 디자이너로서 멈춤 신호를 없애면 상대방이 내가 원하는 행동을 하도록 만들 수 있다는 점을 알고 있다."[10]

자동 재생도 비슷한 방식으로 작동한다. 사용자가 동영상을 다 보고 나면, 어떤 행동을 취할 필요도 없이 다음 동영상이 자동으로 선택되어 재생된다. 이는 사용자가 생각한 것보다 제품을 더 오래 사용하게 만든다. 마찬가지로 알림과 게임화 기능(예: 콤보)도 사용자를 제품으로 다시 끌어들이는 데 사용될 수 있다. 이것이 충동 회로와 만나면 아주 강력한 효과를 발휘한다. 이런 기능은 수많은 우려를 자아내었으며, 미국 소셜미디어중독감소기술(Social Media Addiction Reduction Technology, SMART)법[11] 등 각종 규제가 만들어졌다.

비디오 게임도 이윤을 목적으로 중독성의 원칙을 매우 많이 이용하는 기술 분야이다. 가장 논란이 되는 기법은 이른바 '아이템 상자'이다. 아이템 상자는 난수 발생기를 활용하여 사용자가 게임 플레이 시 유리해지는 가상 아이템을 얻거나 게임 속 세상에서 사회적 지위를 획득할 기회를 구매하도록 만든다. 이는 본질적으로 도박의 일종이며, 앞서 설명한 것처럼 도파민 주기를 이용하는 가변 보상 일정 때문에 중독성이 있다. 이 때문에 수많은 전문가가 광범위한 규제를 요구했다.[12]

그러나 어떻게 이 지경까지 오게 되었을까? 1990년대까지만 해도 비디오 게임의 일반적인 수익 창출 모델은 매장에서 게임을 구매하면 매출이 올라가는 구조로 매우 단순했다. 즉, 성공하려면 전략에 게임 플레이 경험의 질을 극대화하고 판매를 증대하기 위해 전통적인 마케팅 방식을 쓰면 됐다.

당시에도 많은 게임에 아이템 상자가 있었지만, 수익 창출 모델의 일환은 아니었다. 1996년에 발매된 닌텐도 마리오 카트를 플레이하면 아이템 상자에서 임의의 아이템을 얻게 된다. 아이템의 종류는 바나나(앞서 달리는 경쟁자에게 던지면 레이스 트랙에서 미끄러져 빙글 빙글 돌게 만들 수 있음)처럼 중요도가 낮은 아이템부터 별(모든 방해 기술 무효화)처럼 중요도가 높은 아이템까지 다양하다. 여기서 흥미로운 점은 게임 디자이너들이 아이템 상자 알고리즘을 조정했기 때문에 아이템이 정말 임의로 나오는 것은 아니라는 점이다. 그들은 플레이어 친화적으로 매우 친절하게 아이템 상자를 만들었다. 레이스에서 1등을 하는 플레이어라면 중요도가 낮은 아이템을, 꼴찌에 가깝게 뒤처졌으면 중요도가 높은 아이템을 얻을 가능성이 높게 만들었다. 이런 방식으로 게임 플레이 경험의 균형을 조정했다. 초보자가 너무 뒤처지지 않도록 하고, 게임을 잘하는 플레이어가 혼자 독주하지 못하도록 만들어 다양한 사람들(부모와 자녀)이 함께 경쟁하며 레이스를 즐길 수 있게 한 것이다. 예전에는 게임의 재미를 극대화하는 것이 우선이었다.

그러던 것이 웹과 모바일 앱, 통합 결제 시스템의 등장으로 게임 내 구매와 소액 결제 등 새로운 수익 창출 모델이 생겼고, 이로 인해 게임 플레이가 최대의 이윤을 추구하기 위해 최적화되었다. 이 방식은 게임 산업에서 급격히 확산했고, 약탈적인 관행과 기만적 패턴의 문을 열어주었다. 게임 디자이너는 게임 알고리즘을 최적화하여 (사람들이 계속 플레이하도록) 충동 회로를 만들고 게임 내 구매를 높이는 데 더 많이 노력하기 시작했다. 이것이 유료 아이템 상자와 결합하면 이른바 '게임화'가 되는 것이다.[13]

2017년에 게임 디자이너 맨비어 헤어는 세계 최대 게임 개발사이자 그의 전 직장이었던 EA(Electronic Arts)에서 사용하는 이런 관행에 관해 인터뷰한 적이 있다.[14] 그는 소액 결제와 아이템 상자에 관해 다음과 같이 말했다.

> 매스 이펙트 3에 카드 팩을 추가한 것과 같은 논리이다. 즉, '단지' 60~100번 정도 게임을 하고 그치는 게 아니라 계속해서 게임을 찾게 만들려면 어떻게 할 것인가가 중요하다. (…) EA를 비롯한 대형 퍼블리셔는 보통 높은 투자 수익에만 집중한다. (…) 플레이어가 무엇을 원하는지는 별로 신경 쓰지 않고, 플레이어가 무엇에 돈을 쓸 것인가에만 관심이 있다. 소액 결제와 관련하여 얼마나 많은 돈이 움직이는지를 생각해봐야 한다. (…) 나는 매스 이펙트 다중 플레이어 카드에 1만 5000달러까지 쓴 사람도 본 적이 있다.
>
> — 맨비어 헤어(2017)

아이템 상자는 점점 규제 대상이 되고 있다. 애플 앱 스토어[15]나 구글 플레이[16]에서는 게임 내 아이템 상자의 아이템 획득 확률을 공개하는 것을 의무화했다. 2018년에 벨기에 도박위원회에서는 도박 인허가를 받지 않은 기업에서 아이템 상자를 사용하지 못하도록 만들었지만, 실제 제도의 시행 강도가 약해 비판받았다.[17]

아이템 상자가 없더라도 게임 디자이너에게는 소비자가 반복해서 돈을 쓰게 만드는 고리를 만들 수많은 방법이 있다.[18] 처음에는 게임을 즐길 수 있게 만들고, 점점 매우 힘들게(즉, 갈아 넣게) 또는 매우 어렵게 만든다. 여기서부터 사용자에게 어려운 단계를 '돈을 내고 건너뛰기'하거나 '돈을 내고 승리'할 수 있는 수단을 제공하여 게임의 어려운 부분을 넘어갈 수 있게 만든다.[19] 게임에 너무 몰두하다 보면 플레이어는 자기도 모르는 새에 엄청나게 많은 돈을 쓰게 되는데, 이는 신중하게 디자인된 충동 회로와 기만적 패턴 때문이다. 게임 디자인 내 조종, 눈속임, 중독에 관한 연구가 많이 이루어지고 있다. 더 많이 알고 싶다면 노르웨이 소비자 평의회에서 펴낸 보고서 〈동전을 넣어주세요〉[20]와 스콧 굿스타인의 책 《고양이가 없으면(When the Cat's Away)》[21]을 보면 좋다.

12장

설득인가, 조종인가

나는 디자이너들로부터 착취적인 관행과 정직한 설득을 구분하는 쉬운 방법이 있냐는 질문을 종종 받는다. 영화에 나오는 폴리스 라인처럼 이 둘을 구분하는 선이 과연 있을까? "넘지 마시오! 이 선을 넘어가는 모든 디자인은 기만 또는 조종에 해당합니다!"라고 하는 선이.

안타깝게도 이 문제는 상당히 복잡하다. 혹여나 쉬운 답을 찾고 있다면 이 책에서 설명하는 패턴과 유사한 것은 아예 만들지 않고, 자기가 사는 지역의 법령이 어떻게 되어 있는지 알아보는 것이 좋겠다. 또 다른 방법은 설계로 인한 폐해를 살펴보는 것이다. 디자인으로 사용자에게 부정적인 영향이 생긴다면 이 디자인에 문제가 있는 것이므로, 거기서부터 원인이 무엇인지 거꾸로 조사하는 것이다. 이런 관점은 집행 당국과 조사관에게 매우 유용하지만, 피해가 발생하기 전에 옳은 일을 하려는 디자이너에게는 도움이 되지 않는다.

직접적인 눈속임은 상대적으로 쉽게 특성을 파악할 수 있다. 디자인에 명백한 거짓말, 즉 진실이 아닌 거짓 주장이 들어가 있으면 이는 명백한 속임수이다. 그러니 넘어가면 안 되는 절대적인 선이 하나 있는 셈이다. 그리고 당신이 달에 사는 것이 아니라면 각자의 지역에 오랫동안 유지된 소비자 관련 법에서 거짓말을 금지할 것이다.

그러나 '간접적인 눈속임'에서는 명백하게 거짓말을 하지 않으면서 사용자가 오해하여 거짓된 믿음을 가지도록 디자인을 만든다(예: 관련 정보의 누락, 모호한 언어 사용). 대부분의 기만적 패턴은 여기에 해당한다. 간접적인 눈속임은 구분하기가 쉽지 않다. 어떤 경우는 다른 것보다 훨씬 나쁘므로 심각성을 다양하게 고려해야 한다. 그리고 조종의 광범위한 개념을 이해해야 한다. 디자인으로 사용자를 속이지 않고도 사용자에게 영향을 미치거나 이들을 강제하는 것이 가능하기 때문이다. 예를 들어 사용자의 감정을 강력하게 조종하여 어떤 결정을 내리게 만든다면, 이는 강제에 해당하며 피해를 유발할 수도 있지만, 그럼에도 이는 속임수에 해당하지 않을 수 있다.[1]

철학과 윤리의 영역으로 시야를 확장하면 이 문제가 얼마나 복잡한지를 알 수 있다. 2015년에 캐스 선스타인은 〈조종의 50가지 그림자〉라는 보고서에서 이를 분석했다.[2]

어떤 활동이 누군가의 행동을 바꾸려고 한다고 해서 모두 조종에 해당하지는 않는다. 자동차의 승객이 운전자에게 충돌 위험을 경고한다면 이는 조종이 아니다. 세금 납부일이 다가오고 있다고 알려주는 것도 마찬가지다. 열량 표시나 에너지 효율 표시도 대개는 조종으로 보지 않는다. 민간이나 공공 기관에서 대중에게 알리거나 '그저 사실을 제공'하는 경우라면 사람을 조종한다고 말할 수 없다. 또한 사람을 설득하는 것과 조종하는 것에는 큰 차이가 있다. (조종하지 않는) 설득의 경우, 사람들에게 사실과 이유가 상당히 공정하고 중립적인 방식으로 제공된다. 그런데 조종은 이와 다르다. 조종당하는 사람은 '줄에 매달린 꼭두각시 인형' 취급을 받는다. (적어도 동의가 없이는) 그 누구도 다른 사람의 꼭두각시가 되고 싶어 하지 않는다. (…) '조종'이라는 개념은 많은 행동에 적용될 수 있지만, 단일한 개념인지, 이것이 필요하고 충분한 정도인지를 판별할 수 있는지는 명확하지 않다. 조종의 형태는 다양하다. 최소 50가지의 그림자가 있으며, 서로 엄격하게 동일시되는지 궁금해하는 사람도 있다.

선스타인은 한 번에 고려해야 할 측면이 여러 개 있어서 이 문제가 다차원적이라고 주장한다. 그는 명시적인 사용자 동의가 조종을 더 잘 받아들일 수 있게 만든다고 설명한다(예: "내가 담배를 끊게 도와주세요. 저한테 무엇이든 해도 좋습니다!"). 그리고 투명성이 도움이 된다고 말한다. 사용자에게 특정한 방식으로 특정한 결과를 위해 그들을 설득하리라는 점을 명확하게 알리면 비밀리에 그 행위를 할 가능성이 줄게 된다는 것이다.

요약하면, "넘지 마시오"라고 할 수 있는 단 하나의 경계선이 있는 것은 아니다. 설득, 조종, 속임수의 세상이 하나의 행성이라고 한다면 아예 발을 들이지 말아야 할 지역과, 폐해나 불법이라는 다양한 위험이 도사린 지역이 있는 것이다.

그렇지만 나는 단순함을 선호한다. 당신이 디지털 제품을 만드는 일에 종사한다면, 내가 해줄 조언은 다음과 같다. 거짓 주장을 사용하지 말고 현지 법규를 제대로 파악한다. 이 책에서 설명한 기만 또는 조종 패턴과 유사한 모든 관행은 멀리한다. 의도가 좋다고 해서 피해를 예방할 책임이 사라지는 것은 아니므로 어떤 결과가 나올지 예측하고 그려보기 위한 연구를 해야 한다. 부정적인 결과가 예상된다면 이를 예방할 수 있도록 바꾼다. 그렇게 하면 당신은 임무를 제대로 수행한 것이며, 더 큰 그림을 보고 걱정하는 것은 철학자나, 윤리학자, 입법자에게 맡기면 된다.

3부

다크패턴의 여러 유형

2010년에 darkpatterns.org를 만들었을 때, 나의 목표는 인식을 제고하는 것이었다. 그래서 브랜딩과 홍보에 크게 집중했다. 호기심을 자극하고 기억에 남는 단어로 이름을 붙여 세상에 이런 내용을 알리고자 했다. 정돈된 분류 체계보다는 행동을 촉구하는 외침에 더 가까웠다.

오늘날 기만적 패턴에 관한 문헌을 살펴보면, 분류와 명명 체계가 놀랄 정도로 다양하다는 점을 알 수 있다. 각자 나름대로 유용하지만, 초기의 분류는 원시적인 편이고, 나중에 나온 것은 활용할 수 있는 증거와 지식이 엄청나게 많아져 더 정교해졌다.

다양한 분류 체계는 보통 저마다 목표가 다르고 서로 다른 전문 분야에서 유래한다. 행동경제학자와 HCI 연구자는 심리학적인 원칙을 분류 체계에 적용한다. 마투르 등을 예로 들면 기만적 패턴을 특정한 인지 편향과 연관 짓는다. 그레이 등(2018)은 UX, UI와 관련된 문헌에 기반하여 UX, UI에 훨씬 초점을 맞춘다.[1]

최근에는 기만적 패턴이 법학자나 입법자, 규제당국의 관심 분야로 떠올랐다. 따라서 이들은 관심 주제, 담당 지역에 관련된 법과 법률 용어를 중심으로 분류 체계를 만든다. 유럽개인정보보호위원회(European Data Protection Board, EDPB)의 경우, GDPR 규정과 관련하여 EU 내 소셜미디어 플랫폼의 개인정보 보호에 초점을 맞추어 분류 체계를 만들었다.[2] 그 지역에서 일하는 사람이라면 이것이 유용하겠지만, 그 외 지역 사람이라면 그렇지 않을 것이다.

여기서 말하고자 하는 것은 다양한 분류 체계에 저마다의 목적이 있다는 점이다. 각각의 분류 체계를 비판하거나 업무에서 활용하기 전에, 어떤 것인지를 제대로 알아야 한다. 다양한 분류 체계에 관한 전체적인 분석을 살펴보고 싶다면 2022년에 OECD에서 펴낸 보고서 〈다크 커머셜 패턴〉(부속서 B)[3] 또는 마투르 · 메이어 · 크시르사가르가 2021년에 발표한 보고서 〈다크패턴을… 다크하게 만드는 요소는 무엇인가?〉[4]를 읽으면 도움이 될 것이다.

13장

다크패턴의 분류 체계

내가 전문가 증인으로서 많이 활용하는 분류 체계는 마투르 등의 분류(2019)이다. 실용적이고 증거도 많기 때문이다. 이 분류 체계는 프린스턴 대학교와 시카고 대학교 소속 연구자 7명이 작성한 〈대규모 다크패턴: 1100개의 쇼핑 웹사이트 분석 결과〉[1]라는 논문에 소개되었다. 이 연구진은 머신 러닝 알고리즘을 이용하여 1만 1000개 웹사이트의 약 5만 3000개 제품 페이지를 분석했고, 그 결과 1818건의 기만적 패턴을 찾아냈다. 이를 자세히 분석하여 분류 체계를 만들었다. 이 분류 체계는 주로 전자상거래를 겨냥하고 있지만, 사용자 경험의 거의 모든 영역에 적용할 수 있을 정도로 광범위한 범주를 제공하여 상당히 유연성이 있다.

당신은 내가 앞서 설명한 착취 전략에 기반한 새로운 분류 체계를 제시하지 않는다는 점을 눈치챘을 것이다. 그렇게 하는 이유는 기만적 패턴이 하나의 착취 전략에 딱 들어맞지 않을 때가 많기 때문이다. 기만적 패턴은 매우 다양한 방식으로 창조적으로 결합된다. 예를 들면, 특정 웹사이트에서 '속임수 표현'은 '기대치 이용'과 '이해력 조종'을 한꺼번에 활용한 것일 수 있고, 다른 디자이너는 다른 웹사이트에서 또 다른 방식을 채택할 수도 있다.

기만적 패턴의 분류 체계라고 하면 적용할 수 있는 유형의 수가 정해진 것처럼 규범적으로 받아들이기 쉽다. 그렇지만 현실에서 인간의 창의력과 착취 행동에는 전혀 제한이 없다. 모범 사례 가이드라인으로 나온 것조차 기만적 패턴에 영감을 주는 데 활용되어 유용했던 것에서 해를 주는 것으로 손바닥 뒤집듯 바뀔 수 있다.[2]

기만적 패턴은 기회주의적이고 실용적인 방식으로 만들어지는 경우가 많다. 어떤 시도가 성공하면 기업은 이를 중단할 필요가 없다고 생각하며, 성공한 이유가 정확하게 무엇인지 제대로 파악하려 하지 않는다. 쿵후 영화 속 대결을 생각해보자. 등장인물은 우산, 사다리, 대걸레 등 손에 잡히는 것을 들고 싸워본다. 그러다가 잘 안 되면 빨리 다른 도구를 찾는다. 원칙보다는 결과가 더 중요하기 때문이다. 모두가 저마다 다른 패턴을 다양한 방식으로 시도한다.

기만적 패턴을 둘러싼 환경이 복잡한 이유와 분류 체계에 항상 어느 정도의 한계가 있을 수밖에 없는지에 관해 지금까지의 설명으로 충분히 이해했기를 바란다. 그렇다고 해도 분류 체계는 절대적인 것이 아니라는 점만 명심하면 매우 유용한 분석 도구가 될 수 있다. 이 점을 가슴에 새기고 마투르 등이 2019년에 〈대규모 다크 패턴〉[3]에서 제시한 분류 체계를 살펴보자.

은닉

- **장바구니에 몰래 넣기**: 사용자의 동의 없이 장바구니에 추가로 제품을 넣는다.
- **숨겨진 비용**: 이전에는 사용자에게 공개되지 않았던 비용을 결제 직전에 공개한다.
- **숨겨진 구독**: 요금 1회 결제 또는 무료 체험을 전제로 사용자에게 반복적으로 요금을 청구한다.

긴급성

- **카운트다운 타이머**: 카운트다운 타이머를 이용하여 사용자에게 가격을 제안하거나 세일이 곧 끝날 것이라고 알린다.
- **기간 한정 메시지**: 사용자에게 가격을 제안하거나 세일이 곧 끝날 것임을 날짜를 정해서 알리지만 실제로 정해진 기한은 없다.

미스디렉션

- **감정적 선택 강요**: 사용자가 특정한 선택을 하지 못하도록 언어와 감정(수치심)을 이용한다.
- **시각적 방해**: 사용자가 특정한 선택을 하지 못하도록 스타일

과 시각적 표현을 사용한다.

- **속임수 표현**: 사용자가 특정한 선택을 하지 못하도록 헷갈리는 표현을 사용한다.[4]
- **압박 판매**: 더 비싼 제품을 미리 선택해 놓거나 사용자가 더 비싼 제품과 관련된 제품을 받아들이도록 압박한다.

사회적 증거

- **활동 메시지**: 사용자에게 웹사이트 활동(예: 구매, 조회수, 방문자수) 정보를 알린다.
- **후기**: 제품 페이지에 출처가 불분명한 후기를 게시한다.

희소성

- **매진 임박 메시지**: 사용자에게 구매 가능 수량이 한정적이라고 알림으로써 제품을 더 갖고 싶게 만든다.
- **주문 폭주 메시지**: 사용자에게 해당 제품의 주문이 폭주하여 곧 매진될 가능성이 있다고 알림으로써 제품을 더 갖고 싶게 만든다.

방해

- **어려운 취소**: 사용자가 서비스에 가입하기는 쉬우나 취소하기는 어렵게 만든다.

행동 강요

- **가입 강요**: 원하는 작업을 완료하려면 계정을 만들거나 정보를 공유하도록 강요한다.

14장

은닉

'역피라미드' 스타일의 글쓰기에서는 처음에는 앞으로 나올 내용을 짧게 요약하는 것으로 시작한 다음, 단계적으로 세부 사항을 더하는 것이 독자가 이해하기 좋다고 한다. 이러한 방식은 독자가 어떤 시점에 읽기를 중단하더라도 내용을 정확하게 알 수 있도록 도와준다.

그런데 사용자를 조종하고 싶다면, 이와 반대로 글을 쓰고 긴 문단이나 제대로 명명되지 않은 섹션에 중요한 정보를 숨겨놓아 독자가 그 내용을 기대하지 못하거나 찾을 생각을 하지 못하게 만들면 된다. 사용자 인터페이스 디자인에서 스크롤, 단계적 공개(페이지의 콘텐츠를 나타나게 하려면 클릭하거나 마우스 커서를 갖다 대야 함),[1] 링크, 버튼 등의 다양한 상호작용이 가능하다는 점을 생각하면, 은닉을 활용할 기회는 수없이 많다.

상업 거래에서는 정보를 숨기는 것이 돈이 될 수 있다. 이제부터 기만적 패턴 중 세 가지 은닉 유형을 살펴보겠다.

장바구니에 몰래 넣기

온라인 소매업체가 고객의 장바구니에 몰래 물건을 넣는 몇 가지 방법이 있다. 가장 뻔뻔한 수법은 말도 없이 물건을 추가해놓고 고객이 이를 알아차리지 못하거나 이에 관해 불만을 제기하지 않기를 바라는 것이다. 또한 미스디렉션과 다른 기만적 패턴을 써서 사용자가 무심결에 물건을 추가한 것처럼 속일 수도 있다.

장바구니에 자동으로 담긴, 주문도 하지 않은 1파운드짜리 잡지

몇 년 전에 스포츠 다이렉트는 영국에 사는 사람이라면 찬장에 하나쯤 갖고 있을 홍보용 대형 머그잔으로 유명해졌다. 그렇게 된 이유를 살펴보자. 다음 장의 그림은 2015년에 캡처한 스포츠 다이렉트의 웹사이트이다.

내가 이 웹사이트를 신나게 탐색하다가 워킹화를 한 켤레 사려고 마음을 먹었다고 해보겠다. 화면에서 이상한 점은 눈에 띄지 않는다. 그냥 일반적인 쇼핑 페이지로 보인다.[2]

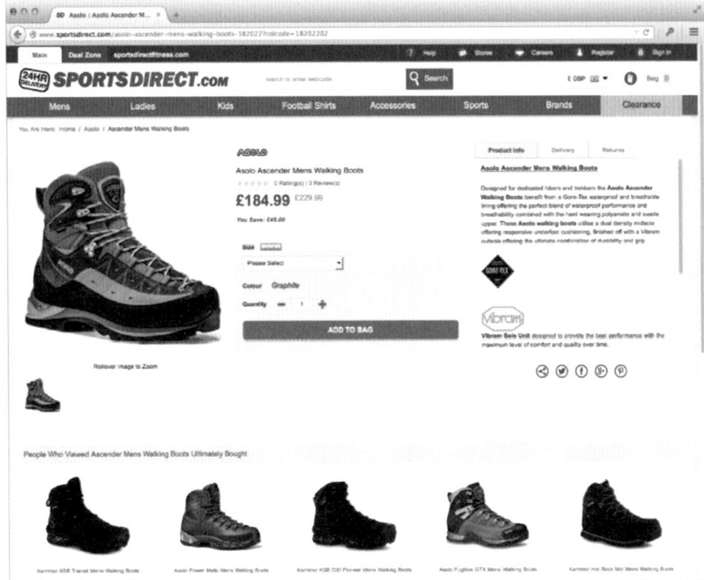

2015년 스포츠 다이렉트의 제품 상세 페이지

이제 이 워킹화를 구매한다고 하자. 내 발 사이즈를 입력하고 'ADD TO BAG(장바구니 추가)' 버튼을 누른 다음 결제 화면으로 넘어갔다.[3] 이상한 점이 눈에 띄는가?

My Shopping Bag

<< CONTINUE SHOPPING — SECURE CHECKOUT

Product Details	Quantity		Unit Price	Total
Asolo Ascender Mens Walking Boots Colour Graphite Size 12	1	Remove	£184.99	£184.99
Forever Sports Sports Fantastic Value Magazine and Free Giant Mug (Go to your Bag to remove) Colour - Size N	1	Remove	£1.00	£1.00

Clear All — UPDATE BAG

Sub Total £185.99

<< CONTINUE SHOPPING — SECURE CHECKOUT

2015년 스포츠 다이렉트의 결제 페이지. 사용자의 동의 없이 물품이 하나 추가되었다.

워킹화 아래에 내가 장바구니에 추가한 적이 없는 물품(1파운드짜리 잡지와 머그잔)이 추가되었다. 영국에서 인기 있는 BBC 소비자 권리 TV 쇼인 〈워치독〉에서는 스포츠 다이렉트를 집중 보도했다. 이런 관행은 2014년에 발효된 소비자 권리 지침(Consumer Rights Directive)[4] 덕분에 EU 전체에서 불법이 되었다.

비용 숨기기

숨겨진 비용을 넣는 관행('순차 공개 가격 책정(drip pricing)'[5] 또는 '미끼 상술(bait and switch)'[6]이라고도 함)의 경우, 사용자가 구매 여정에서는 예상하지 못한 비용을 의도적으로 결제 직전에 제시하는 것이다. 이는 최종 결제 페이지에서 예상치 못한 수수료 등의 형태로 나타나는 경우가 많다.

스텁허브가 숨긴 비용

숨겨진 비용의 대표적인 사례는 블레이크 등이 스텁허브(공연 티켓 재판매업체)와 함께 수행한 연구로, 해당 연구 논문은 〈마케팅 사이언스〉의 2021년 4월호에 실렸다.[7] 이 논문을 주의 깊게 읽어볼 필요가 있다. 스텁허브가 이상할 정도로 자사의 기만적 패턴을 자랑스러워하는 것처럼 보이기 때문이다. 그러나 주의해야 할 점이 있다. 논문에서 완곡한 표현을 엄청나게 많이 썼다는 것이다. 예를 들면, 숨겨진 비용이라고 하지 않고 '후단 비용(back-end fee)'이라고 표현했다.

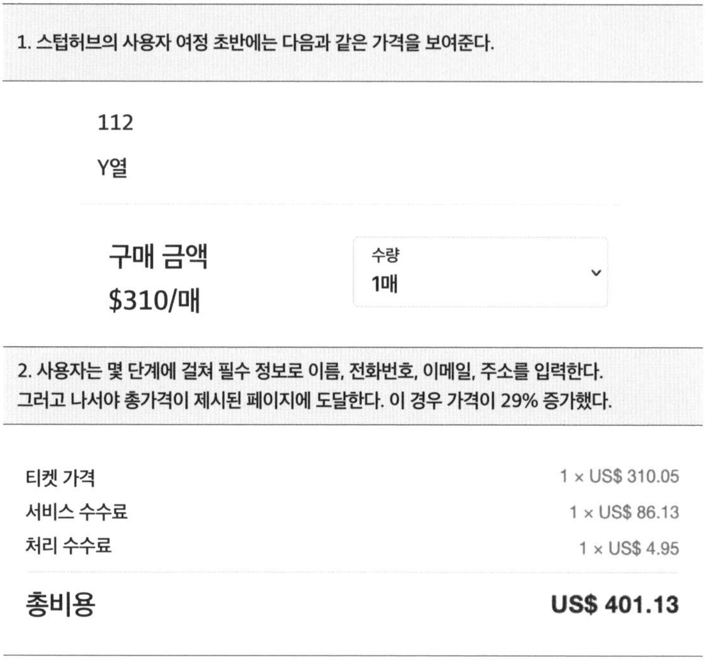

1. 스텁허브의 사용자 여정 초반에는 다음과 같은 가격을 보여준다.

112

Y열

구매 금액

$310/매

수량

1매

2. 사용자는 몇 단계에 걸쳐 필수 정보로 이름, 전화번호, 이메일, 주소를 입력한다. 그러고 나서야 총가격이 제시된 페이지에 도달한다. 이 경우 가격이 29% 증가했다.

티켓 가격	1 × US$ 310.05
서비스 수수료	1 × US$ 86.13
처리 수수료	1 × US$ 4.95
총비용	**US$ 401.13**

스텁허브에서 사용자 여정 초반의 티켓 가격(1)과 최종 가격(2)의 차이를 보여주는 캡처 화면

위 그림은 스텁허브의 사용자 경험 예시다. 한마디로 요약하면, 쇼핑 경험 초반에 본 가격은 이름, 전화번호, 이메일, 주소를 다 입력한 다음 마지막에 보게 되는 화면에 나타난 가격보다 낮다.[8]

이 연구에서 블레이크 등은 위의 예시처럼 숨겨진 비용이 가장 마지막 단계에서 공개되는 디자인(A)과 사용자 여정(user journey)의 초반부터 정확한 가격을 보여주는 디자인(B)을 비교하는 A/B 테스트를 진행했다. 이들은 수백만 건의 거래에서 데이터를 수집했는데, 이는 알려진 기만적 패턴 A/B 테스트 사상 가장 큰 규모였을

것이다.

결과는 어땠을까. **티켓 가격이 초반에 제대로 제시되지 않았던 A 집단의 사용자는 21% 더 많은 돈을 썼고, 구매 과정을 완료할 확률이 14.1% 더 높았다.** 이는 엄청난 차이다.

당신이 회사를 하나 운영하는 중인데, 간단한 디자인 의사 결정 하나만으로 고객이 21% 더 많은 돈을 쓸 수 있다고 생각해보자. 고민할 것도 없이 이 디자인을 채택할 것이다. 이 디자인으로 얻게 될 이윤보다 더 많은 대가를 치르게 만드는 법적 규제만이 당신을 막을 수 있을 것이다.

에어비앤비가 숨긴 비용

리조트 요금, 어메니티 요금, 목적지 요금, 청소비 등은 환대 산업에서 정착된 지 꽤 되었다. 2019년에 메리어트는 예약 가격의 최대 55%까지 청소비를 부과했다.[9] 이 행위로 메리어트가 고소당했고, 소송 과정에서 엄청난 내부 문서가 공개되었다. 메리어트는 내부 시장 조사를 통해 투숙객이 요금의 '투명성 부족'을 매우 우려한다는 점을 알고 있었지만, 청소비 정책을 강행하여 2억 2000만 달러가 넘는 돈을 벌어들였다. 또한 감사에서 리조트 요금이 예약 시에 공개되지 않고 고객이 나중에야 알게 되는 경우가 33%에 달한다는 점이 밝혀졌다! 메리어트는 결국 합의금을 냈고, 이런 관행을 다시는 시도하지 않았다.[10]

그렇지만 시각적인 예시가 없으면 사례 연구로 활용하기가 어

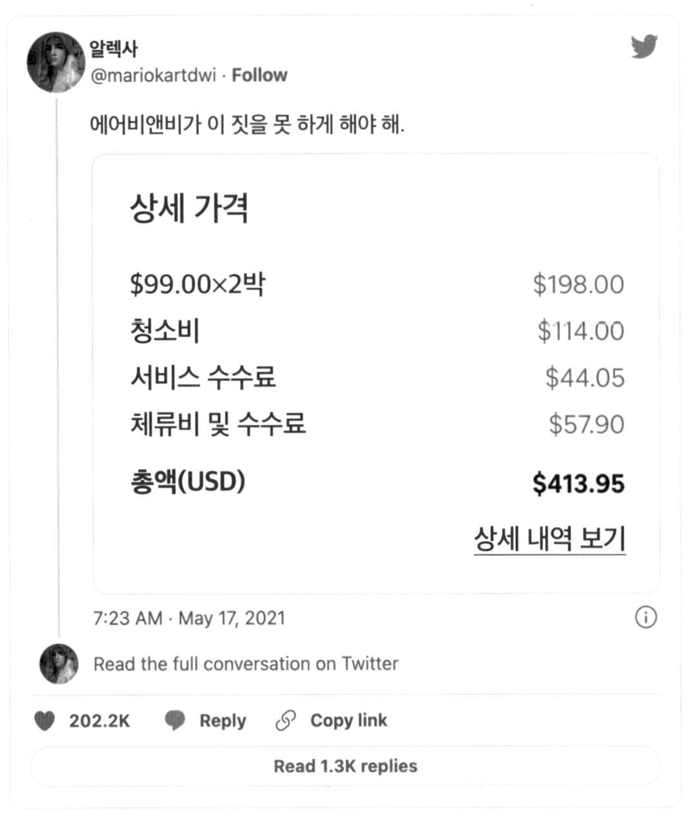

'알렉사'라는 트위터 사용자가 에어비앤비의 추가 요금에 불만을 표시한 게시물.
이 게시물은 20만 명 이상 '좋아요'를 눌렀을 정도로 화제를 모았다.

려우니 에어비앤비로 넘어가겠다. 시간이 좀 지나기는 했지만, 에어비앤비 고객들은 위 이미지처럼 추가 요금이 부과되는 데 대해 트위터에서 불만을 터뜨렸다.[11]

여기서 핵심은 사용자 여정의 초반부에 이 비용이 숨겨져 있었는지, 아니면 알렉사와 같은 사용자가 이런 비용이 있음을 사전에 알았지만 총비용이 높아져서 기분이 나빴는지다. 에어비앤비는 국가별로 다르게 사용자 인터페이스를 운영하고 정기적으로 변화를 주기 때문에 이 가격이 어떻게 나왔는지 구체적으로 따져보기는 어렵다. 그러나 2021년 6월 현재 에어비앤비 미국 웹사이트 모습을 캡처해보면 다음과 같다.[12]

캡처 화면에서는 사용자가 7월 13일부터 16일까지 멕시코시티를 2명이 여행한다고 선택했다. 지도에 다양한 가격대의 숙소가 표시되어 있다. 이 사용자가 여행 예산에 맞는 하루 87달러짜리 숙소를 선택한다고 해보자.

1박에 87달러짜리 숙소를 선택하면 다음 장의 그림처럼 숙소의

2021년 6월 에어비앤비 검색 페이지(미국 버전, thepointsguy.com 제공)

$87/박 ★ 4.88 (193개 후기)

체크인 7/13/2021	체크아웃 7/16/2021
투숙객 2명	

예약

예약으로 요금이 청구되지 않습니다.

$87×3박	$261
서비스 요금	$37
체류비 및 수수료	$55
총비용	**$353**

2021년 6월 에어비앤비 숙소 상세 페이지 확대 그림(미국 버전, thepointsguy.com 제공)

상세 페이지로 넘어간다. 그리고 갑자기 추가 비용(서비스 요금, 체류비 및 수수료)이 표시된다. 그 결과 하루 숙박 요금은 이전 페이지에 제시되었던 것보다 35% 높아진다.

소셜미디어에서 많은 사용자가 비용을 숨기는 방식에 불만을 제기했지만, 이는 특정 국가에서만 일어나는 현상이었다.[13] 호주의 에어비앤비 사용자의 경우, 호주 경쟁소비자위원회(Australian Competition and Consumer Commission, ACCC)에서 비용을 숨기는 기만적 패턴을 금지하기 때문에 이런 일로 속을 일이 없다.[14] 마찬가지로 에어비앤비는 2019년에 노르웨이 소비자 공사(Consumer Authority)와 유럽연합집행위원회의 압박을 받아 유럽 전역에서 비용을 숨기는 일을 포기했다.[15]

법이 적용되는 지역에 따라 다국적 기술 기업의 기만적 패턴 사용 여부가 달라지는 점을 눈여겨보아야 한다. 기만적 패턴은 어떤 국가에서 이를 적용했을 때 기업이 위험을 감수할 정도로 수익성이 있어야 하며, 규제의 대가가 너무 비싸거나 강력한 국가에서는 이를 적용하지 않는다는 점을 유추할 수 있다. 이는 다른 무엇보다도 규제가 효과를 발휘한다는 것을 명백하게 보여준다.

오늘날 에어비앤비 영국 웹사이트(airbnb.co.uk)를 살펴보면 가격이 이전보다 투명해졌음을 알 수 있다. 홈페이지에서는 검색 영역의 기본값이 '주(any week)' 단위로 설정되어 있으며, 숙소 금액은 7일 기준으로 총비용을 가장 처음에 바로 보여준다.[16]

또한 에어비앤비에서 원하는 기간을 입력하면 1박당 총비용이 명확하게 표시된다. 총비용을 클릭하면 작은 팝업창이 나타나 세부 비용을 알려준다. 잘한다, 에어비앤비! 이제 세계 모든 나라에서 이렇게 하길 바란다.[17]

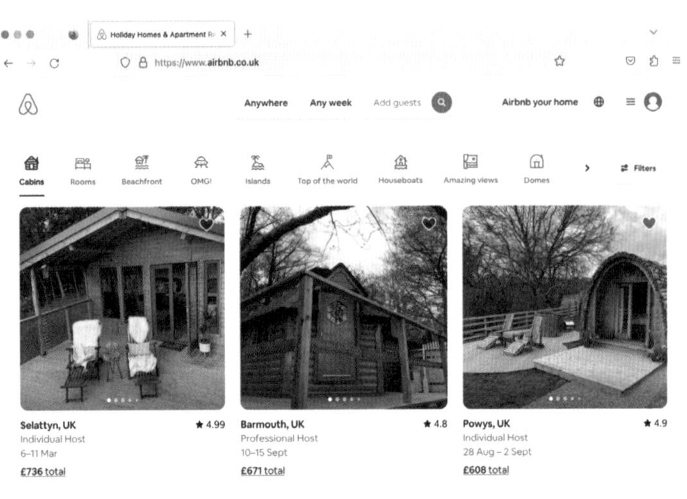

2022년 10월 현재 에어비앤비 영국 웹사이트의 가격이 투명해졌다.

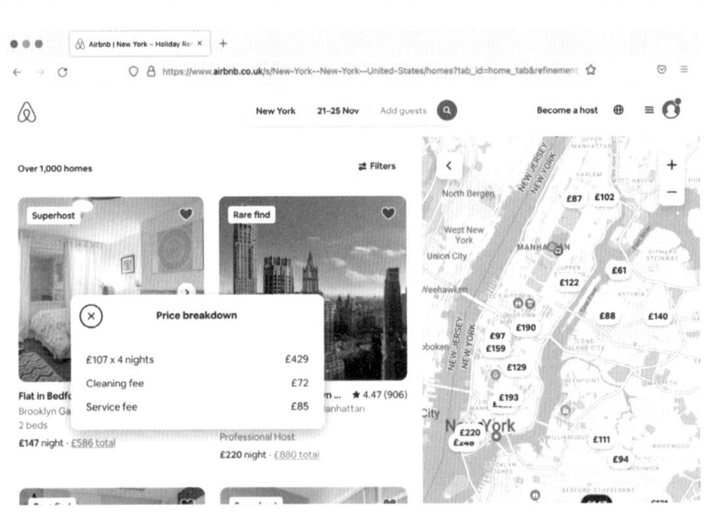

2022년 10월 현재 에어비앤비 영국 웹사이트의 검색 결과와 팝업창. 가격이 투명해졌다.

피그마가 숨긴 구독

당신이 디자이너라면 피그마를 알고 있을 것이다. 피그마는 UI 디자인 협업 툴로 업계에서 상당히 많이 쓰인다. 피그마에서 디자인을 만들고 오른쪽 상단의 파란색 '공유' 버튼을 누르면 다른 사람에게 디자인을 공유할 수 있다.[18]

이 파란색 '공유' 버튼을 클릭하면 대화창이 나타나는데, 여기서 다른 팀 구성원이나 동료, 원하는 사람을 추가하여 초대할 수 있다. 이때 초대를 받는 행운을 누린 수신자가 '편집 가능' 또는 '조

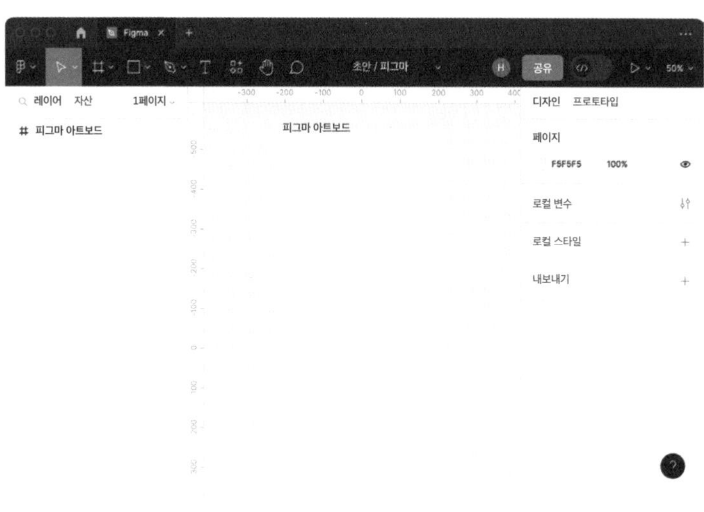

피그마 에디터 캡처 화면. 눈에 띄는 파란색 '공유' 버튼이 오른쪽 상단에 있다.

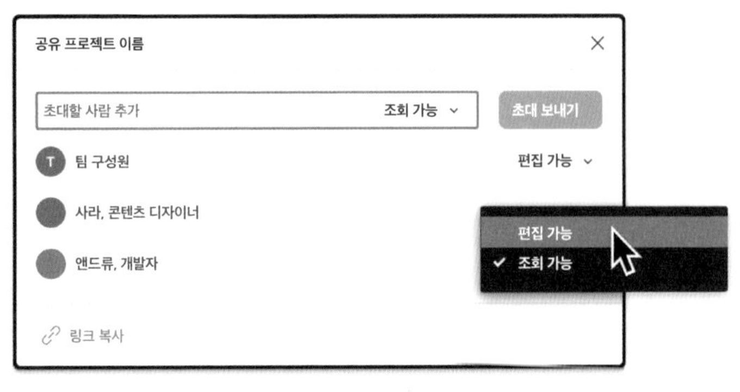

새 사용자가 '편집 가능'하게 만들면 월 구독료가 청구된다는 사실을
알려주지 않는 피그마 공유 화면

회 가능'한지를 선택할 수 있다.[19]

이 기능은 무해한 것처럼 보인다. 유용하다고도 할 수 있다. 2021년 3월에 그레고르 바이크브로트라는 트위터 사용자가 지적한 것처럼, '편집 가능' 옵션을 선택하면 백그라운드에서 해당 초대 수신인에 대한 신규 월 구독이 생성된다. 그리고 이 구독료는 초대를 보낸 사람의 신용 카드로 결제된다.

그런데 이 추가 비용은 사용자 인터페이스 어디에도 나타나지 않는다. 피그마에는 이미 사용자의 신용 카드 정보가 저장되어 있기 때문에, 피그마는 사용자에게 이메일이나 알림 메시지도 보내지 않은 채 즉시 구독료를 청구한다.[20]

요금 청구서에 주의를 기울이지 않으면, 이렇게 장바구니에 몰래 넣는 기만적 패턴 때문에 생각지도 않았던 구독료를 추가로 낼

이봐요, @darkpatterns 이 양식에서 "편집 가능" 옵션을 누르면 추가 비용이 청구된다고 말 좀 해주죠? 그리고 앱 안에서 가격 모델을 설명해주면 좋겠는데요? 이건 @darkpatterns입니다.

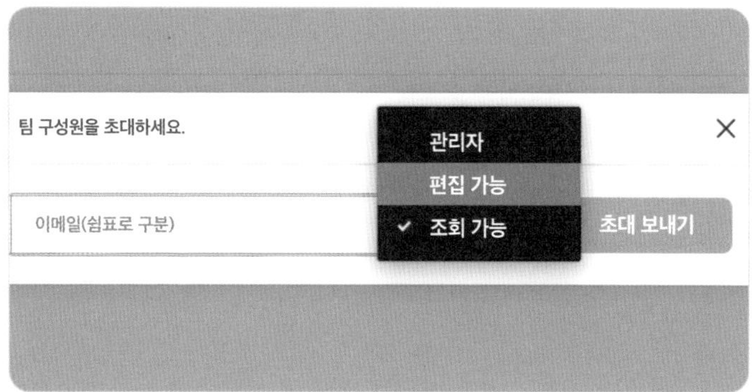

3:24 PM · Mar 9, 2021 · Twitter Web App

그레고르 바이크브로트가 피그마의 기만적 패턴에 화가 나서 게시한 글

수도 있다. 여러 외부 고객과 팀, 프리랜서와 일하는 대형 디자인 회사에 다닌다고 생각해보자. 그러면 이 속임수에 넘어갈 위험은 거의 기하급수적으로 커진다.

편집자 계정을 갖고 있는 팀 구성원은 별생각 없이 '편집 가능' 옵션을 선택하여 새로운 구독을 생성할 수 있다. 그리고 이렇게 초대를 받은 사람은 여기에 다른 사람을 초대할 수도 있다. 디자인팀에서 신용 카드 청구서나 인보이스를 들여다볼 일이 거의 없고, 회계 팀에서 디자인 팀이 지출한 비용에 이의를 제기할 이유도 없을 것이기 때문에, 누군가가 이 옵션을 선택하면 월 구독료가 올라간다는 사실을 회사 전체적으로 눈치채지 못할 것이다.

에어테이블이 숨긴 구독

누가 누구를 베꼈는지 확실하지는 않지만, 에어테이블과 피그마는 동일한 기만적 패턴을 사용한다. 사용자가 에어테이블에서 '공유'를 클릭하면 피그마와 매우 유사한 대화창으로 넘어간다. '초대 보내기' 버튼을 누르면 초대 대상을 추가할 때마다 구독료가 청구된다는 사실을 알려주는 내용이 웹 페이지의 어디에서도 제시되지 않는다.[21]

에어테이블 캡처 화면(출처: 에어테이블 지원 웹사이트)

이미 예상했겠지만, 이 사용자 인터페이스는 하퍼라는 트위터 사용자의 불만처럼 원치 않는 비용을 엄청나게 발생시켰다.[22]

에어테이블에서 사람들을 초대할 때 '에디터'나 '크리에이터'로 선택해서 보내면 비용이 신용 카드로 자동으로 청구되는데, 공지되지는 않는다. 해당 페이지에는 이를 설명하는 문구나 경고, 알

내가 만든 기본안을 검토해달라고 몇 명 초대했다고 @airtable에서 3360달러를 청구했다. 1명을 초대할 때마다 1년에 240달러씩 돈을 내야 한다는 정보는 없었다.

¯_(ツ)_/¯.

4:20 PM · Jun 15, 2020 · Twitter Web App

하퍼가 에어테이블의 기만적 패턴에 대해 불만을 제기한 트윗

림이 없다. 이 추가 비용의 존재는 피그마처럼 카드 결제일이 지난 다음에야 알 수 있다.

15장

긴급성

진실하고 합리적인 긴급성이 있을 수 있다. 구입하려는 비행기 좌석이나 콘서트 티켓의 수량이 한정되어 서두르지 않으면 손에 넣지 못할 수 있다. 이는 물리적인 세상에 있는 자원에만 적용되는 현실이다. 그러나 인간이 느끼는 긴급성은 악용될 소지가 있다. 판매업체가 고의로 가짜 긴급성을 만든다면 이는 기만적 패턴에 해당한다.

긴급성을 이용한 기만적 패턴에는 크게 두 가지 유형이 있다. 하나는 가짜 카운트다운 타이머(보통 0이 될 때까지 카운트다운하는 동적인 디지털 타이머를 눈에 띄게 보여준다. 이는 특정한 제안이 곧 끝남을 암시하지만, 실제로는 그렇지 않다)이고, 다른 하나는 가짜 기간 한정 메시지(보통 해당 제안이 곧 끝남을 알리는 정적인 문구)다.

허리파이 앱의 카운트다운 타이머

전자상거래 사업을 시작하고 싶다면 쇼피파이는 창업하기 매우 좋은 곳이다. 쇼피파이에서는 매우 쉽게 스토어를 만들 수 있으며, 국제적인 세금과 배송 등 모든 복잡한 일을 처리할 수 있게 해준다. 그리고 별도의 앱 스토어도 있다. 놀랍게도 쇼피파이 앱 스토어에는 기만적 패턴을 쉽게 만들 수 있는 앱이 있는 경우도 있다.

쇼피파이는 최근에 자체적으로 이런 앱을 단속하고 있지만, '카운트다운 타이머', '사회적 증거', 'FOMO(Fear Of Missing Out)' 등의 용어로 검색하면 문제가 될 만한 다양한 앱이 검색 결과에 제시될 것이다. 이런 앱은 대개 정직한 방식으로 설치되지만, 어떤 경우에는 나쁜 행위를 가능하게 만든다. 최근까지 사용할 수 있었던 쇼피파이 앱 허리파이가 대표적이다. 이 앱은 투질라스라는 회사에서 만들었다(이 회사는 내가 2023년 초에 신고한 뒤로 쇼피파이 앱 스토어에서 삭제되었다).

허리파이는 다양한 가짜 긴급 메시지를 만드는 데 사용되는데, 그중 하나가 바로 가짜 카운트다운 타이머였다.[1] 유세프 칼리디 투질라스 공동 창업자는 호주 공영 방송사와의 인터뷰에서 허리파이 앱의 윤리에 관한 질문을 받았다. 그는 "이건 단순한 도구에 불과합니다. …망치처럼요. 망치는 물건을 고치는 데 쓰지만, 사람을 죽이는 데도 쓸 수 있거든요"[2]라고 답했다.

타이머가 0이 되면 세일이 끝납니다!

허리파이의 '간단한 텍스트' 캠페인의 캡처 화면(출처: 쇼피파이의 허리파이 앱)

곧 알게 되겠지만, 허리파이는 망치처럼 중립적으로 설계된 것이 절대 아니다. 더 원활한 속임수를 위해 만들어졌기 때문이다. 위 그림의 허리파이 예시는 "서둘러요! 세일이 11시간 59분 46초 남았습니다. 타이머가 0이 되면 세일이 끝납니다!"라는 허리파이 캠페인이 가미된 제품 페이지를 보여준다. 허리파이 설정 인터페이스를 살펴보니, 손쉽게 믿을 수 있는 것처럼 보이는 가짜 카운트다운 타이머를 기업이 온라인 쇼핑몰의 제품 페이지에서 보여줄 수 있도록 설계되었다. 다음 그림을 보자.[3]

가장 아래의 드롭다운 메뉴는 특히나 뻔뻔하다. 이 드롭다운 메뉴에서 '타이머 종료 시 작업'으로 '캠페인 다시 시작(상시 적용)'이 기본으로 설정되어 있다. 즉, 카운트다운 타이머가 그냥 보여주기용으로 있는 것이다. 카운트다운이 종료되면 다시 시작하고 이를

허리파이 캠페인 설정 인터페이스의 캡처 화면

무한 반복함으로써 사용자가 쇼핑할 때 가짜로 시간적 압박을 주기 위한 것일 뿐이다. 한마디로 거짓말이다.

기간 한정 메시지 기만적 패턴

기간 한정 메시지 기만적 패턴은 구현하기가 너무나 쉽다. 실제로는 그럴 계획이 없으면서 어떤 제안이 곧 종료될 것이라고 페이지에 고정적으로 메시지를 박아놓으면 끝이기 때문이다. 삼성에서는 할인된 가격이 '기간 한정'[4]이라고 주장했지만, 사실 이 제안은 여러 달 동안(2022년 11월부터 12월까지)[5] 지속되었고, 이 기간에 할인 금액은 100달러 늘어났다.[6]

SAMSUNG

삼성이 제안하는 가격을 등록·확인하고 추가로 최대 37.5% 절약하세요

삼성 제트 75 완전 무선 스틱형 청소기

카트에 추가

총 $399.99 ~~$649.99~~

또는 $16.67/월 ~~$27.08~~ 24개월 내 완납 시 무이자

이자는 24개월 내에 구매 금액을 완납하지 못할 시 구매일로부터 청구됩니다.
표준 APR 29.99%. 광고의 금액은 최소 요구 결제 금액보다 큽니다.

혜택 스펙 후기 지원 관련 정보 비교

이 가격으로 250달러(38% 할인)를 즉시 절약하세요. 기간 한정 가격입니다.

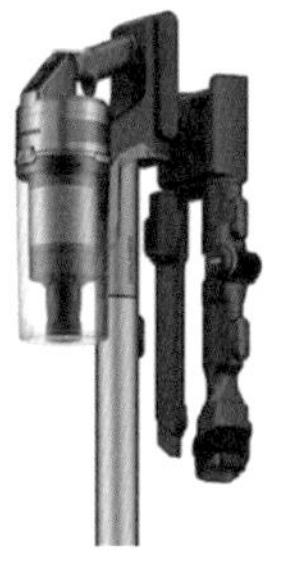

Feedback

실제 종료일이 없는 삼성의 '기간 한정' 공지(2022년 12월)

16장

미스디렉션

다른 기만적 패턴들처럼 미스디렉션도 인간 역사에서 많이 활용되었다. 소매치기든 무대 마술이든, 혹은 사용자 인터페이스 디자인이든 간에 적용되는 기본 원칙은 모두 같다.[1]

> 한마디로 미스디렉션은 마술사가 원하는 쪽을 보도록 관객과 자원한 사람의 눈과 관심을 돌리거나 조종하는 심리학적인 기법이다. 이들의 주의를 한쪽으로 집중시키고 다른 쪽에서 속임수를 쓰는 것이다. "저기 좀 봐요!"라고 말하며 한쪽을 가리키고 반대쪽에서 무언가 몰래 하는 것을 말하는 게 아니다. 이는 원시적인 형태의 미스디렉션으로, 효과도 없을뿐더러 관객에게 깊은 인상을 심어주지도 못한다. 훌륭한 마술사가 쓰는 미스디렉션 기법은 매우 미묘하고 정교하다. 그래

서 관객은 자기가 조종당했다는 사실조차 깨닫지 못한다.

— 에디 조셉, 《재미있고 돈도 버는 소매치기 방법(How to Pick Pockets for Fun and Profit)》(1992)

감정적 선택 강요 기만적 패턴

'감정적 선택 강요(confirmshaming, 컨펌셰이밍)'라는 말은 2016년에 한 익명의 블로거가 컨펌셰이밍 텀블러 블로그를 시작하면서 널리 알려졌다.[2]

감정적 선택 강요는 감정을 조종하는 방법으로 사용자를 잘못된 방향으로 인도해 무언가를 선택하게 (혹은 선택하지 않게) 만드는 것이다.[3] 거부하는 문구를 사용자가 수치심을 느끼게끔 작성해 '아니요'라고 하기 불편하게 만들어서 결국 '예'를 선택하게 하는 것이다. 이를 가장 흔하게 경험할 수 있는 곳이 바로 어떤 사이트에 접속했을 때 보게 되는 메일링 리스트 대화 팝업창이다.

시어스의 감정적 선택 강요

시어스라는 리테일 업체는 감정의 조종과 말장난을 활용하여 마케팅 이메일 수신 거부 버튼에 '괜찮습니다. 전 공짜 돈이 싫어요'라는 문구를 썼다. 이는 전형적인 감정적 선택 강요 사례다. 그런데 시어스에서 공짜로 돈을 주는 게 아니다. 시어스에서 구매 시 사용할 수 있는 10달러 할인 쿠폰[4]이 담긴 메일을 구독하도록 사용

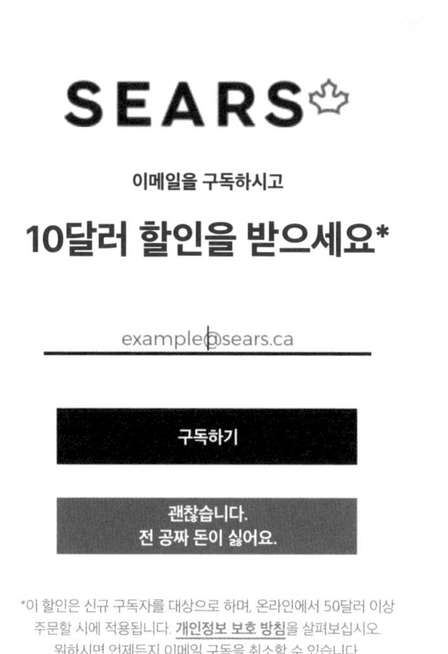

감정적 선택을 강요하는 시어스의 사용자 인터페이스(2017)

자를 초대할 뿐이다.

마이메딕의 감정적 선택 강요

이 사례는 퍼 액스봄이 발견했다. 그는 "내가 당했던 최악의 #컨펌셰이밍이다"[5]라고 말했다. 마이메딕은 응급 처치 용품과 약품을 파는 곳이다. 마이메딕은 알림을 보내도 될지를 묻는 화면에서 '아니요, 전 살고 싶지 않아요'라고 해놓았다. 이는 마이메딕의 대상

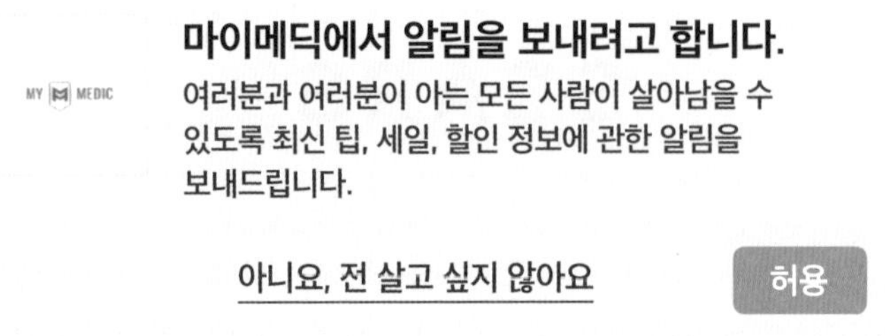

MY MEDIC

마이메딕에서 알림을 보내려고 합니다.

여러분과 여러분이 아는 모든 사람이 살아남을 수 있도록 최신 팁, 세일, 할인 정보에 관한 알림을 보내드립니다.

아니요, 전 살고 싶지 않아요　　허용

감정적 선택을 강요하는 마이메딕의 사용자 인터페이스(2021년 8월)

고객이 업무상 사고나 사망과 관련한 트라우마에 노출될 가능성이 높기에 특히나 문제가 된다.[6]

시각적 방해 기만적 패턴

이 유형의 기만적 패턴에는 사용자가 페이지에서 보일 거라고 합리적으로 기대하는 내용을 숨기는 행위가 포함된다. 이를 구현하는 방법에는 여러 가지가 있다.

트렐로의 시각적 방해: 사용자가 강제로 더 비싼 '비즈니스 클래스'를 구독하게 만듦

2021년 1월에 한 익명의 트위터 사용자(@ohhellohellohii)가 트렐로의 사용자 가입 여정에 활용된 기만적 패턴을 지적했다.[7] 잘 모르는 사람을 위해 설명하자면, 트렐로는 팀 구성원이 디지털 보드에서 '카드' 형태로 정보를 볼 수 있게 해주는 협업 툴로, 크리에이티

@darkpatterns 여기에 깜빡 속아 넘어갈 뻔. @trello에서 무료 체험판을 정말로 쓰게 만들고 싶었나 보다... 체험판을 쓰지 않을 수 있는 선택지를 화면 맨 아래에 두었네.

9:03 pm · 27 Jan 2021 · Twitter Web App

트위터 사용자(@ohhellohellohii)가 트렐로의 시각적 방해에 관해 불만을 표했다.

브 팀에서 많이 활용한다. 트렐로의 보드 화면에서는 어떤 업무를 완료했고 누가 어떤 일을 하는지 한눈에 보여준다.[8]

트렐로는 무료 요금제에서 사용자에게 무료로 사용할 수 있는 프로젝트 수와 저장 공간을 상당히 많이 주고 플랫폼을 체험해본 뒤 정식 구매할 수 있도록 만든 것으로 유명하다. 트렐로는 바로 이 점 때문에 인기를 끌었다. 무료로 사용해본 사람들이 트렐로가 마음에 들어서 결국 유료 요금제로 업그레이드했다. 2017년에 트렐로는 기술 대기업 아틀라시안에 4억 2500만 달러에 팔렸다. 그러나 2021년 1월에 트렐로 제품 팀에서는 더 많은 무료 고객이 가

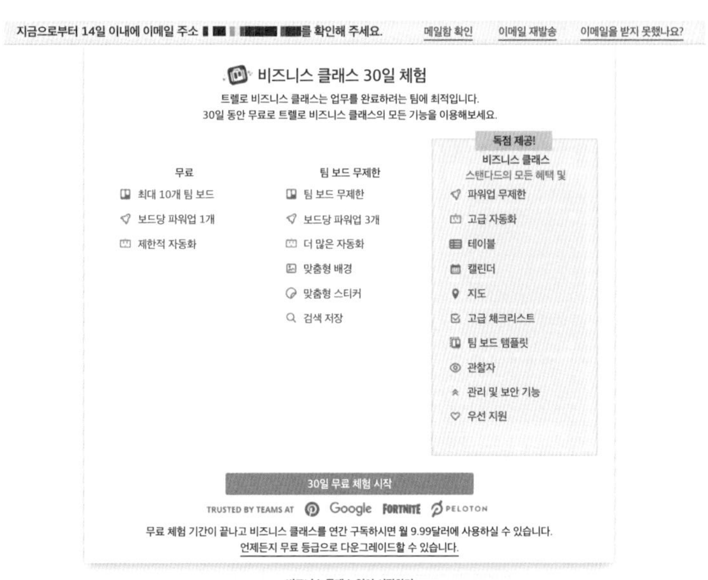

트위터 사용자 @ohhellohellohii가 제공했던 트렐로 캡처 화면을 확대한 이미지

장 비싼 요금제인 '비즈니스 클래스'에 가입하게 만들기 위해 가입 경험을 변경했다.

아무 문제도 없어 보이는 '가입' 버튼을 클릭하면 사용자에게는 세 가지 요금제(무료, 스탠다드, 비즈니스 클래스)가 노출된다. 그런데 사용자에게 이 세 가지 중 하나를 선택할 수 있게 한 것이 아니라, '30일 무료 체험 시작'이라고 적힌 커다란 녹색 버튼만 눈에 띄게 했다. 아무리 둘러봐도 다른 선택지는 보이지 않았다. 그러나 사용자가 이 페이지의 가장 아랫부분이라고 생각했던 것에서 더 아래로 스크롤하면 회색으로 된 작은 상자에 '비즈니스 클래스 없이 시작하기' 버튼이 있음을 알 수 있다(왼쪽 그림 참조).[9]

여기는 몇 가지 속임수가 적용되었다. 이를 하나하나 살펴보자.

우선, 뷰포트 아래의 캔버스 영역(즉, '스크롤을 내려야 볼 수 있는 영역')에 버튼을 숨겼다. 사용자의 브라우저 창이 너무 작으면 '비즈니스 클래스 없이 시작하기' 버튼은 아예 보이지 않을 것이다. 이는 사용자 기대에 관한 문제다. 사용자는 기업이 제품을 예측할 수 있는 방식으로 개발하리라 믿기 때문에, 이런 중요한 버튼이 아래쪽에 숨겨졌으리라고는 생각조차 못 한다.

트렐로는 다른 시각적 속임수도 사용했다. 흰색 상자는 주요 콘텐츠 영역을 나타내는 것으로 보인다. 그리고 이렇게 시각적으로 구분된 영역 아래에는 부가적인 각주 텍스트(저작권 메시지와 법적 고지 사항 등)만 넣는 것이 보통이다. 그런데 이 사례에서는 '비즈니스 클래스 없이 시작하기' 버튼이 주요 콘텐츠 영역의 시각적 구분선 바깥쪽에 위치하여 시각적으로 방해하고 사용자의 기대를 또다시 저버렸다.

마지막으로 두 버튼이 눈에 얼마나 잘 띄는지에서도 차이가 있다. '30일 무료 체험 시작' 버튼은 색상이 들어가고 대비가 높지만, '비즈니스 클래스 없이 시작하기' 버튼은 색상이 없고 대비도 낮다. 사실 버튼처럼 보이지도 않아서 사용자의 클릭을 유도하지도 않는다.

기업이 시각적 인지를 이용하여 이득을 얻는다면, 이는 시각 장

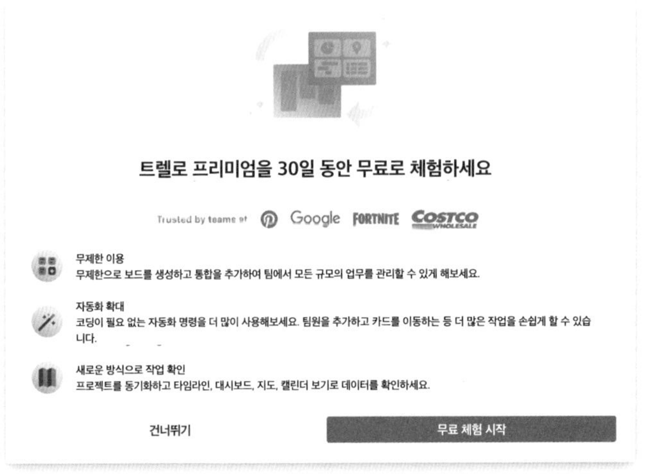

조금 더 정직해진 트렐로 구매 페이지. 프리미엄 체험을 선택하지 않는 옵션(건너뛰기)이 더 눈에 띄게 만들어졌다.

애가 있는 사람을 부당하게 차별하는 행위라는 점을 언급할 필요가 있다. 그런 사용자의 경우 작거나 대비가 낮은 텍스트를 인지할 정도로 시각이 예민하지 못하기 때문이다. 그러나 시각 장애가 심각한 사용자라면 음성 합성기를 이용하여 페이지를 읽어주는 화면 낭독 애플리케이션인 애플 보이스오버 등 보조 공학을 이용할 수 있으므로 시각적인 속임수가 발생하지 않을 수 있다는 점도 알아야 한다.[10]

트렐로가 얼마나 오랫동안 이런 문제의 페이지를 운영했는지는 알 수 없다. A/B 테스트로 일부 사용자에게만 노출한 후 해당 페이지를 폐기했을 수 있다. 내가 이 글을 쓰는 시점에 트렐로의 가입 절차는 왼쪽 그림처럼 전반적으로 더 정직한 디자인으로 바뀌었다.[11]

유튜브의 시각적 방해: 거의 보이지 않는 닫기 버튼

'프리미엄(Freemium: 무료를 의미하는 'free'와 고급을 의미하는 'premium'의 합성어)'은 다소 투박하기는 하지만 두 가지 용어를 하나로 합쳐 만든 새로운 용어다. 어떤 서비스가 프리미엄일 경우에는 2단계 가격 전략을 소비자에게 제공한다. 사용자가 계약 조건이 없는 무료 계정을 영구적으로 소유할 수 있게 한 다음, 고급 유료 계정으로 업그레이드하여 추가 기능을 사용하라고 설득하는 것이다. 온라인 상업 전략에서 이는 점점 더 일반화되고 있다. 공짜를 거부하는 사람은 없기 때문이다. 막대한 무료 사용자 기반을 갖춤으로써 기업에서는 다양한 설득 전술을 시험할 대상을 보유한다.

2021년 1월에 @bigslabomeat라는 트위터 사용자는 유튜브가 유튜브 프리미엄 무료 체험 가입에 기만적 패턴을 쓰고 있다고 지적했다.[12] 다음 장의 웹 페이지와 같이, 유튜브는 사용자가 계속해서 유튜브를 무료로 이용할 수 있는 방법을 불명확하게 표현했다. 유튜브 프리미엄 구독을 안 하려면 페이지 오른쪽 상단에 아주 작고 눈에 띄지 않는 × 표시를 알아보고 이를 눌러야 무료 체험 제안을 거절할 수 있으리라고 추측해야 했다. 이는 시각적 방해의 전형적

이제는 절박한가 보네? @YouTube 앱을 열었더니 이게 나왔다. 난 프리미엄은 필요 없다. 무료 체험도 싫다. 지금까지 수백 번은 말한 것 같은데, 이제는 닫기 버튼도 없다. 이건 @darkpatterns이다.

프리미엄 혜택을 놓치지 마세요

YouTube Premium을 체험해보세요. 체험이 끝나기 7일 전에 안내 메일을 보내드립니다.

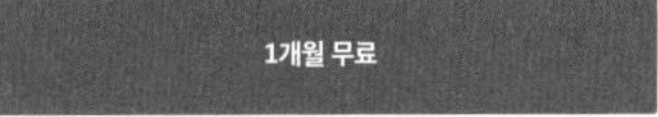

9:11 am · 20 Jan 2021 · Twitter for Android

시각적 방해를 사용한 유튜브의 캡처 화면.
닫기(×) 버튼이 모델의 머리카락 색과 비슷하여 알아보기 힘들다.

인 사례다.[13]

테슬라의 시각적 방해: 앱에서 실수로 상품을 구매했을 경우에도 환불이 불가능함

2019년 말에 테슬라는 모바일 앱에 새로운 기능을 도입했다. 간단히 말하면 테슬라 차주가 차량 업그레이드('완전 자율 주행' 기능의 잠금을 해제하는 자동 조종 기능 등)를 구매할 수 있게 한 것이다.[14] 이 추가 기능의 가격은 무려 4000달러가 넘었다.

이 기능이 도입된 후, 많은 테슬라 차주가 실수로 새 기능을 구입했는데 테슬라에서 환불을 거부한다는 사례가 보고되었다. 언론인 테드 스타인은 여기에 활용된 기법의 속성을 설명하고 의도를 분석했다.[15] 결제 화면에 '업그레이드는 환불이 불가합니다'라는 문구가 매우 작은 글씨로 제시되어 있는데, 검은색 바탕에 대비가 잘되지 않는 어두운 회색으로 표시되어 있어 사용자가 잘 알아볼 수 없다는 것이다.[16]

테슬라 고객이자 유명 작가인 나심 니콜라스 탈레브는 2020년 1월에 이 문제를 제기하며 환불을 요구했다. 그는 테슬라 고객지원 부서의 환불 불가 메시지를 받았고, 이를 트위터에 게시했다.[17] 메시지는 '소프트웨어 구매 시 환불은 불가능합니다. 이는 집의 인테리어를 추가했다가 소비자 변심으로 업체에 환불을 요구하는 상황과 비슷합니다'라는 내용이었다. 이에 탈레브는 다음과 같이 답했다.

실수로 구매해도 환불할 수 없는 테슬라 모바일 앱(스타인, 2020)

> 이 구매는 정말 의도치 않게 이루어졌습니다. 앱 버튼이 주머니에서 무심결에 눌렸습니다. 4333달러나 되는 구매 금액에 확인이나 비밀번호 입력 절차 등이 없는 앱은 본 적이 없습니다. (…) 아마존에서 6.99달러짜리 킨들 책을 사는 것도 이것보단 어렵고, 실수로 구매했을 때 구매 철회도 가능합니다. (…) 나는 귀사의 소프트웨어를 시도한 적도, 그 멍청한 소프트웨어를 사용한 적도 없습니다. (…) 귀사의 앱에는 문제가 있습니다.

탈레브가 이메일에서 주장하는 내용과 시각적 방해가 모두 사실이라면 테슬라도 '방해'하는 기만적 패턴을 사용하여 취소를 어렵게 만든 것으로 보인다.

이 불만이 제기되고 나서 약간의 시간이 지난 후, 테슬라에서는 원래 입장을 철회하고 이런 유형의 인앱 구매에 대해 48시간의 취소 기간을 추가했다. 다음 그림에 그 내용이 나타나 있는데, 여전히 검은색 바탕에 어두운 회색 글씨로 표시되어 있어 자세히 보려면 돋보기가 필요할 수도 있다.[18]

탈레브의 불만 제기 이후 생긴 테슬라의 환불 정책

속임수 표현 기만적 패턴

속임수 표현 유형은 혼란스럽게 만들거나 잘못된 방향으로 유도하여 사용자가 내용을 제대로 이해했다면 하지 않을 행동을 하도록 한다. 모호한 문구, 이중 부정, 문장이나 사용자 인터페이스 내에서 전략적으로 배치된 정보를 통해 사용자를 조종한다.

대통령 선거운동에서 트럼프 후보 측이 쓴 속임수 표현

트럼프의 선거운동에서는 다양한 기만적 패턴이 적용되었는데, 그중에 속임수 표현도 있다. 2021년 3월에 나는 〈뉴욕타임스〉의 셰인 골드마허 기자의 연락을 받았다. 그는 트럼프 선거자금 후원 포털에서 심각한 기만적 패턴 사례를 발견했고, 이를 대중에 공개하기 전에 나와 논의하고 싶어 했다. 골드마허의 기사에 더 자세하게 설명되어 있으니, 여기에서는 요약만 하겠다.[19] 대개 사용자는 이메일 캠페인을 통해 선거자금 후원 포털로 유입되었다. 시간이 지나면서 트럼프 선거운동 본부에서는 기만적 패턴의 강도를 높였다. 처음에는 다음 장의 그림처럼 일회성 후원을 반복적인 후원으로 전환하는 확인란을 사전에 선택해두는 방법을 썼다.[20]

이 방식은 기본 효과 인지 편향을 이용한 것으로, 은닉이라는 기만적 패턴의 변형으로 볼 수 있다. 이것이 강력한 도구인 이유에는 여러 가지가 있다. 우선은 인식의 문제이다. 사용자가 이 상자를 알아차리고 그 안의 내용을 읽은 다음 어떤 의미인지 생각해야 한다. 사용자가 이 상호작용에 시간과 노력을 충분히 투입하지 않는

트럼프 선거운동의 기만적 패턴 버전 1. 여기에는 '매월 후원' 확인란이 미리 선택되어 있다. (이 경우 사용자는 후원 금액으로 150달러를 입력했다.)

다면 결과를 제대로 알지 못한 채 미리 선택된 확인란을 지나친 후 다음 단계로 넘어갈 것이다.

또한 상당히 미묘한 심리학적 효과도 있다. 사전 선택 확인란은 사람들에게 사회적 압박감을 준다. 즉, 다른 사람이 확인란의 표시를 그대로 둔다면 자기도 그래야 한다고 느끼게 한다(사회적 증거 인지 편향).

트럼프 선거운동의 기만적 패턴 버전 2(사전 선택 확인란 2개)

어느 쪽이든, 트럼프 선거운동에서는 사전 선택 확인란의 효과가 좋다는 점을 알게 되었고, 몇 주 후에 사전 선택 확인란을 하나 더 추가했다. 골드마허는 조사를 통해 선거운동 본부가 이런 관행을 '돈 폭탄'으로 불렀으며, 이런 관행이 미치는 영향을 알고 있음을 알아냈다. 버전 2는 위 그림과 같다. 버전 1에 있던 사전 선택 확인란이 그대로 있어 매월 후원금을 내게 한다. 두 번째 사전 선택 확인란은 앞서 선택한 액수를 '트럼프의 생일'에 추가로 후원하도록 한다.

이 디자인의 효과가 매우 좋았기 때문에, 선거운동 본부는 강도를 더욱 높였다. 앞 장의 예시에서 첫 번째 확인란은 매월 후원을 설정하는 것이었다. 그런데 이를 아래와 같이 주 단위로 바꾸었다. 그리고 두 번째 확인란은 (사용자가 선택한 매월 후원금이 100달러 미만이어도) 100달러를 추가로 후원하는 내용으로 바꾸었다.

☑ **대통령의 이그제큐티브 클럽에 가입하세요 - 진정한 애국자 전용**

11월 3일까지 매주 후원

☑ **트럼프 대통령: 축하합니다! 귀하는 이번 분기 MVP로 선정되셨습니다! 캐시 블리츠에 지금 가입하여 이를 공식화하세요**

9월 30일에 추가로 100달러 자동 후원

트럼프 선거운동의 기만적 패턴 버전 3(사전 선택 확인란 2개)

믿기 어렵겠지만, 선거운동 본부는 이 디자인의 네 번째 버전을 내놨다. 이번에는 속임수 표현과 시각적 방해를 도입하여 사전 선

☑ **선거 마지막** 달입니다. 트럼프 대통령이
4년 더 임기를 확보하려면 **모든 애국자**가
발 벗고 나서야 합니다. 그는 우리 경제를
부흥시켰고 **법질서**를 회복했으며 **미국의
위대함**을 되찾았지만, 아직 끝나지 않았습니다.
트럼프 대통령을 지지하여 여러분의 영향력을
극대화할 기회는 바로 **지금**입니다!

11월 3일까지 매주 후원

☑ 트럼프 대통령: 10월 9일은 **선거일** D-25로,
우리는 여러분의 지지가 필요합니다. **여러분**
같은 **미국의 애국자** 덕분에 지난주에도 계속
싸울 수 있었고, 아직 끝나지 않았습니다.
MAGA 작전에 동참하여 11월에 **승리**를
거머쥐게 도와주십시오.
지금 운동에 함께하기

10월 9일에 추가로 100달러 자동 후원

트럼프 선거운동의 기만적 패턴 버전 4(몇 가지 시각적 방해가 적용된 사전 선택 확인란 2개)

택 확인란의 목적을 덜 명확하게 만들었다. 첫 번째 상자에서 보듯이 굵은 글씨로 된 텍스트는 후원금에 관한 내용이 아니다. 후원금 관련 정보는 그 아래에 가는 글씨로 되어 있고, 눈에 잘 들어오지

2020년 트럼프 후원자 환불 증가율

윈레드와 액트블루를 통해 현재까지 모금한 금액 대비 환불 비율

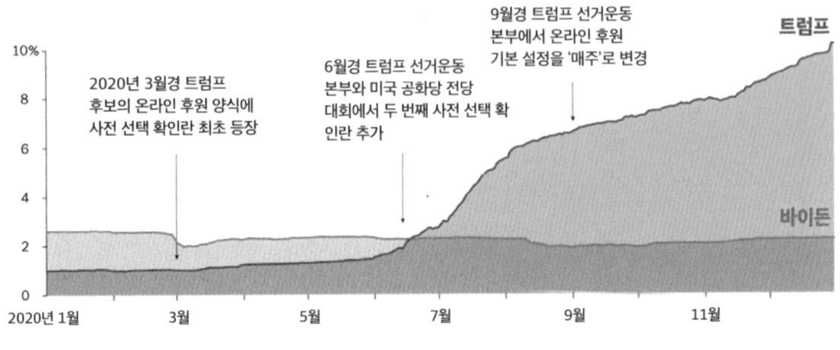

엘레노어 러츠와 레이첼 쇼레이의 〈뉴욕타임스〉 기사
〈트럼프가 지지자를 조종하여 자기도 모르게 후원하게 한 방법〉에 게시된 차트

않는 폰트여서 읽는 사람이 쉽게 지나칠 수 있다.

골드마허가 했던 조사의 가장 훌륭한 부분은 바로 시간순으로 발견 사실을 정리했다는 점이다. 그는 이런 기만적 패턴이 어느 시점에 도입되었는지 입증하고 트럼프 선거운동 구독자와 바이든 선거운동 구독자의 환불 요구 비율을 데이터로 보여주었다. 전반적으로 트럼프 선거운동 본부의 환불 금액은 1억 2200만 달러였던 것에 비해, 바이든 선거운동 본부의 환불 금액은 2100만 달러에 그쳤다.

이런 기만적 패턴에 넘어간 사람 중 무슨 일이 벌어진 건지 깨달은 후 행동을 취해서 환불을 받은 사람은 소수에 불과할 것이다. 나머지는 후원금이 빠져나가고 나서 금전적인 손실로 괴로워하더라도 그냥 있었을 것이다. 골드마허는 캘리포니아주에 사는 빅

토르 아멜리노라는 78세 후원자를 인터뷰했다. 그는 온라인으로 990달러를 정기적으로 후원하게 되었고, 몇 번의 후원금이 빠져나가고 나서야 이를 알았다. 그가 트럼프 선거운동에 후원한 금액은 거의 8000달러에 육박했다. 그는 "도둑놈들!"이라며 "난 은퇴했다고! 그만큼의 돈을 감당할 여유가 없어"라고 말했다.

라이언에어의 속임수 표현 기만적 패턴 사용

라이언에어는 대략 2010년부터 2013년까지 몇 년 동안 속임수 표현을 비롯한 여러 기만적 패턴을 사용했다. 다음 장의 캡처 화면은 그 수법을 매우 잘 보여준다.[21]

여기서 라이언에어 항공사는 항공권을 구매할 때 여행자 보험 가입이 필수인 것처럼 해놓았다. 그러나 이를 선택하지 않을 방법이 숨겨져 있다. '거주 국가 선택'이라는 드롭다운 상자에는 '보험 미가입' 옵션이 덴마크와 핀란드 사이에 있다. 대부분의 사용자는 이렇게 흔치 않은 방식을 예상하지 않으므로, 여행자 보험에 가입하지 않을 수도 있다는 사실도 모른 채 결국 보험에 가입한다.

이는 속임수 표현만이 아니라 시각적 방해를 사용한 것으로도 볼 수 있다. 페이지 레이아웃과 양식 입력 스타일이 미스디렉션에 영향을 주기 때문이다.

2015년에 이탈리아 반독점 규제당국은 기만적 패턴을 사용한 라이언에어에 85만 유로의 벌금을 부과했다.[22] 벌금을 받은 후에도 라이언에어는 계속해서 여러 기만적 패턴을 사용하다가 2022년에

라이언에어의 속임수 표현. 보험 판매 시 선택을 해제하기 어렵게 만들었다.

노르웨이 소비자 평의회로부터 해당 행위를 중단하라는 서한을 받았다.[23]

압박 판매

압박 판매에는 여러 기만적 패턴과 희소성, 앵커링 등 인지 편향을 이용하여 사용자가 구매를 완료하도록 압박을 주는 행위가 포함된다.

부킹닷컴의 압박 판매

2010년대 호텔 예약 플랫폼에서는 압박 판매와 여러 기만적 패턴을 매우 광범위하게 적용했고, 결국 전체 업계가 여러 지역에서 당국의 조사 대상이 되었다. 일례로 영국의 반독점 규제 기관(Competition and Markets Authority, CMA)에서는 2017년에 부킹닷컴, 호텔스닷컴, 익스피디아, 이부커스닷컴, 아고다, 트리바고 등을 조사했다.[24] 그 결과 현행 법률을 제대로 준수할 수 있도록 엄격한 지침이 새롭게 만들어졌다.[25]

이는 법률과 이에 관한 기업의 해석 간에 어떻게 차이가 발생하는지를 보여주기 때문에 흥미로운 일이었다. 새로운 지침은 이 차이를 메울 수 있었고, 무엇이 허용되고 무엇이 허용되지 않는지를 분명하게 제시했다.

이제 당시 부킹닷컴이 사용했던 압박 판매 기법을 살펴보기 위해 2017년의 부킹닷컴 웹사이트를 들여다보자. 다음 장의 캡처 화면은 소프트웨어 개발자인 로만 체플야카가 쓴 〈부킹닷컴이 당신을 조종하는 방법〉이라는 글[26]에서 가져온 것이다.

2017년의 부킹닷컴 호텔 페이지는 캡처 화면과 같았다. 왼쪽 상단부터 보면 빨간색 상자에 작은 알람 시계 아이콘과 함께 '누군가가 방금 예약함'이라는 문구가 있다. 체플야카는 "이 문구는 1~2초 후에 나타나서 실시간 알림인 것처럼 보인다. 알람 시계 아이콘으로 그런 인상이 강화된다. 그렇지만 이는 실시간 정보가 아니며, 표시를 늦게 보여주는 이유는 당신을 속이기 위한 목적, 그

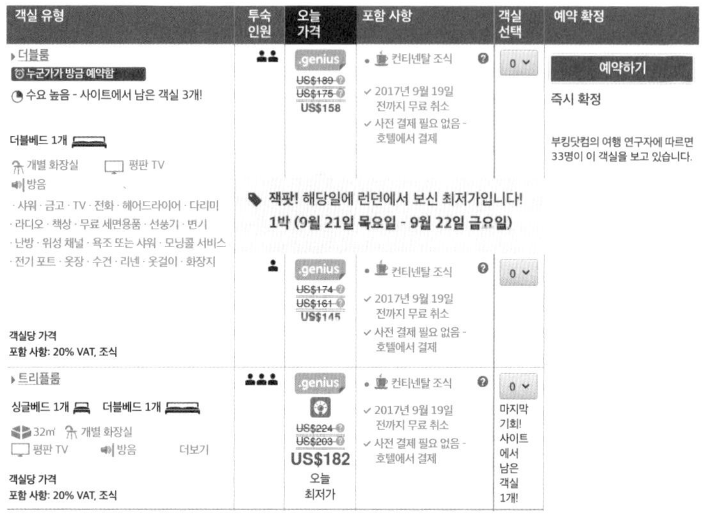

압박 판매의 다양한 기법이 반영된 2017년 부킹닷컴 캡처 화면

이상도 이하도 아니다"라며 이것이 애니메이션이라고 말했다. 체플야카는 이 문구 위에 마우스 커서를 두고 조금 더 기다리면 '마지막 예약: 4시간 전'이라는 문구가 뜨는 것을 발견했다. 그렇다면 '방금'이라는 표현이 실제보다 과장되었음을 알 수 있다.

또한, 이 문구를 전체적으로 면밀히 살펴보자. 과연 이 문구가 정말로 의미하는 바는 무엇일까? '누군가가 방금 예약함'이라는 것이 정말로 사용자와 같은 시간대에 있는 사람이 이 객실을 예약해서 비슷한 객실의 수량이 줄어드는 것을 말하는 것일까? 아니면 아예 다른 날짜에 예약해서 사실은 이 알림이 사용자와는 아무 관련이 없는 것일까? 진실이 무엇인지는 알 수 없지만, CMA는 조사

후 부킹닷컴과 다른 호텔 예약 플랫폼이 다음 내용에 동의했다고 발표했다.

> 호텔 이용 가능성 또는 인기도에 관해 거짓 인상을 주지 않거나, 불완전한 정보에 근거해 예약을 결정하도록 소비자를 재촉하지 않는다. **예를 들어, 다른 소비자가 같은 호텔을 보고 있다고 강조할 경우, 다른 날짜에 해당 호텔을 알아볼 수 있음을 명시한다.**[27](강조는 저자)

확신하기는 어렵지만, 위 내용은 CMA에서 조사한 호텔 예약 사이트가 위와 같은 행위를 하다가 걸렸음을 시사한다. 그렇지 않으면 이런 규칙을 새로 만들 필요가 없기 때문이다. 위 캡처 화면에는 똑같은 속임수를 쓴 것으로 보이는 다른 문구도 있다. '수요 높음 – 사이트에서 남은 객실 3개!', '부킹닷컴의 여행 연구자에 따르면 33명이 이 객실을 보고 있습니다', '마지막 기회! 사이트에서 남은 객실 1개!' 등이다.

좀 더 살펴보자. 오른쪽을 보면 '잭팟! 해당일에 런던에서 보신 최저가입니다!'라는 말풍선이 있다. 체플야카는 이 문구가 반복이라고 지적했다. 사용자에게 표시된 첫 번째 가격이므로, 이를테면 한 항목의 샘플로 여겨졌을 것이다. 그런데 런던에서 특정일에 딱 하나의 호텔만 보았으므로, 최저가가 된 것이다. 이걸 반대로 생각하면 최고가이기도 하다.

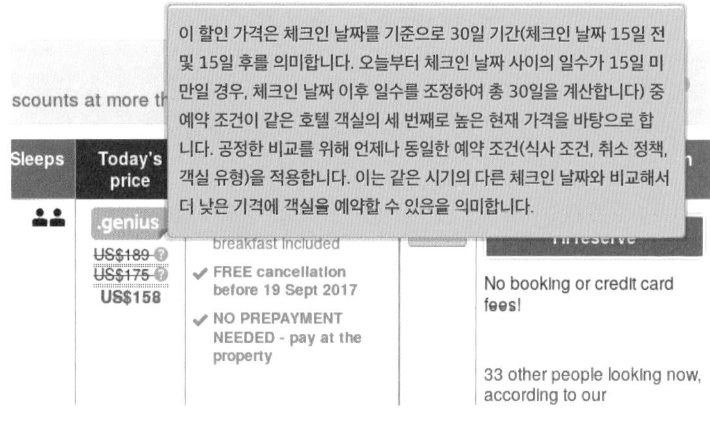

2017년 부킹닷컴의 캡처 화면. 중요한 정보는 가려져 있으며,
사용자가 작은 텍스트 링크 위에 마우스 커서를 올려야만 나타난다.

그러면 이제 강조 표시된 가격을 보자. 모든 객실의 가격이 두 번 할인된 것처럼 보인다. 가장 위에 있는 객실의 가격은 189달러에서 175달러, 그리고 158달러로 표시되었다. 그러나 체플카야는 가격 위에 마우스 커서를 두고 기다리면 위와 같은 메시지가 나오는 것을 발견했다.

내용이 장황한 것은 둘째치고, 마우스 커서의 위치가 조금만 옮겨져도 이 말풍선이 사라지기 때문에 전체 내용을 다 읽지 못해도 어쩔 수가 없다. 위 내용은 가격 문구가 사용자가 선택한 특정 날짜에 기반한 것이 아니라고 설명하는 것이다! 그러니 이 팝업 메시지를 보지 않는 이상, 사실을 알지 못한 채 선택한 날짜에 특별 할인을 받는다고 생각할 것이다. 실제로는 그렇지 않은데도 말이다.

이 기만적 패턴은 압박 판매이기도 하지만, (앞서 설명한) 속임수 표현에 해당하기도 한다. 기만적 패턴은 이렇게 서로 중첩되는 경우가 많다. 전래 동화에서 사악한 신과 지니가 말장난과 현학적 표현을 사용하여 소원을 비는 사람에게 끔찍한 결말을 안겨주는 것과 비슷하다. 그리스의 여신 에오스가 제우스에게 자기 연인 티토노스를 불사의 몸으로 만들어달라고 하자, 제우스는 그 소원을 들어주면서 에오스가 깜빡 잊고 티토노스의 영원한 젊음을 요구하지 않았다는 점을 알려준다. 티토노스는 영원한 삶을 살았지만 늙어 주름진 외모를 갖게 되었고, 에오스는 결국 티토노스를 버렸다. 여기서 교훈은 불사의 몸을 제우스에게, 혹은 인기 있는 호텔 예약 웹사이트에게 부탁해서는 안 된다는 것이다.

17장

사회적 증거

이 유형의 기만적 패턴에는 사람들이 자기 행동을 결정하는 과정에서 다른 사람의 행동을 따라 하는 경향인 사회적 증거 인지 편향을 이용하는 것이 포함된다. 사회적 증거 기만적 패턴은 크게 활동 메시지와 후기 기만적 패턴이라는 두 가지 유형으로 나뉜다.

활동 메시지 기만적 패턴

활동 메시지를 본 적이 있을 것이다. 온라인 쇼핑몰에서 표시되는 작은 알림창으로, 사회적 활동에 관한 메시지를 보여주면서 구매하라고 설득한다. 물론 이런 메시지가 사실이라면 이를 보여주는 행위는 충분히 용인된다. 쇼핑몰에서 어떤 제품이 인기 있는지 아는 것이 도움이 될 수 있다. 이는 가게나 계산대 앞에 길게 줄 선 사람들이 전부 같은 제품을 든 것을 보는 일과 비슷하다. 현실에서는 보이는 그대로지만, 온라인에서는 속이기가 너무나 쉽다. 다음 사례는 헨리 네베스 차지가 2017년 트위터에 공유한 것이다.[1]

이런 건 그만둬야 한다. 거짓말인 데다 기만적 패턴이다. 온라인 쇼핑몰에서 안 보이는 데가 없다. #ux #badux #darkpattern #usability @Etsy

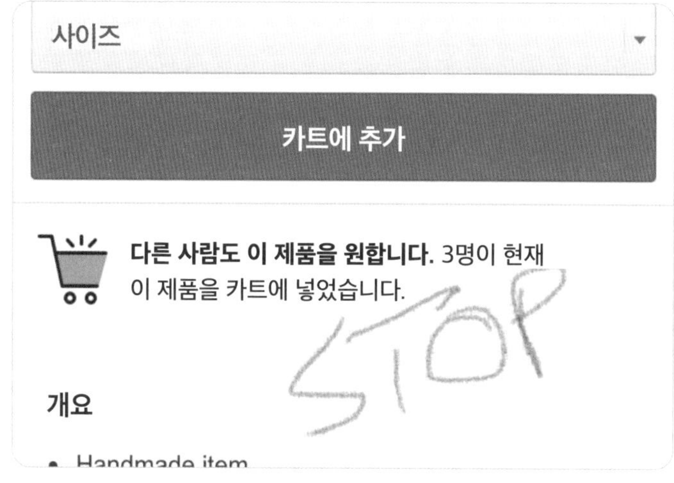

7:55 PM · Nov 29, 2017 · Twitter for iPhone

헨리 네베스 차지라는 트위터 사용자는 엣시가 활동 메시지 기만적 패턴을 사용한다고 주장했다.

비케팅의 세일즈 팝 앱에서 사용한 가짜 활동

직접 기만적 패턴을 만들 재주나 시간이 없다면 기만적 패턴을 매우 손쉽게 추가할 수 있도록 도와주는 플러그인을 구매하여 웹사이트에 적용하면 된다. 앞서 말했듯, 쇼피파이 앱 스토어에도 그런 앱이 올라온다. 이런 앱이 앱 스토어에 진출할 수 있었던 이유는, 정당하게 사용할 수도 있지만 사용자를 기만하도록 구성할 수도 있는 도구를 제공하기 때문이다. 빅커머스, 위블리, 우커머스 등 다른 전자상거래 플랫폼에도 같은 문제가 있다.

2019년에 쇼피파이는 앱 스토어에서 14개의 앱을 삭제했는데, 대부분은 클릭 몇 번으로 기만적 패턴을 구축할 수 있도록 만들어진 것들이었다.[2] 이중 12개를 개발한 곳이 비케팅이라는 회사였다. 비케팅이 만든 앱 중 하나가 세일즈 팝이다. 이 앱은 '9명이 x 제품과 함께 y 제품을 구매했습니다' 또는 '샌프란시스코의 알리시아 님이 4분 전에 x 제품을 구매했습니다'와 같은 활동 메시지를 화면

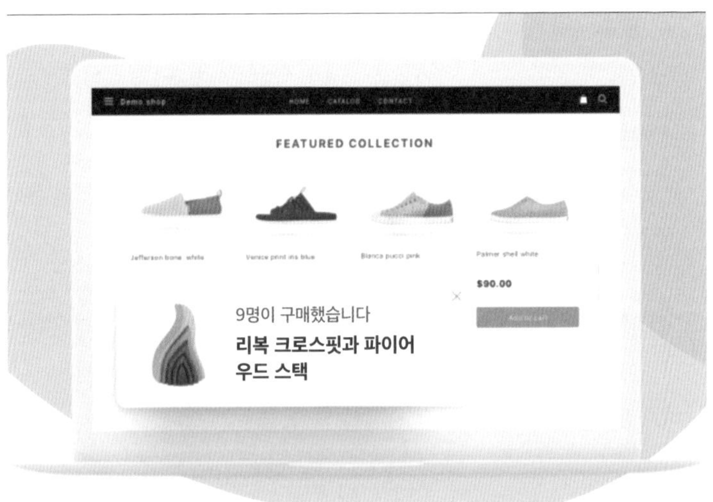

세일즈 팝 앱을 그럴듯하게 보여주는 비케팅 웹사이트

위에 보여주도록 한다.[3]

놀라운 점은 비케팅이 쇼핑몰 소유주에게 이런 메시지를 기만적으로 작성하라고 적극적으로 권한다는 것이다. 세일즈 팝의 앱 지원 문서에서 비케팅은 뻔뻔하게 다음과 같이 말한다.[4]

> 이 가이드는 쇼피파이를 제외한, 지원되는 모든 플랫폼에 적용됩니다. 쇼피파이가 제외된 이유는 최근에 정책이 변경되었기 때문입니다. 맞춤형 알림은 더 이상 제공되지 않습니다. 맞춤형 알림은 쇼핑몰의 긴급성과 희소성을 만드는 데 매우 효과적이었습니다. 그렇지만 쇼피파이에서 인위적인 데이터 대신 실제 데이터를 사용할 것을 요구하므로, 맞춤형 알림은 제외되었습니다.

비케팅의 세일즈 팝을 이용하여 기만적인 맞춤형 알림을 만들기가 얼마나 쉬운지 살펴보자. 이 글을 쓰는 시점을 기준으로 빅커머스, 위블리, 우커머스에서 이 앱을 쓸 수 있는 것으로 나타났다.[5]

다음 장의 캡처 화면에서 볼 수 있듯이 사용자는 활동 메시지 발송 지역을 임의로 또는 수동으로 선택하여 표시할 수 있다(동네 빵집을 운영하는데 1000킬로미터 떨어진 곳에서 주문이 들어왔다고 알림이 표시되면 의심스럽게 보일 것이다. 합리적인 사람이라면 그렇게 멀리 떨어진 곳에서 신선 식품을 주문할 이유가 없으므로, 수동 옵션을 통해 현지 지명을 넣는다). 그런 다음 알림에 '~시간/분 전'이라는 표시를 12시간 동안 임의

위치

임의 위치

수동 선택 위치

예: 미국 샌프란시스코
미국 뉴욕

고객 위치 (새 행으로 구분)

특정 페이지에서 팝업 표시

맞춤형 알림 생성 후 12시간 이내에 '~시간/분 전'을 임의로 표시

새 알림이 0건 생성되었습니다.

지금 생성

세일즈 팝의 맞춤형 알림 구성 페이지 확대 그림(출처: 비케팅 웹사이트)

로 표시하여 진짜같이 보이게 만드는 옵션의 확인란을 선택할 수 있다.

후기 기만적 패턴

후기는 부도덕한 기업에서 사용하기 쉬운 기만적 패턴이다. 기업에서 제공하는 내용에 관해 긍정적인 글을 쓰고 고객이 쓴 것처럼만 하면 되기 때문이다. 예를 들어 '해리 브리그널의 책은 사상 최고의 책이다. —에이브러햄 링컨, 1861년'이라고 쓸 수 있다.

당신은 이것이 단순한 허위 광고라고 생각할 것이다. 이런 행위는 수십 년간 있었고, 이미 규제되고 있다고 말이다. 물론 사실이다. 그러나 잘 알려져 있다고 하더라도 아직도 많이 쓰인다. 게다가 압박과 기만의 그물을 만들기 위해 다른 기만적 패턴과 함께 쓰이는 경우가 많다. 그렇기에 다른 기만적 패턴과 함께 나열할 필요가 있다. 최근 FTC 직원의 보고서[6]에 따르면 레이징불에 민사 소송이 제기되어 합의금으로 240만 달러가 책정되었다.[7] 여러 기만적 패턴을 함께 활용하여 '종합적인 효과'를 냈다고 설명한 점에 주목해야 한다.

> 레이징불의 경우, FTC는 해당 온라인 주식 트레이딩 사이트가 소비자를 유인하기 위해 **기만적인 고객 후기를 사용했고**, 법적 고지 사항을 빽빽한 약관 텍스트 상자에 숨겨놓아 스크롤해야만 찾을 수 있게 만들었으며, 구독형 서비스를 판매하고서 반복되는 비용 청구를 취소하거나 중단하기 어렵게 만들었다. **이런 기만적 패턴의 조합은 '종합적인 효과'를 냈고**, 그 결과 각각의 영향력을 증대했으며, 소비자의 손해를 가중시키는 결과를 가져왔다. (강조는 저자)
>
> —FTC 직원 보고서(2022)

18장

희소성

희소성 기만적 패턴 유형에서는 제품이나 서비스의 재고가 얼마 남지 않았다고 거짓으로 공지하며 매진 전에 빨리 구매하라고 고객을 부추긴다. 긴급성 기만적 패턴과 유사하지만, 긴급성이 시간에 초점을 맞춘다면 희소성은 물질적인 것에 중점을 둔다.

매진 임박 메시지 기만적 패턴

헤이머치의 쇼피파이 앱인 '헤이!스커시티 로우 스톡 카운터'는 매진 임박 메시지 기만적 패턴의 대표적인 사례다. 이 앱에서는 쇼핑몰 운영자가 손쉽게 가짜 매진 임박 메시지를 보여줄 수 있게 해준다(다음 장 그림).[1]

헤이머치의 '헤이!스커시티 로우 스톡 카운터' 앱으로 만든 매진 임박 메시지(2022)

헤이머치는 앱의 목적을 숨기려고도 하지 않는다. 관리자 인터페이스에서 쇼핑몰 운영자에게 임의로 생성된 가짜 수치를 사용하라고 권한다. 다음 장 그림의 '재고 데이터 생성 숫자: [3]~[5]' 처럼 말이다. 당신이 이 책을 읽을 때쯤이면 쇼피파이가 앱을 퇴출시켰을지도 모르겠다. '데이터를 조작하여 쇼핑몰 운영자나 구매자를 기만하는 앱'을 명백하게 금지하는 것이 쇼피파이의 방침이기 때문이다.[2]

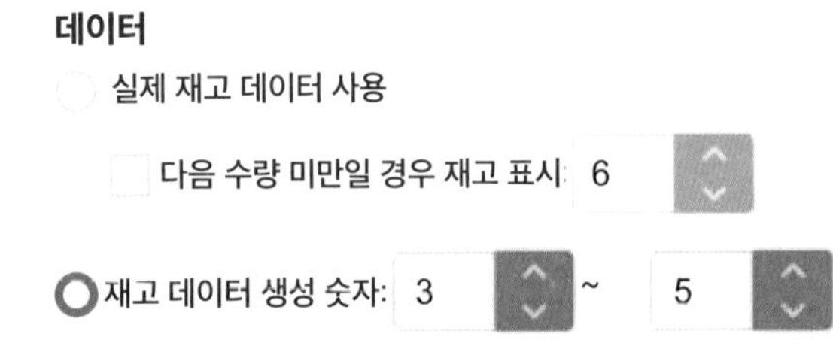

관리자 인터페이스 확대 화면.
가짜로 매진 임박 메시지를 만들 수 있음이 명백하게 나타난다(2022).

주문 폭주 메시지 기만적 패턴

주문 폭주 메시지 기만적 패턴은 재고 임박 메시지의 게으른 버전이다. 그냥 페이지에 해당 상품의 주문이 폭주하고 있다는 텍스트만 넣으면 된다. 이펙티브 앱스가 만든 '스커시티++ 로우 스톡 카운터'는 주문 폭주 메시지에 애니메이션을 더해 눈길을 끌도록 만들었다.[3] 다음 장의 캡처 화면에서 볼 수 있듯이, 이 앱의 제작사는 '매진 임박!'이라는 메시지를 사용할 것을 권하고 있으며, '모든 제품에 알림이 표시되도록 하려면 큰 숫자(예: 1000000)' 이하로 재고 수치를 설정하도록 제시한다.[4]

당신도 수십만에 달하는 재고 수준이 '매진 임박'에 해당하지 않으며 거짓말이라는 점에 동의하리라 생각한다. 당신이 이 책을 읽을 시점이면 이 앱이 개선되었거나 쇼피파이 앱 스토어에서 삭제되었을 수 있다.

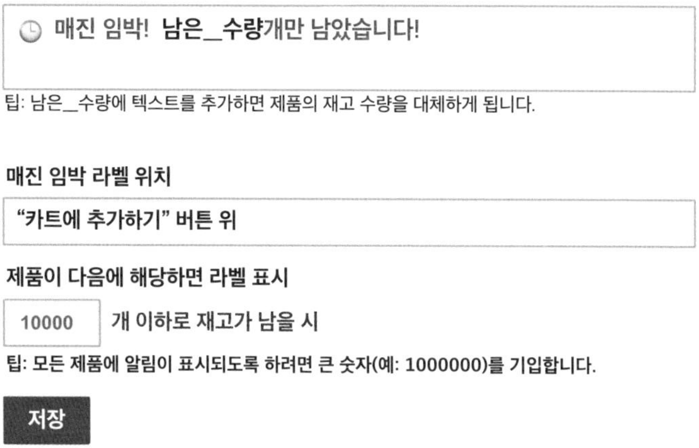

🕒 매진 임박! **남은_수량**개만 남았습니다!

팁: 남은_수량에 텍스트를 추가하면 제품의 재고 수량을 대체하게 됩니다.

매진 임박 라벨 위치

"카트에 추가하기" 버튼 위

제품이 다음에 해당하면 라벨 표시

10000 개 이하로 재고가 남을 시

팁: 모든 제품에 알림이 표시되도록 하려면 큰 숫자(예: 1000000)를 기입합니다.

저장

'스커시티++ 로우 스톡 카운터'의 관리자 영역 캡처 화면

19장

방해

2부에서는 착취적인 자원 고갈 전략의 일환으로 사용자를 피로하게 만들어 하려던 것을 포기하게 만들거나, 더 큰 눈속임 전에 사용자를 구워삶기 위해 의도적으로 사용하기 어렵게 만든 UI 디자인(슬러지)의 사용 방법에 대해 설명했다. 바로 이것이 방해 기만적 패턴의 핵심이다.

페이스북과 구글 개인정보 설정에서 나타나는 방해

EU에서 GDPR이 발효되면서, 기업은 개인정보 데이터 사용에 동의(또는 거부)할 수 있게 하는 옵션을 사용자에게 제공하는 방식을 바꿔야 했다. 이런 동의는 '자유롭고, 구체적이며, 결과에 대해 인지하도록 분명'해야 한다(4조 11항).[1]

공적 기금으로 설립된 노르웨이 소비자 평의회는 2018년에 노

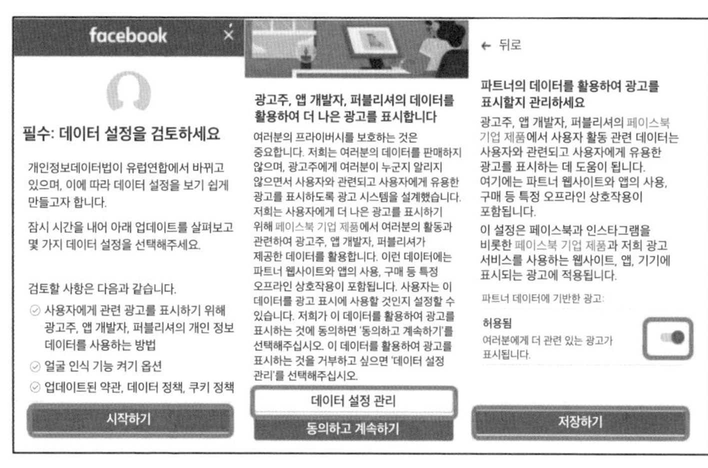

페이스북의 데이터 설정(노르웨이 소비자 평의회, 2018)

르웨이 시민을 대신하여 이런 행위에 관한 조사를 벌였다.[2] 그 결과 페이스북과 구글이 '사용자가 프라이버시 친화적인 선택을 하지 않도록 유도'하는 기만적 패턴을 사용자 인터페이스에서 쓰고 있다는 것이 밝혀졌다. 이는 방해를 통해 이루어졌다. 프라이버시를 침해하는 설정에 동의하기는 쉽게, 거부하기는 어렵게 만든 것이다. 이는 위 그림을 보면 알 수 있다. 동의는 '동의하고 계속하기' 버튼 하나만 누르면 되지만, 사용자가 '거부하고 계속하기'를 원한다면 누를 수 있는 버튼이 없다. 그 대신, 사용자는 '데이터 설정 관리'라는 모호한 이름의 버튼을 클릭하고 모호한 토글 버튼을 왼쪽으로 밀어야 한다. 토글 버튼의 이름도 부적절하다. 사용자는 광고 추적을 제대로 거부했는지 명확하게 알 수가 없다.[3]

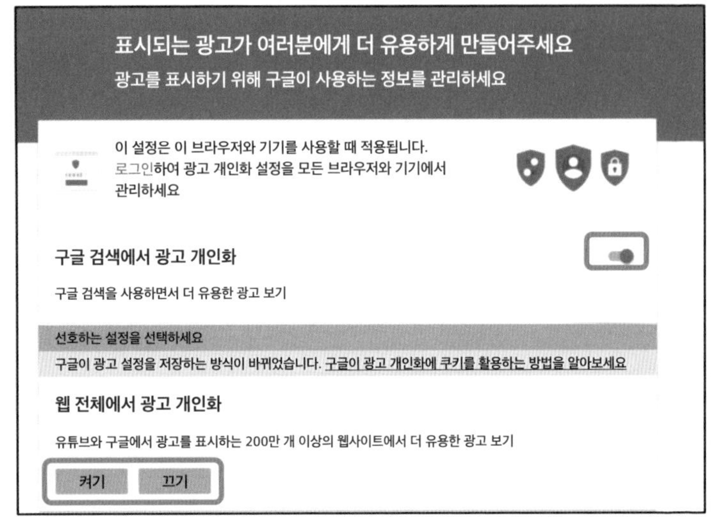

구글의 데이터 설정(노르웨이 소비자 평의회, 2018)

구글의 접근법도 비슷하다. 구글에서는 사용자가 먼저 가입한 다음 자기 의지로 프라이버시 설정 대시보드를 찾아 활용해야 한다. 여기서 사용자는 설정을 해제할 수 있다. 다시 말하지만, 이는 방해에 해당하며 GDPR 규제 요건이 말하는 것과는 정반대다.[4]

두 사례 모두에서 기본이자 자동으로 선택된 내용을 따라가지 않으려면 사용자는 노력과 주의를 더 많이 기울여야 했다. 노르웨이 소비자 평의회는 이것은 상업적인 이득을 위해 기만적 패턴을 사용한 것이며, 기본 효과 편향을 이용한 것이라고 주장했다.

2018년에 노르웨이 소비자 평의회는 이 문제로 구글을 고소했다.

5년이 지난 현재까지 아일랜드 데이터 보호 기구의 최종 결정을 기다리는 중이다.

2022년에 유럽 소비자 단체들은 구글이 비슷한 전술을 쓴다며 두 번째로 고소했지만, 이번에는 위치 데이터와 구글 계정 가입 절차에 더 초점을 맞추었다.[5] BEUC에서 명시한 것처럼 '기술 대기업 구글은 구글 계정에 가입할 때 GDPR의 요구대로 기본 설계로 프라이버시를 제공하지 않고 소비자를 구글의 감시 시스템으로 부당하게 유도했다.'

어려운 취소 기만적 패턴

어려운 취소는 사용자가 구독을 취소하기 어렵게 하기 위해 기업이 행하는 방해 유형이다. 매우 쉽고 간단한 구독 경험이 한 쌍으로 따라오는 경우가 많은데, 가입은 쉽게 만들고 탈퇴는 어렵게 만드는 것이다. 이 쌍을 일명 '바퀴벌레 모텔(roach motel)'이라고도 하는데, 동명의 해충 관리 기기를 빗댄 유머러스한 표현이다.[6]

취소하기 어려운 〈뉴욕타임스〉

〈뉴욕타임스〉는 지난 몇 년간 기만적 패턴에 관해 많은 기사를 보도했으며, 소비자 권리와 규제에 진보적인 시각을 갖고 있다. 그러나 최근까지도 그런 관점을 디지털 서비스까지는 적용하지 않았고, 해지를 어렵게 만드는 기만적 패턴으로 악명이 높다.

@vanillatary라는 트위터 사용자는 이를 명확하게 비판했다. "이

는 말 그대로 불법이다. (…) 구독 취소를 짜증 나고 시간이 오래 걸리는 일로 만들어서 구독자를 유지하는 일은 직원 몇 명 더 고용해서 구독 해지 전화를 처리하게 하는 것보다 훨씬 이득인 게 분명하다. 웹 코드 몇 줄만 있으면 백 배는 더 효율적으로 처리할 수 있을 텐데 말이다. (…) NYT의 비즈니스 모델 중 몇 %는 NYT의 제품이 가격 대비 가치가 없다고 여기는 유료 고객을 붙잡는 데서 나오는 것이다."[7]

다음 두 개의 캡처 화면은 따라 하기가 쉬운 구독 과정과 어려운 구독 해지 과정을 보여준다. 〈뉴욕타임스〉는 사용자에게 바로 구

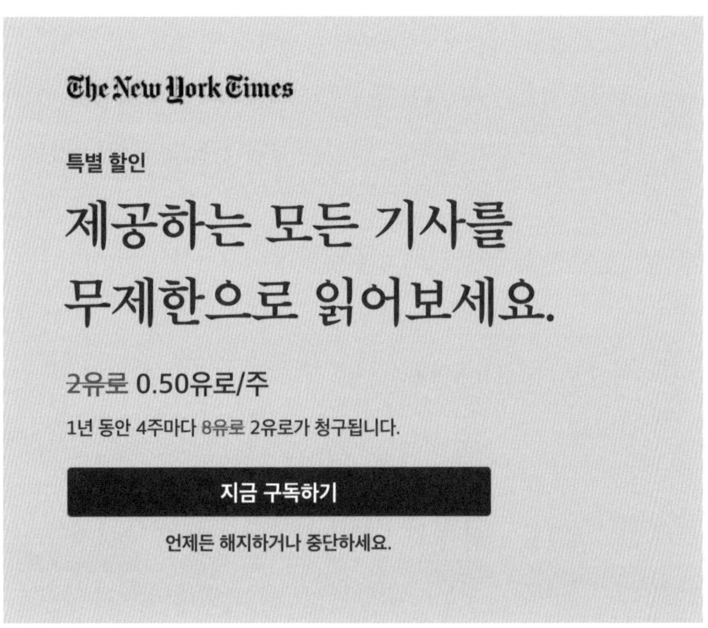

2021년 11월 현재 〈뉴욕타임스〉의 전형적인 영업 페이지(출처: 트위터 사용자 @vanillatary)

구독 해지

〈뉴욕타임스〉 구독을 해지하는 몇 가지 방법이 있습니다.
구독을 해지하면 〈뉴욕타임스〉의 콘텐츠에 접근이 제한됩니다.

고객 상담원과 통화

미국 거주자라면 866-273-3612로 문의하십시오. 업무 시간은 평일(월~금) 오전 7시부터 오후 10시(동부 표준시)이며 주말과 공휴일의 경우 오전 7시부터 오후 3시(동부 표준시)입니다.

미국 외 거주자라면 국제 문의 정보를 참조하십시오.

고객 상담원과 채팅

이 페이지의 오른쪽 또는 하단의 "채팅" 버튼을 클릭하여 고객 상담원과 채팅하십시오. 채팅 서비스는 연중무휴 이용하실 수 있습니다.

취소 정책에 관한 자세한 정보는 판매 약관을 참조하십시오.

2021년 11월 현재 〈뉴욕타임스〉의 구독 해지 페이지(출처: 트위터 사용자 @vanillatary)

독을 해지하는 버튼을 제공하는 대신, 고객 서비스 부서로 연락하라고 안내한다.[8]

2021년 2월에 어떤 사람이 〈뉴욕타임스〉의 라이브 채팅 해지 경험과 관련하여 채팅 기록을 공개했는데, 채팅 시작에서 구독 해지까지 17분이 걸렸다.[9] 나도 2021년 11월 13일에 영국에서 해지를 시도했다. 내 구독을 해지하기까지는 7분이 걸렸다. 채팅 상담원은 구독 취소 사유를 묻고, 그 이유를 가지고 내 마음을 돌리기 위해 미리 준비된 것으로 보이는 내용으로 대화를 진행했다.

7분이 그렇게 오래 걸린 것인지 궁금해하는 독자도 있을 것이다. 웹페이지에서 버튼 하나로 똑같은 요청을 제출하면 대략 500밀리초 만에 해지가 가능한 것과 비교하면 800배는 넘게 더 걸린 것이다. 이는 엄청난 차이이다.

2021년 9월에 〈뉴욕타임스〉는 자동 구독 갱신 경험과 관련하여 집단 소송에 직면했다. 주된 원인은 다음 내용을 규정한 캘리포니아주 자동갱신법의 위반이었다.[10]

> 소비자가 온라인으로 자동 갱신 또는 서비스의 지속적인 제공에 동의하도록 하는 기업은 소비자가 자기 의사에 따라 온라인에서 자동 갱신 또는 지속적인 서비스를 해지할 수 있도록 해야 하며, 이때 소비자가 자동 갱신 또는 지속적인 서비스를 즉시 해지할 능력을 방해하거나 지연시키는 추가 단계가 있어서는 안 된다.

이 집단 소송에서 법원은 500만 달러를 합의금으로 지급하라고 명령했다.[11] 〈뉴욕타임스〉는 한동안 캘리포니아주 거주자를 대상으로 온라인 해지 수단을 제공했고, 2023년 초에 거주지에 상관없이 모든 고객에게 이를 적용했다. 이와 유사한 집단 소송에서 〈워싱턴포스트〉도 비슷한 기만적 패턴을 이용하여 사용자가 구독을 해지하기 어렵게 만들었음이 밝혀졌다.[12] 〈워싱턴포스트〉 역시 680만 달러에 달하는 합의금을 지불해야 했다. 또한 FTC는 ABC마우스라는 온라인 교육 사업자를 대상으로 비슷한 소송을 제기했다. "ABC마우스는 부모들에게 구독 시 자동으로 갱신된다는 점을 명확하게 설명하지 않았고, 해지를 매우 어렵게 만들었다."[13] 결국 이 회사는 손해 배상금으로 1000만 달러를 지급해야 했고, 이런 기만적 패턴을 사용하지 말라는 명령을 받았다.

취소하기 어려운 아마존 프라임

2021년에 EU와 미국의 16개 소비자 단체가 아마존 프라임 구독을 해지하려는 사용자에게 어려운 취소 기만적 패턴을 썼다는 이유로 아마존에 소송을 제기했다. 노르웨이 소비자 평의회는 〈로그아웃은 가능, 탈퇴는 불가능〉라는 제목의 보고서에서 다음 장의 그림처럼 미로같이 헷갈리는 선택 사항이 포함된 취소 과정을 설명했다.[14]

빗발치는 불만에 유럽연합집행위원회는 조사를 시행했고, 모든 유럽 소비자를 대상으로 한 해지 절차를 바꿀 것을 아마존에 지시했다.[15] 유럽연합집행위원회 위원은 다음과 같이 강력한 어조의 성명을 발표했다.

> 온라인 구독은 절차가 매우 간단하므로 많은 소비자가 손쉽게 선택할 수 있지만, 반대로 구독을 취소하는 과정도 그만큼 쉬워야 한다. 소비자는 플랫폼으로부터 어떠한 압력을 받지 않고 자기 권리를 행사할 수 있어야 한다. 사람을 조종하는

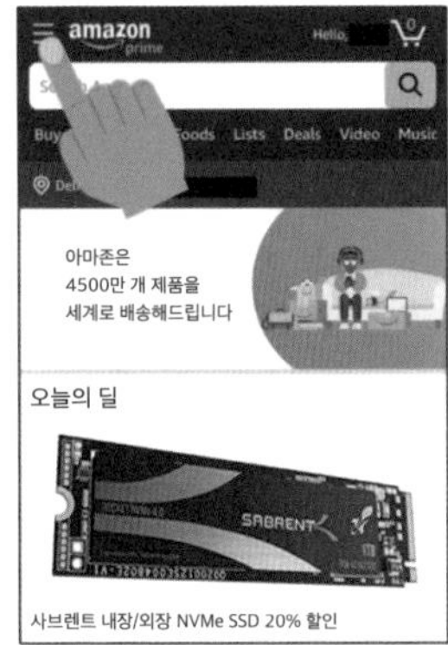

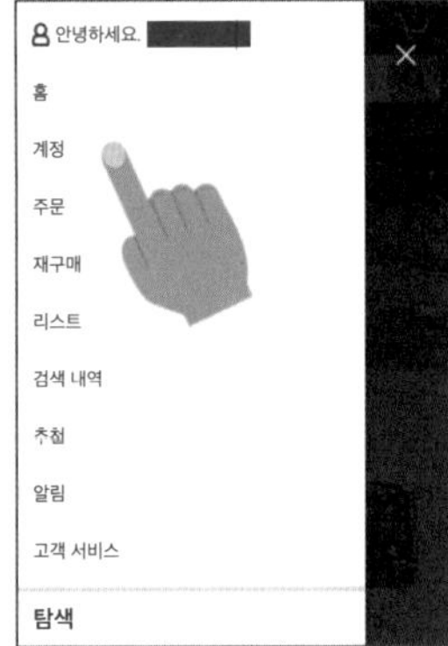

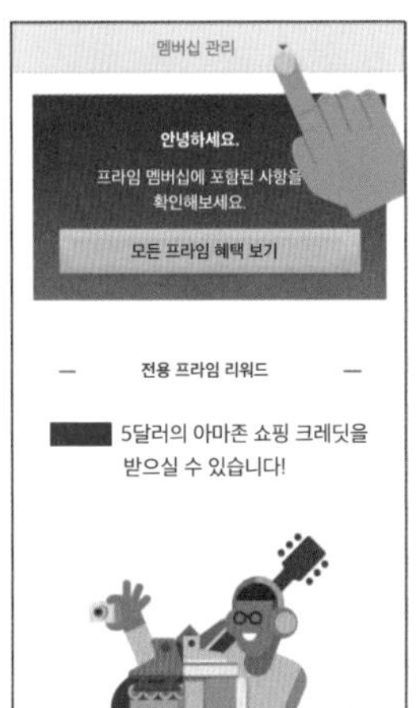

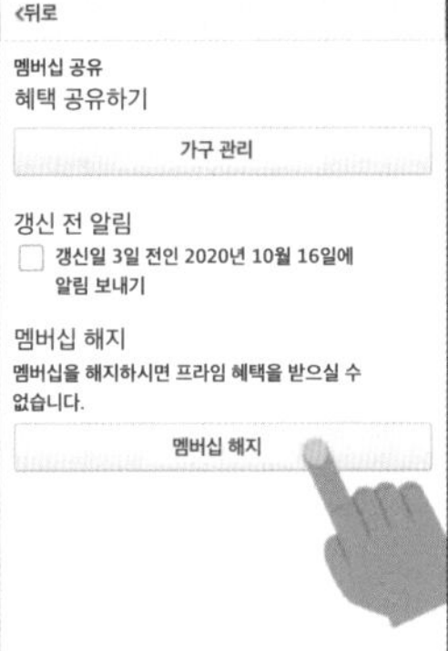

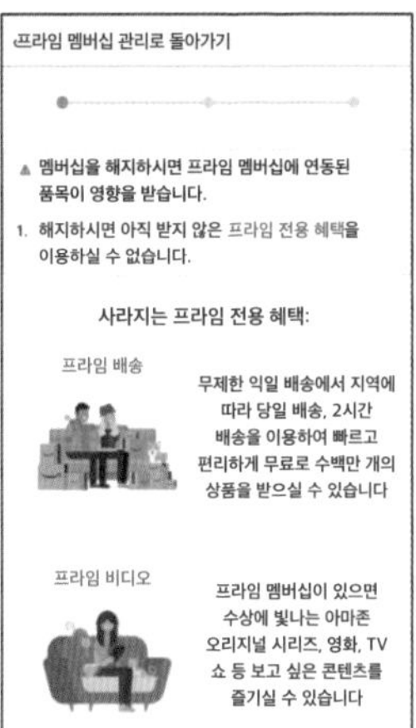

아마존 프라임 구독을 해지하는 1~6단계(노르웨이 소비자 평의회, 2021)

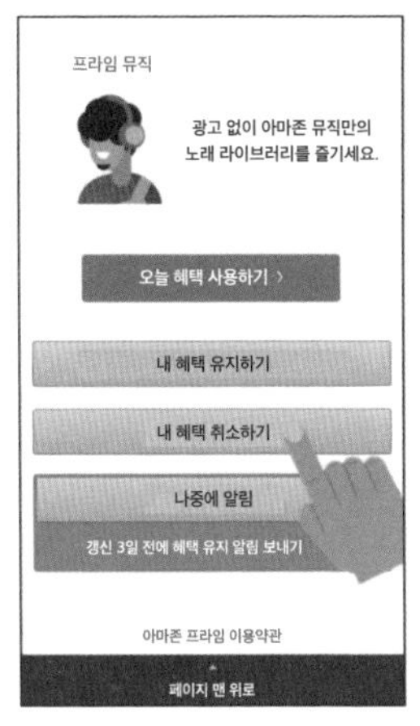

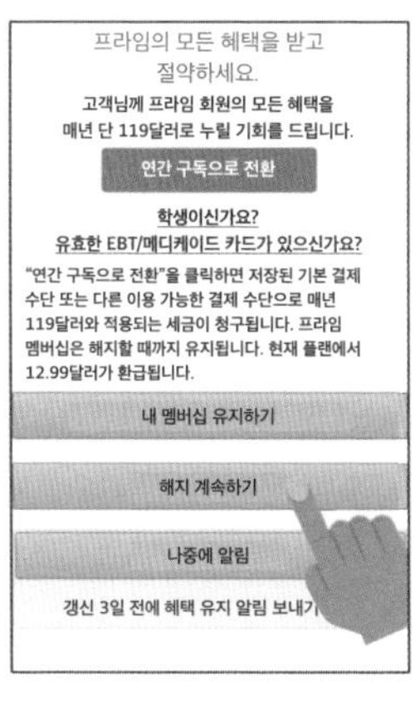

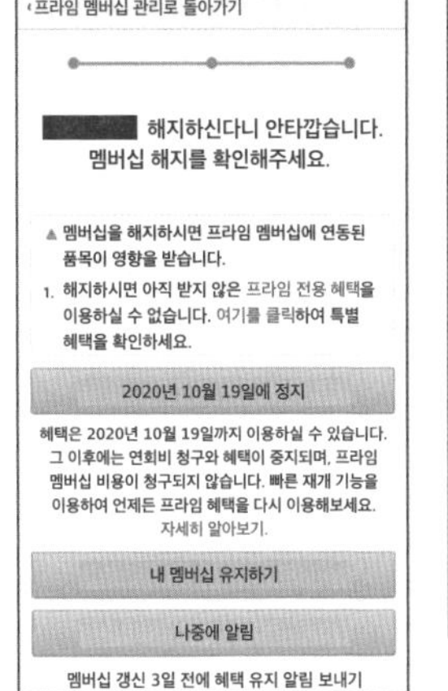

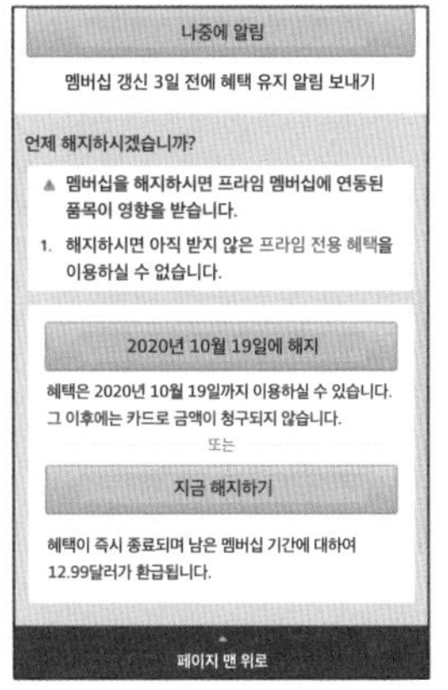

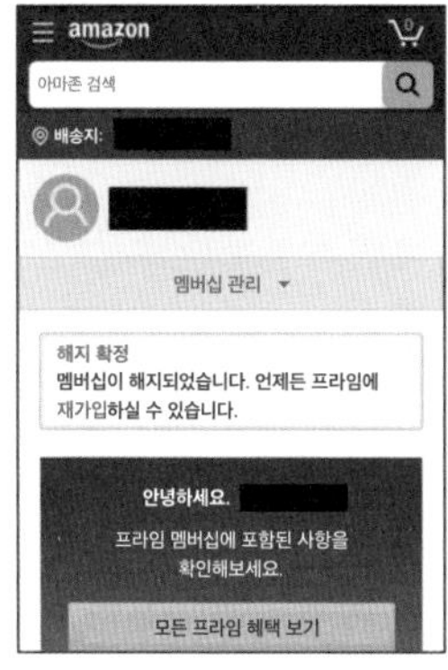

아마존 프라임 구독을 해지하는 7~12단계(노르웨이 소비자 평의회, 2021)

디자인 또는 '기만적 패턴'이 반드시 금지되어야 한다는 것만 은 확실하다.

이와 비슷한 시기에 7개의 미국 소비자 단체가 FTC에 서한을 보내 아마존을 조사할 것을 촉구했고, FTC도 조사를 시행했다.[16] 조사 과정에서 내부 문건이 〈인사이더〉라는 비즈니스 뉴스 사이트에 유출되었는데, 아마존이 고객을 유지하고 해지율을 줄이기 위한 전략으로 기만적 패턴을 의도적으로 썼다는 것이 폭로되었다.[17]

유출된 문건에서는 "'무료 당일 배송 계속하기'라는 문구는 고객에게 멤버십 가입이라는 의미로 전달되지 않는다", "원치 않는 가입은 고객 신뢰를 훼손한다", "어쨌든 가입 과정에서 명료성을 높일 필요가 있다"는 점을 인정했다. 게다가 2017년 8월에 유출된 데이터에서도 프라임 팀이 직접 처리한 해지 요청의 67%가 '의도치 않은 가입'과 관련되었음이 밝혀졌다. 이런 증거는 아마존이 스스로 어떤 행위를 하고 있는지 알면서도 계속했다는 것을 보여준다.

FTC의 아마존 조사는 이 글을 쓰는 지금도 계속되는 것 같다. 2023년 3월에 FTC는 어려운 취소 기만적 패턴에 관한 새로운 규정을 발표했다. 리나 M. 칸 FTC 위원장은 "제시된 규정에 따르면 기업은 구독 서비스에 가입하는 것만큼 해지하는 것도 쉽게 만들어야 합니다"라고 말했다.[18] 심지어 바이든 대통령도 "FTC가 기업에 시정을 요구한 것을 지지합니다. 서비스 가입보다 해지가 더 어려워서는 안 됩니다"[19]라는 내용의 트윗을 게시했다.

놀랍게도 이런 일을 겪고서도 아마존 프라임 구독 해지는 여전히 어렵다. 아마존이 그렇게 많은 돈을 소송 비용에 투입하고 이만한 위험을 감수하고 있다는 점은 이 행위로 얼마나 많은 이득을 얻고 있는지를 시사한다.

20장

행동 강요

행동 강요는 사용자가 원하는 것을 기업이 제시하는 대신에 무언가를 하도록 강요하는 기만적 패턴 유형이다. 강요된 행동이 사용자의 합리적인 기대나 법 또는 규제에 반할 때 문제가 된다.

가장 유명하고 이름도 재미있는 유형이 바로 마크 저커버그의 이름에서 유래한 '개인정보 저커링(zuckering)'이다.[1] 사용자가 어떤 서비스나 제품을 아주 살짝 이용하게 한 다음에, 본격적으로 이용하려고 하면 사용자를 속여 기업에 개인정보를 공유하게 하고, 해당 기업이 개인정보 데이터를 맞춤형 광고 목적으로 판매하거나 공유 또는 이용하는 등의 이윤 창출 행위에 활용하는 것을 허용하게 만드는 것을 의미한다.

여기서 문제는 데이터 공유, 데이터 판매, 맞춤형 광고가 나쁘다는 것이 아니다. 이런 행위를 올바른 방법으로 하기만 한다면 정당한 비즈니스 모델에 해당되기 때문이다. 문제는 사용자의 동의를 구하지 않는다는 것이다. 사용자가 속아 넘어갔거나 강요를 당했다면 이는 동의로 간주할 수 없다. 동의란 EU GDPR에서도 명시하듯이 "자유롭고, 구체적이며, 결과에 대해 인지하도록 분명"해야 한다.

보안 연구자 브라이언 크레브스가 관찰한 행동 강요 사례를 살펴보자.[2] 아이패드에서 스카이프를 설치하면 로그인하는 데 여러 단계를 걸친다. 그중 사용자가 개인 연락처를 아이패드에서 스카이프(마이크로소프트의 사업부)로 업로드하는 단계가 있다. 그런데 여기에는 거부할 수 있는 선택지가 없으며(198쪽 그림 참조), 페이지에는 다음 단계(iOS 허용 메시지)에 거부할 수 있는 선택지가 있다는 점과 거부한다고 해서 스카이프를 사용하는 데 아무런 문제가 없다는 점을 설명하지 않는다.[3]

다음 단계(199쪽 그림 참조)를 보면, 디자이너들이 원할 때는 명확하게 거부하는 옵션을 설계할 수 있음을 알 수 있다.[4] 여기서 '예, 공유하겠습니다'와 '아니요, 공유하지 않겠습니다'가 동등한 비중으로 제시되어 명확하고 쉽게 이해할 수 있다. 이는 '쉽게 연락처를 검색하세요' 단계(198쪽 그림)에서 얼마나 강압적이고 행동을 강요하는 표현을 썼는지 잘 보여준다.

그렇다면 사용자가 거부하고 싶어 할 수 있는 연락처 공유를 왜 하게 만드는 것일까? 이는 본질적으로 프라이버시 권리에 관한 문제다. 우드로 하초그는《프라이버시 중심 디자인은 어떻게 하는

아이패드 스카이프 앱의 행동 강요 기만적 패턴의 캡처 화면(2022)

가》에서 이 문제를 다루는데,[5] 기만적 패턴과 프라이버시 간에 중첩되는 부분을 분석하면서 "억지로 얻어낸 동의의 문제"라고 말한

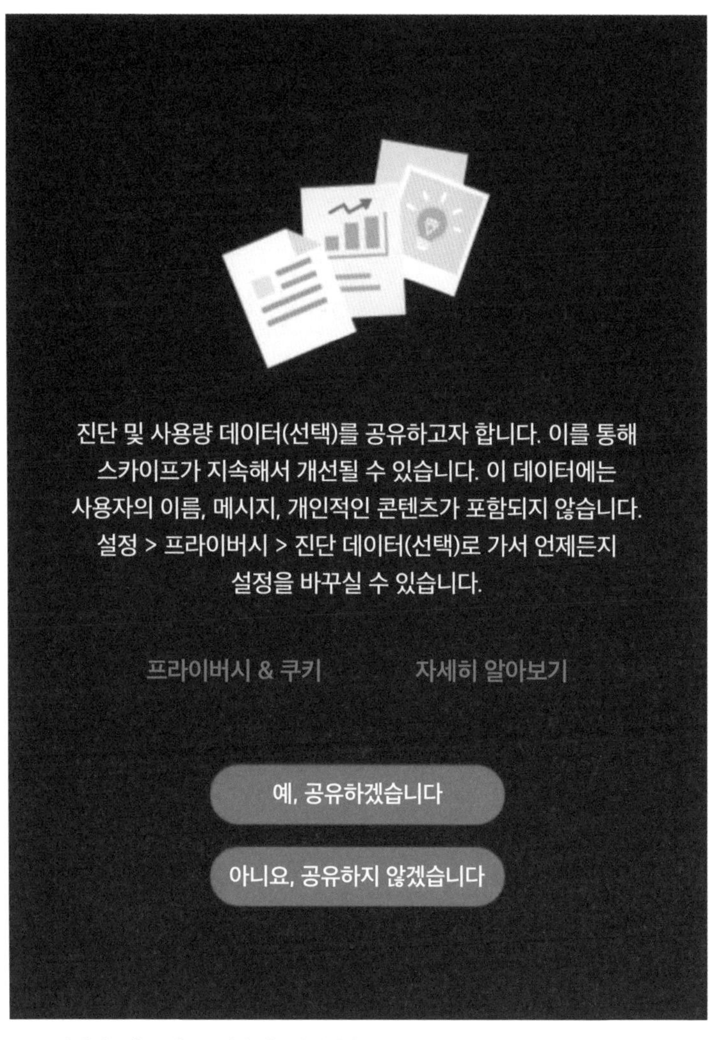

쉽게 거부할 수 있는 수단이 제공된 아이패드 스카이프 앱 메시지의 캡처 화면(2022)

다. 이 문제는 '동의 워싱(consent washing: 와일리, 2019)'[6]이라고도 알려져 있다.

여기서 문제는 사용자의 프라이버시에만 국한되지 않고 연락처에 있는 사람들의 프라이버시까지 포함된다는 것이다. 연락처에 있는 사람은 자기 정보를 공유하도록 허용하고 싶지 않을 수 있다. 연락처에 등록된 것이 기밀(사용자가 언론인이나 변호사인 경우)일 수도 있고, 연락처에 저장한 이름이 비밀('내 비밀 연인 알렉스')일 수도 있으며, 그래프 데이터(연락처 소유자와 다른 연락처 구성원 간의 연결)가 기밀일 수도 있다.

마지막으로는 마이크로소프트가 업로드된 데이터를 가지고 무엇을 하려고 하는지의 문제가 있다. 해당 페이지에서는 '쉽게 연락처를 검색하세요'라고 되어 있어서 일견 가벼워 보이지만, 사실 '프라이버시 & 쿠키' 및 '자세히 알아보기'에 엄청난 양의 정보가 포함되어 있다. 사용자가 이 과정을 계속하면 자기 연락처에 정확히 어떤 일이 벌어지는지 제대로 이해하기는 어렵다. 이는 근거 없는 주장이 아니다. 2019년에 마이크로소프트는 이제는 사라진 기능인 '알 수도 있는 사람' 기능으로 일반 대중에게 사용자의 연락처를 공개한 것으로 많은 비판을 받았다.[7]

등록 강요

등록 강요는 사용자가 원하는 일을 하기 전에 웹사이트나 앱에 가입하도록 요구하는 행동 강요 유형이다. 물론 서비스의 특성상 등록이 필요할 수도 있다. 페이스북의 경우 사용자가 누구인지 알기 전에는 친구와 관심사에 관한 정보를 표시하지 않으므로, 사용자 계정이 필요하다. 그러나 계정 등록이 필요하지 않은 서비스도 있다. 온라인 쇼핑몰에서는 비회원이어도 결제할 수 있는데 이 기능을 제공하지 않는 경우가 많다. 사용자의 등록을 강요하면 단골 고객으로 만드는 데 매우 유용한 정보인 사용자의 연락처와 결제 정보를 얻을 수 있기 때문이다.

마찬가지로, 등록 강요는 모든 사용자가 지나갈 수밖에 없는 관문을 기업에 제공한다. 이를 통해 기업은 효과를 극대화하기 위한 다른 기만적 패턴을 이용할 기회를 얻는다. 등록 강요를 통해 마케팅이나 맞춤형 광고 목적으로 동의를 얻어내고, 제3자에게 개인정보를 판매하거나 공유할 수 있으며, 이렇게 얻어낸 사용자 데이터를 '유사 타깃' 마케팅 도구로 보내 기존 고객과 비슷한 대중을 대상으로 마케팅을 펼칠 수 있다(예: 구글[8], 페이스북[9]).

링크드인의 등록 강요

링크드인의 등록 강요 사례에는 여러 가지 기만적 패턴이 함께 사용되었다. 링크드인은 맞춤형 서비스를 제공한다. 개인정보를 저장하는 다른 소셜미디어와 플랫폼처럼 링크드인도 가입하여 로그인하지 않으면 이용할 수가 없다. 이렇게 등록을 필수화하는 것 자체는 문제가 되지 않는다. 그러나 링크드인은 서비스 초기에 사용자에게 다른 여러 가지 행동을 강요할 목적으로 등록 절차를 활용했다.

2015년의 집단 소송에서 링크드인이 이용한 기만적 패턴이 밝혀졌다. 요점만 설명하면, 기만적 패턴을 이용해 사용자를 속여 연락처의 이메일 주소를 업로드하게 하고 링크드인 가입 초대 이메일을 대량으로 발송하게 했다. 이메일 중 일부는 마치 사용자가 쓴 것처럼 보이게 작성되었다.

캘리포니아주 법에 따라 이 행위는 불법으로 인정되었다. 링크드인은 1300만 달러의 합의금을 지급하라는 명령을 받았다.[10] 댄 슐로시는 2015년에 쓴 글 〈링크드인의 다크패턴〉[11]에서 이 사례에 사용된 기만적 패턴을 자세히 설명했다. 특히 눈여겨보아야 할 부분은 가입 과정의 두 번째 단계다.

이 부분에서 사용자는 자기 이메일 주소를 적어야 한다. 대부분의 온라인 서비스에서 흔히 요구하는 사항이므로, 사용자가 이 부분을 자세히 살펴보지 않는 경우가 많았다. 이메일 주소 입력은 일상에서도 많이 하는 행위이기 때문이다. 그러나 댄 슐로서는 "이건 사실 거짓말이다. 이 페이지는 '사용자의 이메일 주소 입력'이 핵심이 아니라, 연락처를 연결하는 것이 목적이다"라고 규정했다. 아래에 작게 쓰여 있어 지나치기 쉬운 '이 단계 건너뛰기' 링크를 클릭하지 않고 이 단계를 완료하고 넘어가면, 링크드인은 공개 인증(OAuth) 메시지를 통해 사용자 이메일 연락처에 접근할 권한을 갖는다.

이메일 주소를 모두 추출한 링크드인은 가입 초대 메일을 해당 연락처의 이메일 주소로 대량 발송했다. 이런 식의 등록 강요는 일종의 '친구 스팸'으로 볼 수 있다. 겉보기에는 아무 문제 없는 목적

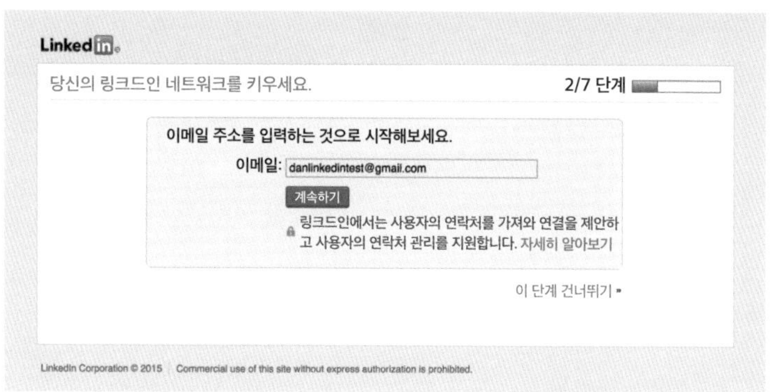

링크드인이 등록 강요 과정에서 '연결 추가' 단계에 사용한 기만적 패턴(슐로서, 2015)

(예: 서비스를 이용하는 친구 검색)을 들어 사용자의 소셜미디어나 이메일 자격 증명을 요구하지만, 사실은 사용자의 계정을 이용하여 발신자가 사용자인 척하고 콘텐츠를 게시하거나 대량으로 메시지를 발송하는 것이다.[12]

21장

다크패턴끼리 결합하는 경우

리오르 스트라힐레비츠 시카고대 법학 교수와 제이미 루구리 박사는 2021년에 진행한 사회심리학 실험에서 기만적 패턴의 양적 영향을 조사할 기발한 방법을 고안했다. 두 사람은 마지막에 기만적 패턴을 포함한 온라인 설문 조사를 만들었다. 설문 조사의 주요 내용은 프라이버시에 관한 것이었지만, 이는 마지막에 나타날 기만적 패턴을 위한 전제로써 유인용 질문이었다.

스트라힐레비츠와 루구리는 기만적 패턴이 적용되지 않은 대조군 버전, '보통'의 기만적 패턴이 적용된 버전, '공격적인' 기만적 패턴이 적용된 버전 등으로 다양하게 설문 조사를 준비했다. 다음의 그림들은 대조군(205쪽)과 보통 버전(206쪽)이다. 공격적인 버전은 내용이 복잡해 포함하지 않았다. 이 내용에 관해 더 자세히 알고 싶으면 〈기만적 패턴 파헤치기〉[1]라는 2021년 논문을 보면 된다.

이 연구에서는 대조군에 있는 사용자에게 무료 체험 기간 후 매월 8.99달러가 청구되는 '데이터 보호와 신용 내역 모니터링' 서비스에 가입할 것인지를 물었다. 어떤 부정 행위나 기만적 패턴 없이 사용자는 이 제안에 동의하거나 거부할 수 있다.

대조군 조건

설문 조사 초반에 당신이 입력한 인구학적 정보와 IP 주소를 토대로, 우리는 당신의 이메일 주소를 정확하게 찾았습니다. 우리는 전국에서 가장 규모가 크고 경험이 많은 데이터 보안 및 신원 도용 보호 기업과 제휴하고 있습니다. 이 기업에 설문 조사 답변이 전달될 것입니다. 신원이 확인되면 **당신은 6개월간 데이터 보호와 신용 내역 모니터링 서비스를 무료로 받을 수 있습니다.** 6개월 후에 데이터 보호와 신용 내역 모니터링 서비스를 계속 이용할 시 **매월 8.99달러의 요금이 청구됩니다**. 이 서비스는 언제든지 해지할 수 있습니다.

◯ 동의

◯ 거부

루구리와 스트라힐레비츠의 연구에서 대조군에게 한 질문(2021)

보통 수준의 기만적 패턴을 적용한 경우에는 다음 장의 안내문처럼 사용자가 보기에 다소 어렵다.

"보통의 기만적 패턴" 조건

설문 조사 초반에 당신이 입력한 인구학적 정보와 IP 주소를 토대로, 우리는 당신의 이메일 주소를 정확하게 찾았습니다. 우리는 전국에서 가장 규모가 크고 경험이 많은 데이터 보안 및 신원 도용 보호 기업과 제휴하고 있습니다. 이 기업에 설문 조사 답변이 전달될 것입니다. 신원이 확인되면 **당신은 6개월간 데이터 보호와 신용 내역 모니터링 서비스를 무료로 받을 수 있습니다.** 6개월 후에 데이터 보호와 신용 내역 모니터링 서비스를 계속 이용할 시 **매월 8.99달러의 요금이 청구됩니다.** 이 서비스는 언제든지 해지할 수 있습니다.

- ◯ **동의하고 계속하기(권장)**
- ◯ 기타 옵션

보통 수준 3단계 중 첫 번째 단계. 루구리와 스트라힐레비츠(2021)

"기타 옵션" 선택 시 표시 화면

기타 옵션:

- ◯ 내 데이터나 신용 내역을 보호하고 싶지 않습니다.
- ◯ 선택지를 검토해보니, 내 프라이버시를 보호하고 데이터 보호와 신용 내역 모니터링 서비스를 받고 싶습니다.

보통 수준 3단계 중 두 번째 단계. 루구리와 스트라힐레비츠(2021)

"보호하고 싶지 않습니다" 선택 시 표시 화면:

귀중한 보호 서비스를 거절한 이유가 무엇인지 알려주세요.

- ◯ 신용 등급이 이미 나빠서
- ◯ 작년에 신원을 도용당한 미국인이 1670만 명이지만, 그런 일이 나나 가족에게 일어나리라고 생각하지 않기 때문에
- ◯ 이미 신원 도용 및 신용 모니터링 서비스에 돈을 내고 있어서
- ◯ 숨길 게 없으니 해커가 내 데이터에 접근하더라도 손해를 입지 않을 것이기 때문에
- ◯ 기타(최소 40자):
- ◯ 다시 보니 6개월간 무료로 신용 내역 모니터링과 데이터 보호 서비스를 받고 싶습니다.

보통 수준 3단계 중 세 번째 단계. 루구리와 스트라힐레비츠(2021)

요약하면, 보통 수준의 기만적 패턴 조건에서 첫 문단은 대조군과 똑같지만, 그다음에 사용자는 굵게 표시된 '동의하고 계속하기(권장)'나 '기타 옵션'을 선택해야 한다. 그리고 '기타 옵션'을 선택하면 원형 버튼의 개수가 늘어난 다음 단계로 넘어간다. 여기서 다시 거부('내 데이터나 신용 내역을 보호하고 싶지 않습니다')하면 또 다른 단계로 넘어간다. 이 설계에는 시각적 방해, 속임수 표현, 방해 등 여러 가지 기만적 패턴이 사용되었다. 공격적인 기만적 패턴 조건도 이와 비슷하지만, 단계가 훨씬 많고 압박을 더 많이 가한다. 또한 카운트다운 타이머도 있어 사용자가 일련의 페이지에 머물게 만들면서 그냥 건너뛰지 못하게 했다.

두 연구자는 1963명의 참여자를 대상으로 이 설문 조사를 진행

했다. 그리고 그 영향은 어마어마했다.[2]

> 대조군의 사용자보다 **보통 수준의 기만적 패턴에 노출된 사용자가 2배 더 많은 확률**로 의심스러운 서비스에 가입했으며, **공격적인 기만적 패턴을 본 사용자가 가입할 확률은 거의 4배**에 달했다.
>
> — 루구리, 스트라힐레비츠(2021)

또한 스트라힐레비츠는 "보통 수준의 기만적 패턴이 가장 교활하다"고 결론지었다. "소비자를 소외시키거나 많은 사용자의 로그오프를 유발하지 않고도 의심스러운 혜택이 주어지는 프로그램에 동의할 확률을 상당히 높였기" 때문이다.[3]

이 점이 중요하다. 기업에서 기만적 패턴을 쓸 경우에는 사용자, 소비자 단체, 규제나 집행 당국 등 누구의 이목도 끌고 싶어 하지 않기 때문이다.

4부

당신이 생각하는 것보다 더 나쁘다

기만적 패턴은 매우 흔하다. 유럽 의회에서 수행한 2022년 연구 프로젝트에 따르면 검토한 웹사이트와 앱의 97%에서 하나 이상의 기만적 패턴을 적용했다. 칠레에서는 칠레 전국 소비자 서비스(SERNAC)가 2021년 연구를 통해 64%의 쇼핑몰 웹사이트에서 기만적 패턴을 활용하고 있다고 밝혔다.[1]

미국에서는 모저 등이 2019년 연구 프로젝트를 통해 75%의 쇼핑몰 웹사이트에서 충동구매를 권하는 16개 이상의 기능을 발견했다.[2] 2020년 소에 등은 덴마크, 노르웨이, 스웨덴, 영국, 미국의 300개 뉴스 및 잡지 웹사이트 내 쿠키 동의 알림을 분석했다. 그 결과 99%의 웹사이트에서 기만적 패턴을 사용하고 있음이 밝혀졌다.[3] 2023년 EC와 CPC 네트워크는 399개 온라인 쇼핑몰과 102개 앱을 일제히 조사한 결과 148개 온라인 쇼핑몰(37%)과 27개 앱(26%)에 기만적 패턴이 적용되었다는 내용을 기록한 보고서를 공개했다.[4]

이것만으로도 증거는 차고 넘치지만, 더 많은 내용을 보고 싶다면 OECD 보고서 〈눈속임 상업 패턴〉[5] 부속서 C에 정리된 종합표를 참조하길 바란다.

기만적 패턴이 널리 퍼져 있다는 점은 분명하지만, 이런 설계에 어떤 유해성이 있는 것일까? 개인의 관점에서 기만적 패턴을 생각해볼 때 가장 먼저 떠오르는 것이 짜증과 불만 등 감정적인 영향일 것이다. 이런 반응이 나오는 게 정상이지만, 그 외에도 명심해야 할 더 큰 부정적인 결과가 있다. 이제부터는 기만적 패턴이 개인, 사회 집단, 시장에 미치는 영향을 다양한 관점으로 살펴보겠다.[6]

22장

다크패턴이 내게서 빼앗아가는 것

금전적 손실

기만적 패턴 때문에 사용자는 매우 다양한 방식으로 금전적인 고통을 받는다. 살 생각이 없던 물건을 사거나(은닉), 구독 해지가 어렵거나, 원치 않는데도 더 오랜 기간 돈을 낼(어려운 취소) 수 있다. 또는 예상치 못했던 비용을 마지막에 추가로 내야 할 수도 있다(숨겨진 비용). 시티즌스 어드바이스라는 영국 소비자 단체가 2000명이 넘는 영국 성인을 상대로 한 설문 조사에 따르면, 응답자들이 원치 않는 구독으로 피해를 보는 금액은 1년에 50~100파운드였다.[1]

금전적 손실의 규모를 알아보는 또 다른 방법은 소송 결과를 살펴보는 것이다. 벌금이나 합의금 액수는 소비자의 금전적 손실 규모에 해당하는 경우가 많다. 이 글을 쓰는 현재 deceptive.design 웹사이트에 게시된 소송은 약 50건이며, 그중에는 벌금이나 합의금 규모가 수천만 달러에 달하는 것도 있다.[2]

시간 낭비

모든 사람에게 시간은 유한한데, 기만적 패턴은 이를 부당하게 낭비하도록 만든다. 어떤 작업을 하기 어렵게 만들거나(예: 어려운 취소), 사용자를 압박할 목적으로 고의로 시간을 쓰게 만들거나(자원 고갈), 환불을 요구하게 만드는 등 기만적 패턴으로 인한 결과를 바로잡으려는 사용자를 고생시킨다.

FTC에서는 시간 낭비를 심각한 문제로 여긴다. 2022년 크레딧 카르마라는 신용 서비스 기업에 제기된 고소에서 FTC는 크레딧 카르마의 거짓 주장이 "신용 카드 발급 신청 시 수많은 소비자가 엄청난 시간을 낭비하게 한 것"이라고 했다. 결국 크레딧 카르마는 300만 달러의 소비자 보상금을 지급하고, 소비자 기만을 중단하며, 향후 조사를 위해 디자인과 연구 기록을 보존하겠다는 약속을 해야 했다.

원치 않는 계약

법적 계약을 체결한 사용자가 사전에 해당 계약의 존재 여부를 인지하지 못했다면(은닉), 사용자는 기업이 그 계약으로 자기를 구속하려 한다는 사실에 놀랄 것이다.[3] 예를 들면, 필수 중재 조항에서 사용자가 기업을 상대로 고소할 권리를 빼앗을 수도 있다.

프라이버시 침해

사람들은 자신의 개인정보가 허락 없이 이용된다는 점을 잘 모른다. 보이지 않는 곳에서 이런 일이 일어나기 때문이다. 즉, 자기를 대신하여 싸워줄 권익 단체나 기타 정보가 많은 기구에 크게 의존하게 된다.[4] 2022년 7만 명이 넘는 사용자를 조사한 SERNAC의 연구에서 기만적 패턴이 프라이버시를 심각하게 침해할 수 있음이 밝혀졌다. 기본 옵션을 바꾸는 것(쿠키에 사용자가 동의하는 방식 대 쿠키에 거부 의사를 밝히는 방식)만으로 사용자가 프라이버시 침해를 허용하는 경우가 94%p 더 높아졌다.[5]

심리적 피해

기만적 패턴은 사용자를 감정적으로 불편하게 만들기 위한 심리학적 기법을 사용하는 경우가 많다(감정적 선택 강요 및 압박 판매). 2019년 영국 연구자 사이먼 쇼는 2102명의 영국인에게 설문 조사를 실시했다. 조사 참여자에게 압박 판매 기법(희소성, 사회적 증거)이 적용된 호텔 예약 사이트의 페이지를 보여준 결과, 응답자 중 34%가 경멸, 혐오 등의 부정적인 감정을 표현했다.[6] 2002년 호주 소비자정책연구센터(CPRC)가 2000명을 대상으로 한 설문 조사에 따르면, 웹사이트나 앱에 기만적 패턴을 적용했을 때 응답자의 40%가 짜증을 냈고, 28%가 조종당한다는 느낌을 받았다.

마찬가지로 2022년 유럽연합집행위원회 연구에서는 일부 기만적 패턴이 심박수와 불규칙한 마우스 클릭의 증가(불안감 시사 가능)

로 이어졌다고 밝혔다.[7]

생각할 자유 상실

인권 변호사 수지 알레그레는 소셜미디어에서 정치적 행동 맞춤형 광고를 사용하여 대중을 조종한 점이 드러난 2017년 케임브리지 애널리티카 스캔들에서 영감을 받아 집필한 책《생각할 자유(Freedom to Think)》에서 이 문제를 설명한다.[8] 기만적 패턴을 이용하면, 소셜미디어 기업은 사용자로부터 개인정보 사용에 관해 가짜 동의를 얻어낼 수 있고, 중독 원리를 이용하여 사용자의 뉴스 소비와 세계에 관한 전반적인 이해를 장악할 수 있을 정도로 제품을 흥미진진하게 만들 수 있다. 알레그레는 프라이버시와 데이터 보호만이 아니라 사상의 자유까지 영향을 받는다고 강조하며 다음과 같이 설명한다.[9]

> 사상·양심·종교의 자유와 표현의 자유는 국제법으로 보호되는 절대적인 권리다. 사상이나 표현의 자유 없이는 인도주의도, 민주주의도 없다. 이런 권리를 실현하려면 (i) 자기 사상을 비밀로 할 능력, (ii) 자기 사상을 조종당하지 않을 자유, (iii) 사상만으로도 처벌받지 않을 권리가 있어야 한다.

기만적 패턴이 사람의 생각을 조종하는 데 직접적으로 관련된다는 점을 감안한다면, 사상의 자유라는 인권을 수호하여 개인만

이 아니라 사회 전체를 보호하기 위한 투쟁에서 기만적 패턴이 핵심적인 문제임은 자명하다.[10]

23장

어떤 사람이 더 취약한가

사회적 차원으로 시야를 확장하면 기만적 패턴이 사회의 특정 집단, 특히 취약 집단을 겨냥하는 경우가 훨씬 많다는 중요한 사실을 알 수 있다. 가장 고통을 받는 사람들은 부당함에 목소리를 낼 수 없는 처지라서 문제가 드러나지 않을 수 있다. 또한 기만적 패턴은 취약 집단이 이미 삶에서 겪고 있는 불평등의 문제를 더 악화한다.

대부분의 기만적 패턴은 대체로 인지 능력의 제한을 이용한다. 즉, 다른 사람보다 인지 능력이 많이 제한될수록 속임수에 취약하다. 이제부터는 기만적 패턴으로 영향을 받는 취약 집단의 유형을 알아보겠다.

여유 시간이 없는 사람

무언가를 읽거나 비판적 사고 능력을 충분히 활용할 시간이 없는 사람이라면, 기만적 패턴에 쉽게 속아 넘어갈 확률이 높다. 그렇게 속아 넘어가면 시간을 들여 불만을 제기하거나 반품 또는 환불받는 등 어떤 식으로든 문제를 바로잡아야 한다.

주 4일 일하고 부양가족이 없는 부유한 개인과, 세 가지 일을 하면서 3명의 자녀와 병든 노부모를 부양하는 저소득 가정 부부의 차이를 생각해보자. 기만적 패턴에 속아 넘어갔음을 깨달았을 때, 전자는 상황을 바로잡기 위한 시간을 훨씬 쉽게 내겠지만, 후자는 그럴 시간이 없어 손해를 그저 감수할 수밖에 없으리라는 점이 명확히 보일 것이다.

교육 수준이 낮은 사람

기만적 패턴은 우리의 인지, 이해, 의사 결정 능력을 겨냥하는 방식으로 작동한다. 어떤 사람이 복잡한 문장이나 숫자를 어려워한다면 웹사이트나 앱을 믿을 수밖에 없고, 결국 조종에 매우 취약해진다. 2021년에 루구리와 스트라힐레비츠는 3932명을 대상으로 한 실험을 통해 교육 수준이 낮은 사람이 높은 사람에 비해 보통 수준의 기만적 패턴에 훨씬 취약하다는 점을 밝혔다.[1]

소득이 낮은 사람

FTC는 2022년 직원 보고서에서, 저소득층은 인터넷 접속을 위해 모바일 기기를 많이 사용한다고 분석했다.[2] 이런 기기의 화면은 크기가 작아 정보가 숨겨질 수 있고, 스크롤을 많이 하게 만들어 사용자를 기만적 패턴에 취약하게 한다. 이 보고서에서는 "이런 기만적 패턴은 모바일 기기를 인터넷 접속의 유일한 또는 주된 수단으로 삼을 확률이 높은 저소득층 소비자 또는 기타 취약 계층에 불공평하게 영향을 줄 수 있다"고 설명한다.

제2 언어 학습자

다른 나라로 이주한 사람은 그곳 언어를 유창하게 말하게 되기까지 상당한 시간이 걸릴 수 있고, 끝까지 숙달하지 못할 수도 있다. 많은 국가에 여러 언어를 사용하는 시민들이 거주한다. 그렇지만 널리 쓰이지 않는 언어일수록 기업이나 정부에서도 지원되지 않는 경우가 많다. 따라서 희귀한 언어를 쓰고 해당 지역의 제1 언어에 유창하지 못한 사람은 고립되어 취약해진다.

인지 장애가 있는 사람

인지 장애가 있는 사람은 복잡한 추리와 의사 결정 활동을 스스로 할 수 없으므로 신뢰할 수 있는 사람의 도움을 받아 일을 처리하는 경우가 많다. 그러나 이런 도움을 받을 수 없다면 매우 취약해진다.

노약자

어린이는 인지 성숙도가 낮고, 노인은 인지 능력의 저하를 겪는 경우가 많으므로, 노약자는 쉽게 조종과 기만의 대상이 되곤 한다. 2011년에 사기 피해자를 대상으로 한 연구에서 미국은퇴자협회(AARP)는 투자 사기 피해자의 평균 연령이 69세, 복권 사기 피해자의 평균 연령이 72세라는 점을 발견했다.[3] 대개는 노약자를 보호하는 법적인 장치가 있지만, 기만적 패턴을 예방하기에는 역부족일 수 있다.

맥락적 취약성

앞서 제시한 집단과는 조금 다른 분류이지만, 우리 모두 특정한 상황에서는 훨씬 취약해질 수 있음을 의미한다. 예를 들어 잠을 푹 자서 집중이 잘된다면 시험을 더 잘 볼 것이다. 이는 사용자에게 가장 좋은 것이 무엇인지 고려하지 않는 착취적인 콘텐츠를 다룰 때도 적용된다. 현실은 타협이 필요한 상황으로 가득하다. 우는 아이를 안고 있을 때나 14시간 근무 후 덜컹대는 버스를 타고 퇴근할 때는 주의가 분산되고 피곤하므로 인지 능력이 평소보다 떨어져 더 취약해질 수 있다.

24장

시장을 혼란에 빠트리는 다크패턴

건강한 시장에서는 다양한 경쟁 서비스나 제품 중에서 자기 요구에 가장 적합한 것을 소비자가 자유롭게 선택할 수 있다. 그렇게 되려면 다음 특성을 갖춰야 한다.

- **경쟁:** 비슷한 상품과 서비스의 판매자가 많으면 경쟁을 통해 제품이 개선되고 가격이 낮아지며 소비자를 유인하기 위한 혁신이 이루어진다. 그런데 경쟁이 없으면 소수의 판매자가 시장을 독점할 수 있으므로 제품을 개선하거나 가격을 낮추거나 혁신할 동기가 줄어든다.
- **정보 대칭:** 소비자는 정보에 기반한 의사 결정을 할 수 있도록 시중의 상품과 서비스에 관한 정보를 알아야 한다. 경제학자 조지 애컬로프가 1970년에 설명한 것처럼, 구매자는 정보를

바탕으로 양질의 제품(체리)과 불량품(레몬)을 구분할 수 있으며, 이를 통해 시장에서 레몬 공급자의 수가 줄어든다. 소비자들이 레몬을 사지 않기 때문이다.

- **소비자 자율성**: 소비자는 시장에서 입수한 정보에 따라 행동하고, 선호도·요구·재원에 따라 아무런 방해를 받지 않고 의사를 결정할 자유가 있어야 한다.

그런데 기만적 패턴은 이런 모든 특성을 방해하여 독점이 가능한, 건강하지 못한 시장을 만들 수 있다. 어떤 기업이 기만적 패턴을 쓰면 그렇게 하지 않는 기업보다 우위에 서게 된다는 뜻이다.

- **둘러보기와 비교 방해**: 기업은 소비자가 경쟁사와 비교하기 어렵게 상품과 서비스, 가격 정책을 설계한다(숨겨진 비용이나 속임수 표현 등 활용). 즉, 소비자는 업체를 선택하는 데 정보를 충분히 활용할 수 없고, 자기에게 최선이 아닌 선택을 하도록 속아 넘어갈 수 있다.
- **기존 서비스에 잠금 효과**: 기업은 소비자가 떠나기 어렵게 만들 수 있다. 고유한 데이터 형식을 이용하여 소비자가 데이터를 다른 곳으로 옮기지 못하게 하거나, 고유한 하드웨어를 사용하여 경쟁사 제품과 호환되지 않게 만들고 소비자가 떠나려고 하면 구매한 하드웨어를 버리고 처음부터 다시 시작(소비자 처지에서는 불가능한 일)하게 할 수 있다.

- **구독 해지 어렵게 만들기**: 소비자가 구독을 해지하고 싶은데 방법을 모르면 기업은 소비자의 의사에 반하여 그들을 잡아둘 수 있다. 이는 소비자의 업체 변경으로 경쟁사가 수익을 내지 못하게 만드는 데 효과적이다.

5부

어떻게 벗어날 것인가

최근 몇 년간 기만적 패턴이 사라지거나 줄어들지 않았다는 점은 지금까지 해온 일이 효과가 없음을 의미한다. 어느 국가 또는 법적 관할 구역의 성공 사례를 자세히 살펴볼 수 있으면 너무나 좋겠지만, 안타깝게도 전 세계적으로 매우 비슷한 상황을 겪고 있다.

처음으로 기만적 패턴에 관해 글을 쓴 2010년에 나는 순진하게도 이 문제의 주요 원인이 인식 부족이라고 보았다. 교육, 윤리강령, 폭로, 자율 규제 정도면 충분하리라 생각했다. 그런데 현재 그 어느 때보다 기만적 패턴이 매우 광범위하게 퍼진 점을 고려하면, 이런 방식은 분명 효과가 없다.

25장

지금까지의 노력이 실패한 이유

윤리강령

오늘날 ACM[1], AIGA[2], APA[3], UXPA[4] 등 업계 관련 기구에는 직접적으로든 간접적으로든 기만적 패턴을 금지하는 윤리강령이 있다. 이런 윤리강령은 목표로 삼아야 할 기준을 제시하지만, 이 기준 근처에도 가지 못하는 것이 현실이다. 우리는 최선을 다했지만, 기술업계 전반에서 윤리강령이 무시되고 있다.

유럽의 불공정 상관행 지침(UCPD) 5조에서는 소비자의 행동을 왜곡하거나 "직업적 근면성 요건에 반하는" 상관행을 불공정하다고 명시한다.[5] 나아가 UCPD 지침에서는 직업적 근면성에 "국내, 국제 표준과 윤리강령에서 파생된 원칙이 포함될 수 있다"고 한다.[6] 윤리강령이 EU에서 기만적 패턴을 방지하는 데 매우 강력한 도구가 될 수 있다는 말이다. 그러나 아직 이것이 실제로 적용되지 못하고 있으므로, 어떻게 효과를 발휘할 수 있을지 말하기란 어렵다. UCPD 5조에 따라 윤리강령을 '직업적 근면성 요건'으로 보는 법적 판단이 나오는 시대가 되면 상황은 급변할 것이고, 윤리강령은 기만적 패턴과 맞서 싸우는 데 매우 중요해질 것이다.

현재 많은 기업에서 윤리강령을 '윤리 워싱'에 활용한다. 사용자 인터페이스에서 "우리는 당신의 프라이버시를 소중하게 생각합니다"라는 메시지를 보여주고 바로 다음에 당신을 추적하고 개인정보를 판매하도록 속임수를 쓰는 일이 너무나 많다.

교육

교육은 기만적 패턴을 인지하고 이를 사용하는 것에 반대할 수 있도록 인식을 제고하고 지식을 전파하는 데 매우 중요한 역할을 한다. 예를 들어 디자인 및 HCI 고등 교육 과정에서는 대개 사용자 중심 디자인, 설득, 디자인 윤리를 가르친다. 이는 수년간 고등 교육 과정의 표준 교육 내용이었다. 기만적 패턴이 점점 더 만연하는 상황에서 교육이 이런 상황을 막지 못했음은 분명하다. 그냥 기업이 기만적 패턴을 썼을 때 얻는 경제적 이득이 너무나 클 뿐이다. 다른 말로 하면, 교육이 필요하기는 하지만 이것만으로는 충분하지 않다. 물론 교육이 필수이지만, 기만적 패턴 문제를 해결하려면 다른 해법도 있어야 한다.

정직한 설계

많은 사람이 기만적 패턴의 문제에 대응하여 사용자에게 공정한 방식의 정직한 설계(bright patterns)[7]나 공정한 설계[8]를 제안했다. 정반대 설계 유형을 만들어서 이를 널리 권장하여 기만적 패턴에 맞서 싸우자는 것이다.

그렇지만 슬프게도 사용자의 목표 달성에 도움이 되고 사용하기 쉬우며 유용한 디자인 패턴을 만들도록 사용자 또는 인간 중심 디자인 프로세스를 적용하는 방법을 디자이너와 기업 소유주에게 가르쳐주는 자료는 이미 차고 넘친다. 수백 개의 대학 과정, 교육 캠프, 교과서 등에서 이런 개념을 가르친다. 이 주제에 관한 ISO 표준도 있다.[9] 정직한 설계는 그 자체만으로는 그저 옳은 일을 해야 한다는 대중의 도덕률에 호소하는 또 다른 교육 자료일 뿐, 지금까지 실제로 효과를 거둔 적은 없었다.

이에 정직한 설계를 의무화하자는 제안으로 대응하고 싶을 수 있다. 그런데 기만적 패턴에는 무수한 디자인 가능성이 있다는 게 문제이다, 디자인 팀에서 사용하고 싶어 하는 단어, 그림, 레이아웃, 버튼, 인터랙티브 구성 요소, 그리고 이를 하나로 엮어서 달성할 수 있는 여러 가지 목표를 생각해보자. 디자인 팀마다 사업 목표가 다 다르고, 다양한 내부 이해 당사자가 각자의 요구 사항을 말하며, 사용자가 선택하여 이용할 수 있도록 유용하며 사용하기 쉽고 매력이 있는 제품을 만들어야 한다. 그리고 제품이 출시되면 그 과정을 다시 반복한다. 연구와 분석에서 얻은 데이터는 제품의 성능을 높일 방법에 관한 힌트를 준다. 이렇게 디자인은 진화한다. 그 과정에서 개선, 추가, 수정, 정리 등의 작업이 이루어진다. 디지털 시대의 디자인에 완성이란 없으며, 혁신은 항상 진행 중인 과정이다.

기술업계에서 정직한 설계의 사용을 의무화하면 이 모두가 멈출 수 있다. 혁신과 개선을 하룻밤 새에 죽여버리는 것이다. 따라서 사용자를 해칠 위험이 매우 큰 경우 등 아주 한정적인 상황에서만 규제로 정직한 설계를 의무화해야 한다. 사실 이는 그리 새로운 아이디어가 아니다. 가장 최근에 이용한 주요 금융 상품(투자, 대출, 주택 담보 대출 등)을 떠올려보면, 규제 요건에 따라 만들어진 표준 문서를 받았을 것이다. 이런 문서는 별것 아닌 것처럼 보여도 정직한 설계를 채택한 결과다. 기업이 이를 사용하는 것은 법적으로 그렇게 해야 할 의무가 있기 때문이고, 이런 문서는 기업이 당신을 헷갈리게 만들어 당신의 이익에 반하는 계약을 체결하는 것을 막는 역할을 한다.

그래서 정직한 설계는 처음에 생각했던 것보다는 혁신적인 개념이 아니다. 교육적으로 유용한 도구이고, 특수한 상황에서는 이미 의무화되어 있다. 그러나 기만적 패턴을 근절하려면 더 깊이 들어가서 기만적 패턴을 가능하게 만드는 비즈니스 프로세스와 관행을 면밀히 살펴보아야 한다.

폭로

폭로는 법적인 영향이 있어서 매우 유용하다. 수백 명의 사용자가 어떤 공급업체에 불만을 제기하면 소비자 보호 단체, 규제당국과 법무법인 등의 이목을 끌 수 있고, 단속 활동이나 집단 소송으로 이어질 수 있다.

그런데 많은 사용자가 폭로에 나서는 것이 아니므로, 부정적인 영향으로 고통받는 사람의 실제 수보다 불만을 제기하는 사람의 수가 훨씬 적다는 단점이 있다. 기만적 패턴은 보통 교묘하게 디자인된다. 즉, 많은 사용자가 자기가 부정적인 영향(사려고 하지 않았던 추가 항목에 푼돈을 지급하는 등)을 받는지조차 인지하지 못한다. 그래서 불만을 제기해야 할 것이 있다는 사실조차 모른다. 다른 말로 하면, 매우 신중하게 디자인된 기만적 패턴은 아주 교묘하게 숨기므로 절대로 폭로되지 않을 수 있다.

또한 모두가 공개적으로 목소리를 내고 싶어 하지는 않는다. 내향적이거나 부끄러움이 많은 사람도 있다. 이런 사람은 속아 넘어가 '멍청하다'며 자기를 탓하고, 수치심이나 당혹감을 느낄 수 있다. 이들이 개인적으로 해당 기업에 불만을 제기하면, (기업이 소송에서 해당 사건을 공개하라는 명령을 받지 않는 이상) 세상에는 절대 알려지지 않을 것이다. 어떤 사람은 폭로에 나서고 싶지만, 그럴 시간이 없을 수 있다. 그래서 기만적 패턴으로 인한 결과가 심각하지 않으면(푼돈 정도를 잃는 것 등) 이를 안 후 기분이 나쁠 수는 있겠지만, 불만을 제기하지는 않는다.

이런 모든 사항을 고려하면 폭로는 눈에 가장 잘 띄는 기만적 패턴에만 효과가 있다고 볼 수 있다. 그러니 절대로 폭로되지 않는 기만적 패턴이 수없이 많다고 보는 것이 합리적이다. 요약하면, 폭로는 유용하지만 매우 강력하지는 않다. 더 많은 것이 필요하다.

업계의 자율 규제

업계의 자율 규제를 지지하는 사람들은 이 방법이 정부 규제보다 훨씬 빠르고 유연하며, 최신 업계의 전문 지식을 이용하고, 정부의 행정 부담을 줄일 수 있다고 주장한다. 진절머리 나는 정부의 관료주의를 겪어본 사람이라면 나쁜 규제가 어떤 느낌인지 잘 알 것이므로, 이런 관점에는 어느 정도 호소력이 있다. 그러나 자율 규제는 업계 로비스트 사이에서 인기가 높다. 눈 가리고 아웅 하듯 제스처를 보이고 보여주기식으로 규제를 따르면서 이전부터 했던 이윤 추구 활동을 계속할 수 있는 문을 열어두기 때문이다.

가장 대표적인 사례가 2017년에 도입된 유럽 인터넷광고협회(Internet Advertising Bureau, IAB)의 투명성 및 동의 프레임워크(Transparency and Consent Framework, TCF)이다.[10] IAB 유럽은 사용자를 추적하여 맞춤형 광고를 보여주는 것으로 수익을 거두는 것을 지지하는 수백 개의 등록 법인, 광고업체, 동의 관리 플랫폼(Consent Management Platform, CMP)으로 구성되어 있다. 동시에, 광고 업계는 새로 도입된 전자 프라이버시 지침(ePrivacy Directive)과 GDPR 대응이라는 큰 과제에 직면했다. 이런 법률이 도입되면 사용자가 명확하게 추적을 선택할

수 있게 만들어야 하므로 업계의 수익성에 부정적인 영향을 미치게 될 것이었다.[11]

그래서 IAB 유럽에서는 사용자 동의 등 광고 기술과 관련된 다양한 내용을 다룬 자발적인 업계 표준인 TCF를 만들어냈다. 수많은 CMP에서 TCF 요건을 적용하여 '서비스로 동의'라는 사용자 인터페이스를 구현했다. 이는 법적 요건을 준수하려는 수천 개의 웹사이트와 앱에서 이용할 정도로 널리 퍼졌다.

그러면 CMP에서는 어떤 방법으로 TCF 하에서 사용자가 추적을 선택하게 했을까? 간단하다. 광범위하게 기만적 패턴을 적용한 것이다. 크리스티아나 산토스 등의 CMP 연구 논문(2021)에서는 그 동기를 다음과 같이 설명한다.[12]

"CMP에서 제공하는 기본 서비스는 법적 요건을 준수한다. (…) 그러나 광고 업계 역시 동의율을 극대화하는 노력을 기울이도록 유인된다. (…) 일례로 퀀캐스트는 자사 툴이 '광고 수익을 보호하고 극대화하는 동시에 데이터 보호 법률을 준수하도록 지원'할 수 있다고 설명한다. (…) 원트러스트는 자사 CMP가 '동의율을 최적화하는 동시에 법률을 준수하도록 보장'하며 'A/B 테스트를 이용하여 참여, 동의 선택, 광고 수익을 극대화'할 수 있다고 광고한다."

이제부터 소에 등(2020)이 〈고의적인 우회〉[13]라는 논문에 수록한, 기만적 패턴이 적용된 단계를 살펴볼 것이다. 다음 예시에서는 TCF 1.0(표준의 첫 번째 버전)을 준수하여 디자인된 전형적인 쿠키 화면 사용자 인터페이스를 보여준다. 추적에 '동의'하는 행위는 모든 단계에서 클릭 한 번으로 완료된다. 그러나 사용자가 이를 거부하고 싶으면 1단계에서 '자세히 알아보기'를, 2단계에서 '파트너 관리'를 누르고, 3단계에서는 수많은 파트너가 있는 목록에서 항목을 하나하나 펼쳐 본 다음 거부를 클릭해야 한다.

이 예시가 부당하다고 느낀 것은 비단 당신만이 아니다. 결국 벨기에 개인정보보호국에서는 이 행위를 GDPR 위반으로 간주했고,

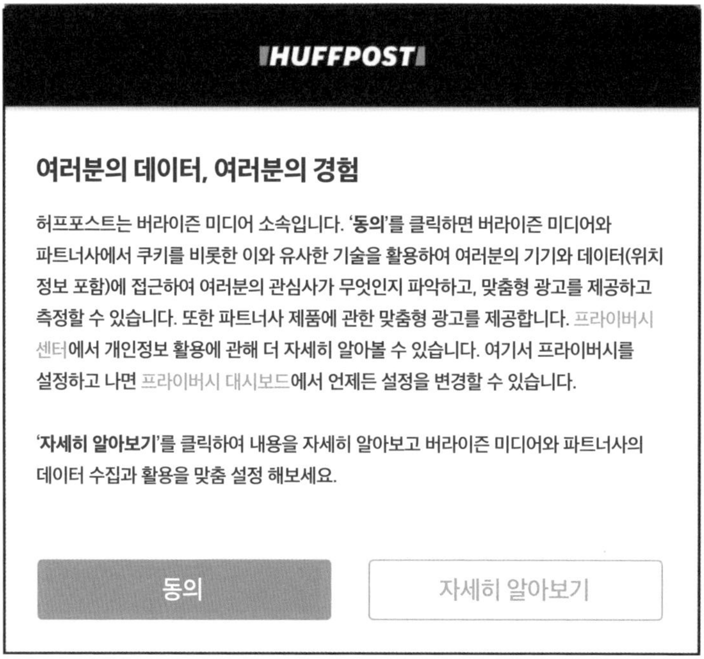

HUFFPOST

여러분의 데이터, 여러분의 경험

허프포스트는 버라이즌 미디어 소속입니다. **'동의'**를 클릭하면 버라이즌 미디어와 파트너사에서 쿠키를 비롯한 이와 유사한 기술을 활용하여 여러분의 기기와 데이터(위치 정보 포함)에 접근하여 여러분의 관심사가 무엇인지 파악하고, 맞춤형 광고를 제공하고 측정할 수 있습니다. 또한 파트너사 제품에 관한 맞춤형 광고를 제공합니다. 프라이버시 센터에서 개인정보 활용에 관해 더 자세히 알아볼 수 있습니다. 여기서 프라이버시를 설정하고 나면 프라이버시 대시보드에서 언제든 설정을 변경할 수 있습니다.

'자세히 알아보기'를 클릭하여 내용을 자세히 알아보고 버라이즌 미디어와 파트너사의 데이터 수집과 활용을 맞춤 설정 해보세요.

동의 | 자세히 알아보기

3단계 중 첫 번째. 야후 CMP에서 제공한 허프포스트의 쿠키 동의 사용자 인터페이스. IAB 유럽의 TCF 1.0을 준수하면서도 다양한 기만적 패턴을 적용했다(소에 등, 2020).

HUFFPOST

버라이즌 미디어와 파트너의 데이터 수집과 활용 방법

야후와 기타 버라이즌 미디어 사이트 및 앱을 계속 사용하려면 쿠키를 비롯한 이와 유사한 기술을 설정하여 여러분의 데이터를 수집할 수 있게 해주어야 합니다. 그렇게 하면 제품 개선과 신제품 개발, 제품 보안 향상, 사용자 맞춤형 콘텐츠 및 광고 제공에 도움이 됩니다. 파트너사에서 쿠키를 비롯한 이와 유사한 기술을 활용하여 당사 사이트에서 여러분의 데이터를 수집할 수 있도록 설정하면 파트너사에서 여러분의 관심사에 맞춘 광고를 제공할 수 있습니다.

여기서 프라이버시를 설정하고 나면 프라이버시 대시보드에서 언제든 설정을 변경할 수 있습니다.

'**동의**'를 선택하여 진행하거나 '**파트너 관리**'를 클릭하여 파트너사의 데이터 활용을 관리해보세요.

동의 | 파트너 관리

3단계 중 두 번째. '자세히 알아보기'를 클릭해도 사용자는 직접 거부 의사를 밝힐 수 없다. 그러나 동의는 커다란 녹색 '동의' 버튼을 누르면 한 번에 끝난다(소에 등, 2020).

IAB 유럽은 25만 유로의 벌금과 함께 불법적으로 수집한 모든 데이터를 삭제하라는 명령을 받았다.[14] 소비자 권익 단체인 NOYB도 TCF 및 유사 디자인에 대해 700개가 넘는 소송을 제기했다.

이에 IAB 유럽은 규정을 더 잘 준수하도록 TCF를 버전 2로 업데이트했다. 그렇지만 오늘날에도 프라이버시 연구자들은 버전 2를 활용한 CMP 사용자 인터페이스에 여전히 기만적 패턴이 활용되고 있다고 말한다.[15] 브레이브 브라우저의 정보 보호 담당자 팻 월시에 따르면, "IAB에서 광고 표준, 즉 TCF를 책임지게 한 것은 고양이에 생선 가게를 맡긴 격"[16]이다.

2023년 1월에 유럽 개인정보보호위원회는 이런 불만에 대체로 동의한다는 결정문 초안을 내놓았다. 프라이버시 영역에서 기만적

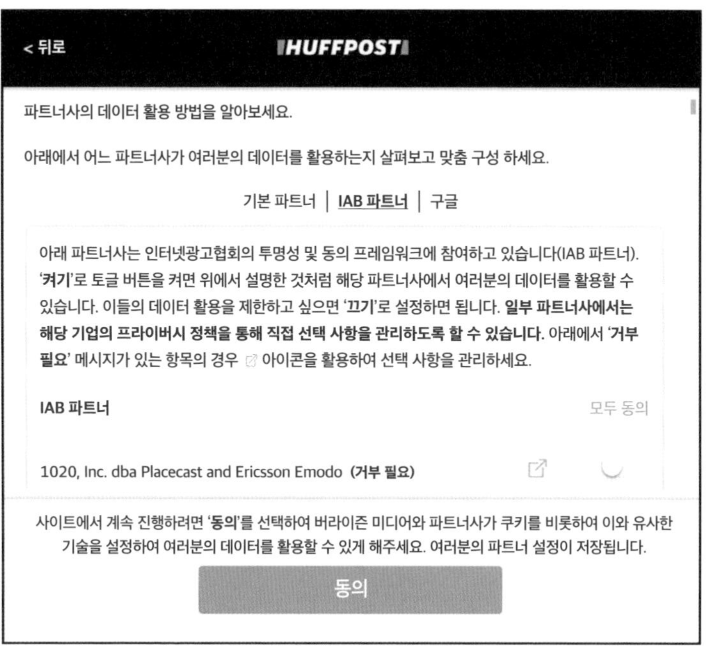

3단계 중 세 번째. 데이터 수집을 거부하려면 사용자가 수백 개의 파트너사 항목을 하나씩 열어서 확인한 다음 토글 버튼을 꺼짐으로 설정해야 한다. 허프포스트는 사용자가 마음을 바꾸어 창 아래에 있는 커다란 녹색 '동의' 버튼을 누르면 하나씩 거부하는 힘든 작업을 건너뛸 수 있음을 강조한다(소에 등, 2020).

패턴을 근절하는 싸움과 관련하여 희소식이 아닐 수 없다. NOYB의 데이터 보호 변호사인 에이러 크리니츠키테는 "규제당국이 악의적인 배너에 대한 최소한의 보호 장치에 동의한 것을 매우 환영한다. 쿠키 배너는 GDPR을 약화하는 전형적인 수단이었다. 규제당국은 시급히 행동에 나서 유럽 프라이버시 법률에 대한 시민들의 신뢰를 구축해야 할 것"[17]이라고 말했다.

결론적으로 이 사례 연구는 자발적인 표준과 자율 규제가 효과적인 결과로 이어지지는 않는다는 것을 잘 보여준다. 이런 자율 규제의 동기는 규제 자체에 있지 않다. 자율 규제는 업계가 새로운 규칙을 지키는 척하면서 이전과 똑같은 방식으로 돈을 벌 수 있게 만드는 방편이다.

26장

규제의 중요한 역할

교육과 윤리강령은 분명히 필요하지만, 그 자체만으로는 문제를 해결할 수 없다. 기만적 패턴으로 돈을 벌 수 있고 그에 따른 위험도 적으면, 기업은 계속해서 기만적 패턴을 쓸 것이다.

규제의 중요성을 이해하려면 기업가의 관점에서 바라볼 필요가 있다. 기술 기업의 CEO가 아침에 일어나서 "우리 회사가 더 많은 기만적 패턴을 쓰면 좋겠어"라고 말하지는 않는다. 대신에 이들은 더 많은 성장과 더 많은 이윤을 원한다. 여기서 기만적 패턴은 부산물에 불과하다. 사실 기만적 패턴은 규제가 부족하고 규제의 이행도 제대로 되지 않는 시장에 대한 합리적인 대응이다. 더 많은 돈을 벌 수 있는 간단한 UI 디자인 기법이 있고, 이걸 쓴다고 어떤 제재도 받지 않는다면, 사용하지 않을 기업이 과연 있을까?

시민에게 적용되는 법은 어릴 때부터 배운 간단한 규칙이나 신념 체계(훔치지 말라, 죽이지 말라 등)에 바탕을 두었기 때문에 대개 이해하기 쉽다. 그러나 상법과 상업 규제는 차원이 다르다. 매우 복잡하고, 단어 해석이 어려울 수도 있다.

즉, 사내 변호사는 상법을 분석하여 법이 모호할 때 고용주가 의사를 결정하도록 지원해야 한다. 이를 '법적 리스크 관리'라고 부른다. 기업이 리스크를 관리할 때 사용하는 여러 가지 방법과 도구가 있는데, 가장 기본적이고 보편적인 리스크 매트릭스는 아래와 같다.

사내 변호사는 이런 리스크 매트릭스를 활용하여 기만적 패턴을 사용할 때 부정적인 결과가 발생할 확률(적발될 확률)과 그 영향도(금전적 불이익)를 평가한다. 리스크 수준이 심각하다는 결론이 나면 이 정보를 고용주에게 전달한다. 그러면 고용주는 이를 바탕으로 위험한 행위를 그만둘 것이다. 물론 일부 기업에서는 이런 리스크 매트릭스를 활용하지 않는다. 금융, 의료, 에너지 등 규제가 많

		영향도				
		무시 가능	사소함	보통	높음	치명적
발생 확률	거의 확실	보통	높음	심각	심각	심각
	높음	보통	높음	높음	심각	심각
	가능성 있음	낮음	보통	높음	높음	심각
	가능성 낮음	낮음	낮음	보통	높음	높음
	희박	낮음	낮음	낮음	보통	보통

발생 확률과 영향도가 비례하는 일반적인 리스크 매트릭스

은 업계에서 많이 쓰이고, 전자상거래처럼 규제가 적은 곳에서는 잘 쓰이지 않는다. 그럼에도 법적인 위험을 무시하는 기업은 규제가 충분히 이루어지면 결국 곤경에 처할 수밖에 없다.

이는 규제 도입만이 아니라 시행이 중요하다는 점으로 이어진다. 규제가 시행되면 위반 시 경쟁사가 처벌되는 것을 기업이 볼 것이다. 그러면 기만적 패턴의 위험도가 연한 녹색의 '낮음'에서 더 높은 영향도와 발생 확률을 나타내는 주황색이나 적색 칸으로 이동할 것이다.

27장

EU의 관련 법률

불공정 상관행 지침

불공정 상관행 지침(UCPD)은 2005년에 도입되었는데, 내용이 상당히 강력한데도 많이 거론되지는 않는다. 알고 보면 엄청난 무공의 소유자로 강력한 펀치를 날릴 수 있는 백발의 노인을 모든 사람이 무시하는 무협 영화 같은 상황이다.

UCPD는 EU와 영국 내 모든 B2C 관행에 적용된다.[1] 이 지침에서는 디지털 서비스나 물리적인 매장을 이용할 때 소비자가 내리는 거의 모든 의사 결정을 다룬다. 즉, 상거래 전과 후, 상거래 과정에서 일어나는 의사 결정이 포함된다. 따라서 마케팅, 광고, 개인화, 선택 아키텍처, 기만적 패턴(단, 이 법에서 기만적 패턴이 명백하게 정의되지는 않았음) 등을 다룬다. 또한 UCPD에서는 의도가 요구되지 않으므로, 디자인이 불공정하다는 것만으로도 충분하다. 디자이너나 기업 소유주가 어떤 목적으로 설계했는지 증명할 필요가 없다.

UCPD의 원칙을 몇 가지 살펴보면 다음과 같다.

- **불공정한 상관행 전반의 금지:** UCPD에서는 직업적 근면성 요건에 위배되고 평범한 소비자의 경제적 행위를 물질적으로 왜곡하거나 그럴 가능성이 있는 모든 상관행을 금지한다.
- **오해의 소지가 있는 관행:** UCPD에서는 오해의 소지가 있는 행위와 생략을 금지한다. 여기에는 허위 정보 제공 또는 평범한 소비자를 속이거나 속일 가능성이 있는 방식으로 정보를 제시하는 경우가 해당된다. 오해의 소지가 있는 광고, 제품이나 서비스에 관한 허위 주장, 기타 눈속임 전술이 포함된다.
- **공격적인 관행:** UCPD에서는 괴롭힘, 강요, 부당한 영향력을 통해 평범한 소비자의 선택이나 행동의 자유를 심각하게 저해하는 등의 공격적인 상관행을 금지한다. 여기에는 압박을 많이 가하는 판매 전술, 원치 않는 구매를 끈질기게 권유하는 행위, 소비자의 취약점이나 공포심을 이용하는 것 등이 포함된다.

'직업적 근면성'에 주목해야 한다. 어떤 조직에서 널리 쓰이는 직업적 행동 지침을 무시하면 금지 규정이 적용될 수 있다. ACM의 윤리 및 직업적 행동 강령[2] 같은 지침에는 직간접적인 기만적 패턴에 관한 조항이 포함되어 있다. 또한 UCPD에는 금지된 관행 목록

(부속서 1: 모든 상황에서 불공정 행위로 간주하는 상관행)이 있다. 이 목록은 사용하기가 쉬우므로 UCPD의 가장 강력한 무기가 된다. 규제 당국에서 발생한 눈속임 행위를 증명하기 위해 자세하게 분석할 필요가 없으니 말이다. 그저 목록을 이용하여 금지된 행위를 기업이 했음을 보여주기만 하면 된다. 금지 행위에는 31가지가 있는데, 여기에서는 가장 관련성이 높은 것만 요약해두었다.

- (2) **허위 신뢰 표시**: 허위로 신뢰 표시, 품질 표시 또는 이에 상응하는 것을 표시함.
- (4) **거짓 보증**: 거래자나 제품이 승인된 보증을 받았거나 공공 또는 민간 기구에서 보증이나 인증을 받았다고 거짓으로 주장함.
- (5) **미끼 광고**: 거래자가 제품을 제공할 수 없거나 표시된 가격에 제공할 수 있는 재고가 얼마 없음을 알면서 특정한 가격으로 광고함.
- (6) **미끼 및 변경**: 다른 제품을 홍보할 목적으로 특정한 가격으로 제품을 광고한 다음 해당 제품의 제공을 거부함.
- (7) **허위 긴급성**: 제품이나 조건을 매우 한정된 시간 동안만 이용할 수 있다고 허위로 명시하여 사용자가 서두르게 만듦으로써 정보를 바탕으로 선택할 시간을 빼앗음.
- (11) **은밀한 광고**: 유료 기사 광고를 게시하면서 광고라고 밝히지 않음.

- (20) **허위 무료 제공**: 무료로 제공한다고 표시했으나 사실은 무료가 아님.
- (21) **허위 청구서**: 사용자가 지급할 비용이 없음에도 있다고 주장함.

요약하면, 원칙과 금지된 행위를 결합한 UCPD는 상당히 많은 기만적 패턴을 다루고, 이는 정말 환영할 만하다. 그러나 UCPD의 이런 핵심적인 강점이 단점이기도 하다. 다루는 범위가 너무나 넓기 때문에 어떤 기업이 UCPD에서 규정한 금지 행위에 딱 맞아떨어지지 않는 행위를 했을 경우, 소송에서 해당 기업의 행위가 어떻게 UCPD 원칙('평범한 소비자'를 대상으로 불공정하거나 오해의 소지가 있거나 공격적인 행위를 함)을 위반했는지 자세하게 설명해야 한다. 소비자 보호 관련 소송은 특성상 진행 속도가 매우 느린데, 광범위한 UCPD가 속도를 높이는 데 도움이 되지는 않는다.

개인정보보호법

개인정보보호법(GDPR)은 개인의 데이터를 보호한다. 여기서는 데이터와 프라이버시 영역에 해당하는 특정한 기만적 패턴을 금지한다.

- **설계 및 기본 설정에 의한 개인정보 보호**: GDPR 25조에 따르면 디자이너는 '설계 및 기본 설정에 의한 개인정보 보호' 원

칙이 기만적 패턴의 영향을 받지 않도록 구현해야 한다. 예를 들어 사용자 인터페이스에서 개인정보를 침해하는 옵션을 기본으로 포함하도록 설계하거나 미스디렉션(시각적 방해나 속임수 표현)을 이용하여 설정을 이해하기 힘들게 만들어서는 안 된다. 또한 25조에서는 사용자가 개인정보 보호 권리를 포기하게 만들기 위해 성가시게 괴롭히는 행위를 금지한다.

- **동의 표시**: GDPR에는 개인정보 처리에 관한 금지 규정이 있다. 기업에서는 이 규정을 따라야만 개인정보를 처리할 수 있다. 그중에는 개인정보 처리에 관한 법적 기반 또는 근거를 갖춰야 한다는 내용이 있다. 개인정보 처리에 관한 근거는 6개밖에 없으며, 동의에 기반해야 한다는 것이 포함된다. 또한 기업은 공정성, 데이터 최소화, 정확성, 투명성 등 개인정보 보호 원칙을 반드시 준수해야 한다. 그동안 동의를 구하기가 너무나 쉬웠기 때문에 동의 항목이 상당히 주목받았다. 그러나 GDPR은 '자유롭고, 구체적으로, 결과에 대해 인지하여 분명하게' 동의를 표시해야 한다고 하여 동의의 기준을 높였다. 기만적 패턴은 동의를 보여주어야 하는 투명성 원칙과 법적 기준을 훼손한다.
- **투명성 원칙**: GDPR 5조 1항 (a)에 따르면 기업은 개인정보를 '투명하게' 처리해야 한다. 즉, 기업의 개인정보 처리 내용을 사용자에게 명확하고 이해하기 쉬운 언어로 설명해야 한다. 이를 저해하는 기만적 패턴은 금지된다.

요약하면, 기업에서 개인정보와 관련한 기만적 패턴을 사용하고, 사용자가 EU나 영국 시민이면 해당 행위는 GDPR에 따라 금지될 수 있다. GDPR 위반으로 부과되는 벌금 액수가 어마어마하므로 기업 소유주들은 GDPR을 예의 주시하고 있다. 최대 2000만 유로 또는 이보다 훨씬 큰 금액인, 전 세계에서 벌어들인 연간 매출액의 최대 4%가 벌금으로 부과된다.

소비자 권리 지침

소비자 권리 지침(CRD)은 EU 회원국 간 소비자 보호 규정을 일치시키고 소비자에게 더 높은 수준의 보호를 제공할 목적으로 2014년에 도입되었다. CRD에서는 기만적 패턴을 명시적으로 언급하지는 않지만, 이 문제를 해결할 조항이 몇 가지 있다.

- **정보 요건(5조 및 6조)**: CRD에서는 기업(CRD에서는 '거래자'라는 용어 사용)이 제품이나 서비스의 주요 특징, 가격, 추가 비용에 관해 명확하고 종합적인 정보를 소비자에게 제시할 것을 의무화하고 있다. 이는 필수 정보를 은폐하거나 모호하게 만들어 소비자가 정보를 바탕으로 의사 결정을 하기 어렵게 만드는 기만적 패턴을 규제하는 데 사용될 수 있다.
- **철회 권리(9조)**: CRD에서는 소비자에게 14일 동안 원거리와 원격 계약을 철회할 수 있는 권리를 부여한다. 이는 소비자를 속여 행위의 영향력을 제대로 이해하지 못한 상태에서 구매

나 계약을 체결하도록 만드는 기만적 패턴에 맞서 안전망으로 활용될 수 있다.

- **사전 선택 확인란**(22조): CRD에서는 추가 결제(은닉 또는 '장바구니에 몰래 넣기' 기만적 패턴)를 목적으로 사전 선택된 확인란의 사용을 명백하게 금지한다. 소비자의 명백한 동의 없이 추가 상품이나 서비스를 넣어서 매출을 늘리고자 이 방법을 사용하는 경우가 많다. 추가 결제를 요구하려면 기업은 소비자의 적극적인 동의를 받아야 한다.
- **강매 금지**(27조): CRD에서는 요청하지 않은 상품이나 서비스를 소비자에게 발송하고 나서 결제를 요구하는 관행을 금지한다. 다시 말해 기업에서는 소비자의 명백한 동의 없이 제품을 보낸 후 결제를 요구해서는 안 된다. 이렇게 요청하지 않은 상품을 받았을 때 소비자는 대금을 지급하거나 반품할 의무가 없다.
- **이용 약관**(3조): CRD에서는 이용 약관을 소비자가 알기 쉬운 언어로 작성하도록 한다. 이를 통해 복잡하거나 모호한 언어로 소비자를 속이거나 조종하여 불리한 약관에 동의하게 만드는 기만적 패턴 문제를 해결할 수 있다.
- **추가 요금이나 비용**(19조): CRD에서는 소비자가 계약으로 구속되기 전에 거래자가 추가 요금이나 비용을 눈에 잘 보이도록 공개하게끔 한다. 이를 통해 숨겨진 요금이나 비용이 사용자가 모르는 사이 또는 사용자의 동의 없이 추가되는 기만적

패턴을 방지할 수 있다.

소비자 권리 지침의 이런 조항은 소비자에게 공정하고 투명한 시장을 제공하고자 한다. CRD가 기만적 패턴을 명시적으로 겨냥하지는 않지만, 소비자 보호에 중점을 두고 있으므로 이 문제를 해결하는 데 활용할 수도 있다.

기타 EU 법률

일반적으로 기만적 패턴이 법적 의무를 회피하거나 현행 법률 또는 규제를 위반하는 방식으로 소비자를 기만하는 데 쓰인다면 이는 불법으로 여겨진다. 즉, 간접적으로 기만적 패턴을 규제하는 법률과 규제가 꽤 있다. 몇 가지를 살펴보자.

- **UCTD(1993)**: 불공정 약관에 관한 지침(Unfair Contract Terms Directive)에서는 사용자와 기업 간의 계약이 공정하고 합리적이어야 한다고 규정한다. 또한 모든 계약이 이해하기 쉬운 언어로 작성되어야 한다는 투명성 요건(5조)도 있다.
- **AVMSD(2018)**: 시청각 미디어 서비스에 관한 지침(Audiovisual Media Services Directive)에는 시청자를 보호하기 위한 조항이 많이 있다. 여기에는 미성년자 보호와 광고, 후원, 간접 광고(PPL)에 관한 투명성 요건이 있다.
- **전자상거래 지침(E-commerce Directive, 2000)**: 이 지침에는 전자

상거래 소비자 보호를 위한 조항이 다수 포함되어 있다. 공급업체는 명확하게 업체 정보를 밝히고 세부 계약 조건을 제공해야 하고(5조), 홍보용 제안의 조건이 명확하게 표시되어야 하며(6조), 광고 표시도 명확해야 한다.

- **온라인 프라이버시에 관한 지침**(ePrivacy Directive, 2002): 이 지침은 사용자의 전자 통신에 관한 프라이버시와 기밀성을 보호한다. 더 광범위하게 적용되는 GDPR과 중복되는 부분이 있다. 이 지침에는 기만적 패턴을 방지하는 간접적인 조항이 여러 개 있다. 쿠키 및 기타 추적 기술에 관한 정보를 명확하고 이해하기 쉽게 사용자에게 제공해야 하며, 이를 거부할 기회를 주어야 한다(5조 3항). 또한 사용자가 상업적 메시지 수신에 명확하게 동의할 때만 해당 메시지를 수신할 수 있도록 하여 스팸을 방지한다. 이런 조항을 우회하기 위한 기만적 패턴은 사용할 수 없다.

다양한 규제당국과 기구가 국가 차원에서 이 같은 EU 법률을 집행한다. 일부 업계에서는 규제당국이 추가 규정을 만들어 소비자 보호를 개선하고 기만적 패턴을 방지한다. 예를 들면 복잡한 서비스, 정보 비대칭 또는 과거에 시장 실패가 있었던 업계(금융 서비스나 통신 등)가 있다. 이런 추가 규정은 지침, 권고, 국가 차원의 구체적인 규제 등의 형태로 나타난다.

이에 더해 개인이나 시민이 EU에서 사업체를 운영하는 기업에 집단으로 소송을 제기할 수 있다. 다만 체계나 문화적 규범, 경제적 요인 등의 차이로 인해 집단행동(집단 소송)은 미국에서 더 활발하다.

28장

미국의 관련 법률

EU와 마찬가지로 미국에도 기만적 패턴 문제를 다루는 기존 법률이 많다. 2022년 FTC 직원 보고서에 따르면 FTC는 FTC법, ROSCA, TSR, TILA, CAN-SPAM, COPPA, ECOA(이 외에 기타 법령 및 규제 포함)를 위반하는 기만적 패턴을 사용하는 기업에 조치를 취할 것이라 했다.[1] 나열한 법률은 주요 연방법으로, FTC는 기만적 패턴과 관련 있다고 본다.

연방거래위원회법

연방거래위원회(FTC)법에는 기만적 패턴에 관한 언급이 없다. 100여 년 전인 1914년에 제정되었기 때문이다. 그렇다 하더라도 불공정하거나 기만적인 상관행을 금지하는 훌륭한 내용이 많으므로 간접적으로 기만적 패턴 문제를 해결하는 데 사용될 수 있다.

또한 FTC를 이 법의 이행 주체로 명시하고 있다. FTC 업무 대부분은 불공정하고 기만적인 행위와 관행을 방지하는 FTC법 5조에 따라 진행된다. 불공정을 판단하는 요소는 다음 세 가지다.

- **심각한 피해**: 소비자에게 해를 가하거나 그럴 가능성이 있는 행위.
- **합리적으로 피할 수 없는 경우**: 소비자가 피해를 합리적으로 피할 수 없는 경우.
- **편익이 더 큰 경우**: 피해보다 소비자나 경쟁에 제공되는 상쇄 편익이 훨씬 큰 경우

레베카 슬러터 전 FTC 위원은 2022년 〈컴퓨터, 프라이버시, 데이터 보호 콘퍼런스〉[2]에서 "이는 복잡한 판단 기준이다. …그렇기에 기만(에 관한 조항)을 더 많이 활용했다. 충족하기 훨씬 쉬운 기준이기 때문이다"라고 말했다. 이 기만 판단 기준은 상당히 간단한데, 슬러터는 "데이터든 다른 것이든 자기가 하는 일에 관해 거짓말하지 않으면 된다. 아니면 우리가 고소할 것"이라고 유쾌하게 요약했다. 기만을 판단하는 요소는 다음 세 가지다.

- **표현, 생략 또는 행위**: 소비자를 오도할 가능성이 있는 표현, 생략 또는 행위가 있어야 한다.
- **합리적인 소비자**: 특정 조건에서 합리적인 소비자의 관점으로

표현, 생략 또는 행위를 판단해야 한다.

- **실체성**: 오해의 소지가 있는 표현, 생략 또는 행위는 실체성이 있어야 한다. 즉, 소비자의 제품 또는 서비스에 관한 의사 결정에 영향을 미칠 가능성이 있어야 한다.

요약하면, 기만이나 불공정 판단 요건을 적용하면 FTC에서 소비자를 오도하거나 소비자에 해를 끼치는 기만적 패턴을 사용하는 기업을 조사하고 조치를 시행할 수 있다. 그리고 이를 통해 소비자를 보호하고 공정 경쟁을 증진할 수 있다.

기타 미국 연방법

이제부터 기만적 패턴과 간접적으로 연관된 연방법을 살펴보자.

- **ECOA(1974)**: 평등 신용 기회법(Equal Credit Opportunity Act)은 대출 기관이 인종, 피부색, 출신 국가, 종교, 성별, 결혼 여부, 나이, 공적 부조 수급 여부 등에 따라 대출자를 차별하는 것을 금지하는 연방법이다. 이 법에서 기만적 패턴을 직접 다루지는 않지만, 이 법에 근거하여 대출이나 신용 거래 신청 양식에서 미스디렉션이나 숨겨진 비용과 같은 기만적 패턴 문제를 다룰 수 있다.
- **COPPA(1998)**: 아동 온라인 개인정보보호법(Children's Online Privacy Protection Act)은 웹사이트와 온라인 서비스 공급업체에

서 13세 미만 아동의 개인정보를 수집하기 전에 부모의 동의를 얻도록 하는 연방법이다. 여기에서도 기만적 패턴을 직접적으로 다루지는 않는다. 그러나 부당한 방법으로 부모의 동의를 구하기 위한 미스디렉션이나 아동의 개인정보에 영향을 주는 속임수와 함정 등을 사용하는 기만적 패턴의 경우 이 법을 적용할 수 있다.

- **ROSCA(2010)**: 온라인 신뢰 회복법(Restore Online Shoppers' Confidence Act)은 온라인 판매자가 상품이나 서비스 비용을 청구하기 전에 소비자가 정보를 바탕으로 명확하게 동의를 표현하도록 하는 연방법이다. 여기에는 '어려운 취소 기만적 패턴'과 관련된 조항이 2개 있다. 구체적으로 보면, 소비자의 청구 정보를 얻기 전에 갱신 주기 및 가격을 포함하여 모든 구독 약관 내용을 소비자에게 명확히 공개해야 한다(소비자가 속아서 구독하지 않도록 함). 그리고 공급업체는 네거티브 옵션이 적용된 구독을 쉽게 해지할 수 있는 메커니즘을 제공해야 한다.
- **CAN-SPAM(2003)**: 불필요한 음란·광고물 발송 관리법(Controlling the Assault of Non-Solicited Pornography and Marketing Act)은 기만적인 이메일 마케팅 관행을 금지하는 연방법이다. 이 법에 따라 기업은 상업적인 이메일을 보내기 전에 사용자로부터 동의를 구해야 한다. 또한 오도하는 이메일의 발송 금지, 이메일 수신을 거부할 방법 제공, 수신 거부의 신속한 처리도 포함되어 있다. CAN-SPAM에서는 기만적 패턴을 직접 다루지는

않지만, 이런 규정을 위반하는 기만적 패턴에 적용될 수 있다.

- **TSR(1994)**: 텔레마케팅 판매 규정(Telemarketing Sales Rule)은 텔레마케팅 활동을 규제하는 연방법이다. 기만적인 텔레마케팅 행위를 금지하며, 기업이 전화로 고객에게 연락하는 방법에 관한 기준을 설정한다. 여기에서도 기만적 패턴을 직접 다루지는 않지만, TSR 규정을 위반하는 기만적 패턴에 적용될 수 있다.
- **TILA(1968)**: 대출 조건 표시법(Truth in Lending Act)은 대출 기관이 대출자에게 대출 약관에 관한 중요한 정보를 공개하도록 하는 연방법이다. 여기에는 이자율, 대출 수수료, 총 대출 비용, 대출자가 상환해야 하는 총금액 등이 포함된다. 소비자를 기만하거나 오도하기 위해 기만적 패턴을 쓰는 대출 기관은 TILA를 위반하는 것으로 볼 수 있다.

기타 미국 주별 법

미국에는 주법도 별도로 존재한다. 단, 주법과 연방법이 상충하면 연방법을 우선한다. 대부분의 주에는 기만적 패턴과 관련한 법적 분쟁에서 활용할 수 있는 소비자 보호 관련 법이 있다. 그중 몇 가지를 살펴보자.

- **캘리포니아주 개인정보권리법(CPRA)**: CPRA는 캘리포니아주 소비자 개인정보보호법(California Consumer Privacy Act, CCPA)을 바

탕으로 만들어졌으며, '다크패턴'을 해결하기 위한 조항이 있다. 기업은 이 법에 따라 개인정보 수집, 활용, 공유와 관련하여 소비자에게 명확하고 포괄적으로 선택권을 주어야 한다. 소비자가 개인정보의 판매나 공유를 거부하는 것을 뒤집으려고 하거나 이를 저해하는 상당한 효과가 있는 다크패턴을 명확하게 금지한다. 또한 이 법의 시행 주체로 캘리포니아주 개인정보보호청(California Privacy Protection Agency, CPPA)을 명시한다.

- **콜로라도주 개인정보보호법(상원 법안 21-190)**: CPA는 개인이 기업에서 수집하고 처리하는 개인정보에 관해 더 많은 통제권을 갖도록 하여 소비자 개인정보 보호를 강화하고자 한다. 여기에서는 다크패턴을 정의하고 규제하지만, 개인정보의 처리에 관한 동의 맥락만 다룬다. 소비자의 거부 요청에 대응할 때 기업에서는 다크패턴을 사용하면 안 된다고 명시한다.
- **뉴욕주 일반 상법**: 뉴욕주의 일반 상법(General Business Law, GBL)에서는 22-A조 '기만적인 행위와 관행으로부터 소비자 보호'에 따라 기만적인 행위와 관행으로부터 소비자를 보호한다. 특히 349항에서는 모든 비즈니스, 교역 또는 상업 행위 또는 모든 서비스의 제공 시 기만적인 행위와 관행을 금지한다. 이 법에서 구체적으로 기만적 패턴을 언급하지는 않지만, 다루는 범위가 넓으므로 조종 또는 오도하는 성격의 디자인 요소가 관련된 사건에 적용될 수 있다. GBL 시행 주체는 뉴욕주 검찰청이다.

- **매사추세츠주 소비자보호법(MGL C93A)**: '소비자 보호를 위한 비즈니스 행위 규제(Regulation of Business Practices for Consumers' Protection)'라고도 하는 매사추세츠주 소비자보호법은 교역이나 상업에서 불공정하고 기만적인 관행으로부터 소비자를 보호하고자 한다. 다양한 비즈니스 활동과 관행을 다루며, 매우 포괄적인 언어를 사용하여 기만적 패턴이 관련된 사건에도 적용할 수 있다. 또한 특정 조건에서는 변호사 수수료와 비용 외에도 손해 배상액을 2, 3배로 만들 수 있어 상당히 강력하다. 이 법의 시행 주체는 매사추세츠주 검찰청이며, 소비자도 문제를 바로잡기 위해 개별적으로 소송을 제기할 수 있다.
- **워싱턴주 소비자보호법(RCW 19.86)**: 워싱턴주 소비자보호법은 19.86.020항에 따라 상업에서 불공정하거나 기만적인 관행을 금지한다. 포괄적인 내용으로 광고, 판매, 서비스 등에서 이뤄지는 다양한 기만적 관행으로부터 소비자를 보호한다. 이 법에서 기만적 패턴을 구체적으로 언급하지는 않지만, 기만적 패턴 요소가 관련된 사건에 적용할 수 있는 조항이 있다. 이 법의 시행 주체는 워싱턴주 검찰청이다.

29장

규제는 제대로 작동하고 있는가?

오늘날 기만적 패턴이 만연한 상황을 보면 현대의 법과 규제가 제대로 작동하지 않는 것처럼 느껴지겠지만, 꼭 그렇지만도 않다. 어느 정도는 작동한다. 지금의 상황은 수압이 낮고 탁탁거리는 소리가 나는 주방 수전과도 같다. 오래 기다려야 하고 불만만 쌓이는 상황 말이다. 우리는 기만적 패턴이 고려되지 않았을 때 만들어진 옛날 법과, 아직은 완전히 자리 잡히지 않은 새 법이 공존하는 전환의 시대에 있다.

소비자법 시행에서의 문제는, 시기가 제아무리 좋더라도 처리 과정이 느리고 비용도 많이 든다는 것이다. 기만적 패턴은 매우 미묘하고 교묘하게 설계되는 경우가 많으므로, 법적인 맥락에서 이를 파악하고 증명하기가 어렵다. 소비자보호법은 복잡하고 법률 용어는 모호하여 해석을 두고 다툼이 벌어질 수 있다. 그리고 회원국/주 간에도 차이가 발생한다. EU는 저마다 다른 시행 전략을 가진 국가로 구성되고, 미국은 자체 법을 제정하는 주로 구성되어 있다. 이는 문제를 한층 더 복잡하게 만든다. 이제부터는 왜 느릴 수밖에 없는지 더 자세히 살펴보겠다.

한정된 자원

기존 법을 효과적으로 모니터링하고 시행하려면 기술적으로 숙달된 직원, 효율적인 시스템과 충분한 인력이 기관에 있어야 한다. 그러려면 돈이 필요하다. 그러나 예산을 할당하는 것은 공적 자금의 투입처를 결정하는 정치인이다. 따라서 업무를 제대로 수행하는 데 필요한 예산을 받지 못하는 기관도 있다.

동기 부여의 문제

규제를 효과적으로 시행할 수 없는 또 하나의 이유는 일부 기관의 동기 부족이다. 어떤 비평가들은 아일랜드 데이터 보호 기구의 GDPR 시행 속도가 너무 느리다고 비판한다. 2019년 인터넷 언론사 폴리티코가 게시한 〈한 국가가 전 세계 데이터 프라이버시를 막는 방법〉이라는 기사에서 니콜라스 비노쿠르는 "오래전부터 아일랜드는 낮은 세율, 고위 공직자 만남 편의 제공, 휘황찬란한 신규 본사 건물 건축 자금 지원 등을 빌미로 유명 실리콘밸리 기업을 에메랄드 섬(아일랜드의 별칭-옮긴이)에 유치하여 본래라면 감독 대상인 기업의 요구를 들어주고 있다"고 신랄하게 비판했다.[1]

이에 아일랜드 데이터 보호 기구는 최근 GDPR 시행 속도를 끌어올렸고, 2023년 1월 메타에 3억 9000만 유로의 벌금을 부과[2]하고 그 몇 개월 뒤인 5월에 12억 유로를 부과[3]했다. 그렇지만 기관의 예산 부족도 정치적 이유일 가능성이 있다. 더 매력적인 환경을 조성하여 세계적인 대기업을 유치하려는 정부의 마음도 이해가 되니 말이다.

원칙에 기반하는 법의 속성

소비자보호법은 기본적으로 원칙을 바탕으로 하는데, 이는 양날의 검이다. 법에는 새로운 관행에 적응하도록 유연성을 부여하여 미래를 어느 정도 대비하도록 하지만, 선천적으로 대응력이 떨어진다. 시간이 오래 걸리는 법체계 속에서 각 사건이 면밀하게 다뤄지므로 기업은 기존 법의 허점을 이용하게 된다.

금지 관행과 처벌

EU에서는 금지된 관행을 불공정 상관행 지침에 추가하여 명백한 특정 기만적 패턴을 금지한다(블랙리스트). 이는 유용하기는 하나 2005년에 작성된 이후 단 한 차례만 업데이트되었고, 처벌에 관한 실제 세부 사항은 없다.[4] 따라서 금지 관행의 목록을 업데이트할 더 빠른 방법이 있고 그런 관행의 적발 시 더 강력한 처벌 조치(예: 높은 벌금)가 적용되면 이런 방식이 더 효과적일지에 관한 의문이 제기된다.

소송에서 전문가 증인으로 선다는 것

지금부터는 내가 미국에서 여러 기만적 패턴 관련 소송의 전문가 증인으로 나섰던 경험을 간단하게 설명하겠다.

우선은 법무법인의 연락을 받는다. 초기에 오가는 대화는 상당히 수수께끼 같다. 보통 법무법인 측에서는 정제되지 않은 언어로 한 즉석 진술이 나중에 자기들에게 불리하게 사용될 것에 대비하여 그 어떤 것도 기록으로 남기지 않는다. 서로 신뢰를 쌓은 다음에야 소송 내용을 나에게 공유한다.

이런 법무법인은 법의 약점을 찾고, 가치가 높은 기술 기업을 겨냥하여 자기들이 수임료(그리고 개별 원고에게 돌아갈 상대적으로 적은 금액)를 받을 수 있는 근거를 끊임없이 찾는다. 이는 억울한 사람들과 그들을 돕는 용감한 변호사가 나오는 할리우드 영화 속 집단 소송과는 사뭇 다르다. 집단 소송에 단점이 있더라도, 변호사에게 주어지는 수임료가 어마어마하기 때문에 사용자를 대신하여 싸울 에너지 넘치고 능력 있는 법무법인이 많다. 그리고 이런 소송이 주는 위협은 기업의 위법 행위를 방지하기도 한다.

보통 초기 대화에서 나는 사용자 여정에 관한 몇 가지 캡처 화면을 보고 의견을 말해달라는 요청을 받는다. "여기에 기만적 패턴이 있나요?"라고 묻는 식이다. 질문에 대한 대답이 "아니요"라면 대화는 거기서 끝나고 법무법인은 다른 전문가나 다른 사건을 찾아 떠난다. 내 대답이 "예" 또는 "아마도"라면 해당 법무법인이 나를 고용한다. 지금까지 내가 참여했던 모든 사건은 내가 사용자 여정에 관해 방대한 양의 캡처 화면을 수집하고 전문 평가 방법을 활용하여 모든 단계를 면밀히 살펴보는 예비 분석에서 시작했다.

나는 대개 일정한 특성이 있고 분명한 목표가 있는 페르소나를 상정하는 미스터리 쇼퍼 방식을 쓴다. 예를 들어 온라인 스포츠 관람권 판매 사이트의 여정을 살펴본다고 하면 내가 설정할 페르소나의 특성과 목표는 스포츠 이벤트와 관련된다. 그런 다음 이 사용자가 거칠 것으로 예상되는 단계를 모두 기록한다. 이때 각 단계의 캡처 화면을 저장한다. 학문적인 HCI 용어를 쓰자면, 이 방법은 가벼운 페르소나 기반[5] '인지적 시찰법'[6]에 해당한다. 단, 여기서는 사용성을 평가하는 것이 아니라 기만적 패턴 존재 여부, 작동 메커니즘, 그 결과 합리적인 사용자가 경험할 수 있는 부정적인 결과 등을 파악하는 것이다.

나는 작업하는 동안 전체 페이지를 고해상도로 캡처(파이어폭스에는 이 기능이 내장되어 있음[7])하거나 화면을 녹화(애니메이션이나 전환이 중요한 경우)한 다음 모든 내용을 시각적 데이터베이스 도구에 넣는다(요즘은 노코DB[8], 베이스로우[9], 에어테이블[10] 등 이용할 수 있는 도구가 많다). 이를 통해 날짜, 연번, 사용자 여정, 기기 등에 관한 메타데이터도 함께 저장할 수 있다. 이렇게 꼼꼼하게 기록하는 것이 매우 중요하다. 왜냐하면 사건이 수개월에서 수년에 걸쳐 진행될 수 있기 때문이다(내가 참여하는 한 사건은 2019년에 시작해서 2023년 현재까지도 진행 중이다).

또한 며칠 동안 집중적으로 작업하고 몇 주, 몇 개월 동안 작업이 없다가 어느 날 갑자기 전화가 와서 다시 작업을 시작하는 일도 많다. 어떤 때는 전혀 다른 분석 관점으로 자료를 다시 살펴봐야 하는데, 이때 바로 찾아서 필터링할 수 있는 데이터베이스가 꼭 필요하다.

이 작업에는 품이 상당히 많이 든다. 시간이 지나면서 웹사이트와 앱이 자주 변경되고, 기만적 패턴도 수정되거나 제거 또는 교체되기 때문이나. 지금은 사용되지 않는 오래된 버전을 찾아야 하기에 이 작업은 고고학 발굴 작업과도 같다. 그리고 캡처 화면만이 아니라 소비자가 불만을 표출한 블로그 게시물이나 소셜미디어에서 시작하기도 한다. 증거를 찾기 위해 인터넷 아카이브의 웨이백머신을 이용하기도 하는데, 여기에는 월드와이드웹에 공개된 페이지만 저장되므로 인증 경험은 저장되지 않는다(사용자가 등록, 로그인, 결제 등의 단계를 거치면 인터넷 아카이브가 차단됨). iOS, 안드로이드, 데스크탑 기본 앱의 사용자 여정이 서로 다를 때도 있다.

또한 CSS와 자바스크립트의 페이지 레이아웃 규칙 덕분에 뷰포트 크기에 따라 웹사이트 정보가 다른 방식으로 제시되기도 한다. 브라우저스택 라이브 같은 유용한 도구를 활용하면 매우 다양한 종류의 실제 기기와 브라우저의 캡처 화면을 원격으로 저장할 수 있다.[11] 이는 승수 효과를 유발하여 어느 순간에는 서로 다른 시점, 기기, 뷰포트 크기에서 똑같은 사용자 여정을 반복하여 보게 되기도 한다.

그다음에는 분기와 사용자 여정 자체에 담긴 비즈니스 논리를 파악해야 한다. 내가 참여했던 사건 중에는 사용자에게 질문이나 선택지가 주어지고, 그 답변에 따라 다양한 제품이나 서비스를 안내하는 경우가 있었다. 이런 경우, 전문가는 해당 사용자 여정을 반복해서 살펴보고 행동을 기록하며 시스템 작동 방식을 역설계한다. 복잡한 알고리즘(예: 맞춤화와 추천 시스템)이 포함된 사건에는 보통 이런 소프트웨어를 개발한 경험이 있는 전문가가 투입된다.

사건 진행 과정에서 전문가는 피고에게 요청할 문서를 제안할 수 있다(예: 문서 확인 중). 내 경험상 기능 설명서, 분석 보고서, A/B 테스트 문서, 정성적 사용자 연구 보고서를 요청하는 것이 유용하다. 어떤 경우에는 피고인의 조직에서 누구를 증인으로 소환할지(그래서 공식적인 증언을 얻을지) 제안할 수도 있다.

이를 위해 조직도를 보고 증언대에서 최대한의 정보를 줄 수 있는 사람이 누구일지 제안한다. 변호사들은 기술 기업에서 의사 결정이 어떻게 이뤄지는지 잘 모를 수도 있다. 예를 들어, 흥미로운 데이터를 가까이에서 다루므로 데이터 분석가를 증인으로 세우는 것이 좋아 보이지만, 사실 이들은 전략적인 의사 결정 과정에서 배제될 때가 많다. 대신 관련 영역의 제품 매니저를 소환하는 것이 훨씬 낫다. 세부 내용을 잘 알면서도 전략적인 의사 결정 과정에 깊숙이 관여하기 때문이다.

내가 전문가 증인으로 일하며 보니, 피고측 기업은 법적으로 요구되는 수준까지만 협력한다. 어떤 사건에서 내가 한 페이지에서 다른 페이지로 넘어갈 때의 트래픽과 관련한 분석 데이터를 요청했는데, 고작 숫자 하나가 표시된 스프레드시트만 받았다. 다른 사건에서는 정해진 기간 사이에 수행된 특정 웹사이트 영역의 A/B 테스트 정보를 요청했더니 몇 메가바이트의 JSON 메타데이터가 왔다. 이는 인간이 해석할 수 없고 A/B 테스트 대상이었던 사용자 인터페이스 디자인에 관한 그림이나 설명이 없기에 무용지물이었다. 물론 이런 문제는 이후의 협상을 통해 해결될 수 있지만, 시간과 비용을 많이 잡아먹는다.

초기 분석을 작성하고 변호사에게 공유하고 난 다음, 전문가는 서명이 들어간 진술서를 제출하는 것이 보통이다. 그러고 나면 법정에서 증언하라는 요청을 받을 수도 있다. 이때 피고인측 변호사로부터 반대 심문을 받게 된다.

요약하면, 이 분야에서 전문가 증인으로 일하는 것은 매우 노동집약적이다. 사실 기만적 패턴과 관련된 전 세계 대부분 법률 및 규제도 마찬가지다. 이런 소송을 진행하려면 인력, 노력, 시간이 많이 든다.

도구로서의 기술

기술을 활용하여 이런 조사와 분석 노동을 일부라도 자동화 또는 간소화('EnfTech'라고도 하는데, 시행(enforcement)과 기술(technology)의 조어다)하면 좋겠다고 바라는 사람들이 많다. 아직 널리 사용되는 것은 아니지만, EnfTech로 도움을 받을 수 있는 부분이 몇 가지 있다.

- **웹 크롤링으로 소스 코드에서 증거 찾기**: 검색 엔진이 봇을 이용하여 웹을 자동으로 검색하고 색인을 만드는 것과 똑같은 방식으로, 웹을 검색하고 기만적 패턴의 특성을 보이는 웹사이트 소스 코드를 찾아내도록 봇을 코딩할 수 있다. 이 검색 결과를 인간 조사관이 검증할 사건 목록에 추가할 수 있다.
- **소셜미디어와 후기 사이트를 스캔하여 불만 글 찾기**: 웹 크롤러가 검색하지 못하는 디지털 제품이 많은데, 접근하려면 계정이 필요하기 때문이다. 다행히 사용자는 소셜미디어나 후기 사이트에서 불만을 공개적으로 표출할 때가 많다. 이미 브랜드워치[12]나 멘셔닐리틱스[13] 등 브랜드사가 소셜미디어 게시글을 추적할 때 활용하는 기존 제품이 많이 있다. 이런 기술로 기만적 패턴에 관한 불만을 추적하는 것을 생각해볼 수 있다.
- **증거 기록**: 기업에서 조사가 필요하다고 생각하면 대행업체는 계정 생성, 계정 상태 관리, 향후 참조를 위한 화면 캡처 또는 소스 코드 저장을 자동화하는 도구를 사용할 수 있다. 이런 도구는 기업 내부 QA 및 문서화 작업에서 많이 활용된다(예: 셀레늄[14], 에어/샷[15]).
- **자동 경고 발송**: 인간이 수동으로 이메일이나 서한을 작성하는 것이 아니라, 봇이 이를 작성하고 관련 연락처 세부 정보를 찾아주도록 할 수 있다.

EnfTech의 대표적인 예가 바로 NOYB의 위컴플라이[16]다. 위컴플

라이는 자동으로 GDPR 항의서를 발송하고 해당 문제를 해결하는 단계적 방법을 제공하며, 이를 수신하는 기업이 조치에 나서지 않으면 관련 기관에 신고한다. 2021년에 NOYB의 웹사이트(noyb.eu)에서는 (GDPR에 따라) 불법 쿠키 배너를 사용하는 기업에게 500개가 넘는 항의문을 발송했다.[17]

GDPR 위반은 매우 구조화된 문제로서 자동화하기 적합하다. 전반적으로 기만적 패턴은 매우 광범위하고, 정확하게 밝혀내기가 어렵다. 기업의 기만 방식이 저마다 다르기 때문이다. 즉, EnfTech가 언제나 높은 수준의 자동화를 제공하지는 못한다. 그러나 어느 정도 작업이 간소화되는 것만으로도 가치가 있다.

EnfTech가 있다고 해도 집행 당국에 과중한 부담을 지우는 사법적 역학을 실제로 바꾸지는 못한다. EU의 사법 체계 개혁을 요구하는 보고서에서 유럽 소비자 단체 BEUC는 "원고와 집행 당국의 입증 부담을 완화"할 새로운 규정이 필요하다고 했다.[18] 나 역시 이에 전적으로 동의한다.

6부

앞으로 나아갈 길

기만적 패턴은 기술업계와 이를 활용하는 영역, 이를 통제하려는 사법 및 규제 영역 모두에서 뜨거운 감자가 되었다.

시간이 지남에 따라 기만적 패턴이 사용자 권리만의 문제가 아니라는 점이 점점 분명해지고 있다. 원치 않는 금융 거래나 프라이버시 침해는 개인에게 해를 끼치지만, 가장 걱정스러운 것은 사회 전체에 미치는 영향이다.[1]

기만적 패턴은 사회의 가장 취약한 집단에 불공평하게 더 많은 영향을 주고, 적극적으로 기만적 패턴을 활용하는 기업은 그보다 윤리적이거나 사용자 중심적인 사명을 가진 경쟁 기업보다 더 많은 우위를 부당하게 취득한다.[2] 이를 규제하지 않으면 오늘날 소수의 강력한 독점 대기업들이 자기들의 권력을 더욱더 강화할 것이다. 이런 기업들이 어디까지 갈 수 있을지 상상해보기란 어렵지 않다. 모니터링하기 힘든 대규모 플랫폼에 더해 수많은 데이터 과학자, 심리학자, 디자이너가 더 크고 최적화된 온갖 새로운 형태의 조종과 기만의 온상을 만들어낼 것이다.

기만적 패턴은 사용자가 최선의 이익을 위한 결정을 내리는 것을 방해하기도 하지만, 이를 사용하는 기업과의 경쟁을 어렵게 만드는 반경쟁적인 측면도 있다. 미스디렉션은 사용자가 허위 전제에 따라 기업을 이용하게 하고(예: 기만적인 증언), 사용자가 비즈니스 관계를 맺을 때 허위 동의와 허위 계약을 체결하게 한다(개인정보 판매 또는 중재 계약으로 구속). 사용자는 경쟁사 서비스로 옮겨가고 싶어도 방해 때문에 기존 서비스에서 탈퇴하기 어렵거나 데이터를 옮길 수가 없다. 이 모든 상황은 기술 기업이 단순히 개인을 조종하는 것이 아니라 시장을 조종하여 공정한 경쟁을 방해하고 있음을 의미한다.

프린스턴 대학교의 연구자인 마투르, 메이어, 크시르사가르도 이에 동의하며, 지배적인 공급업체들이 "경쟁사의 제품이나 서비스에 불이익을 주는 다크패턴으로 인한 것이 아니라, 소비자가 독립적으로 자기 제품을 선택한 것처럼 보이게 만들어 독점적 지위를 남용하여 경쟁을 약화"할 수 있다고 주장한다.[3]

반독점 전문가인 제이 L. 하임즈와 존 크레비에도 기만적 패턴이 퍼스트 무버에 부당한 혜택을 주고 나중에 시장에 참가하는 기업에 불이익을 준다고 말한다.[4] 퍼스트 무버가 사용자를 사로잡고 이들의 주의력을 빼앗아서 사용자가 탈퇴하거나 다른 곳으로 갈 자율권을 침해하는 기만적 패턴을 쓴다면, 경쟁사의 경쟁 비용은 증가할 것이다.

30장

EU에서 일어나는 변화

유럽연합에서는 기만적 패턴을 방지하기 위해 상당히 큰 노력을 기울이고 있다. GDPR 같은 현행 사법 체계와 소비자법 체계(불공정 상관행 지침 등)를 광범위하게 활용하여 기만적 패턴을 사용하는 플랫폼을 단속하고 있다.

이에 더해 EU는 빅테크 기업을 광범위하게 규제할 수 있는 2개의 중요한 법을 준비 중이다. 2024년 1분기에 디지털서비스법과 디지털시장법이 발효된다. 두 법 모두 기만적 패턴과 사람을 조종하는 디자인을 규제하는 구체적인 조항을 담고 있다. 이는 법의 해석을 요하고 동의, 투명성, 불공정성 등의 개념을 법적으로 기만적 패턴에 적용해야 했던 GDPR과 불공정 상관행 지침에서 한 단계 더 나아간 것이다.

디지털시장법

디지털시장법(DMA)은 EU가 공정하고 개방된 디지털 시장을 만들 목적으로 2022년 3월에 만든 법이다.[1] 이 법은 마이크로소프트, 애플, 구글, 메타, 아마존 등 빅테크 기업을 대상으로 한다. 월별 활성 사용자 수가 4500만 명이 넘거나 연간 총매출이 750억 유로를 넘는 기업은 '문지기'로 규정되며 DMA에 따른 의무가 발생한다. 또한 규모 요건에 따라 영향력 있는 기업이 은폐하는 행위를 방지하도록 설계된 것으로 보이는 정성적인 기준도 있다. 유럽연합집행위원회에 따르면 DMA의 목적은 "문지기 기업이 기업과 사용자에게 불공정한 조건을 부과하는 것을 막고, 중요 디지털 서비스의 개방성을 보장하는 것"이다.[2]

DMA는 DMA 내 다른 규정을 저해하는 데 사용되는 기만적 패턴을 금지한다(13조). 이 '다른 규정'에 해당하는 내용이 매우 방대하기 때문에, DMA는 기만적 패턴을 상당히 강력하게 다룬다. DMA의 비고 부분(조항 해석에 관한 설명을 하는 부분)에는 다음에 해당하는 기만적 패턴을 문지기 기업이 사용하는 것을 금지한다고 명시되어 있다.

- 문지기 기업의 주요 플랫폼 외부에서 추적 또는 맞춤형 광고 거부에 관한 사용자의 선택권을 방해하는 행위(비고 36, 37).
- 사용자를 끈질기게 괴롭히는 행위. 즉, 이미 사용자가 이전에 데이터 처리 요청을 무시 또는 거부했음에도 1년에 2번 이상

동의를 요구하는 경우(비고 37).

- 사용자가 제3자 앱이나 앱 스토어를 설치할 선택권을 방해하는 행위(비고 41).
- 사용자의 설정 또는 사전 설치된 앱의 제거에 관한 선택권을 방해하는 행위(비고 49).
- 사용자가 제3자 기업에 적용할 수 있는 형식으로 문지기 기업의 플랫폼에서 데이터를 내보내는 것을 방해하는 행위(비고 59).
- 서비스 구독보다 구독 해지를 더 어렵게 만드는 경우(비고 63).

이런 내용을 보면 DMA에서 문지기로 규정된 기술 기업에 미치는 영향이 얼마나 큰지를 알 수 있다. 문지기 기업이 규정을 위반하면 그에 따른 제재도 어마어마하다. 전 세계에서 벌어들인 연간 총매출의 최대 10%가 벌금으로 부과되며, 반복적으로 위반한 경우 20%가 적용된다. 또한 문지기 기업의 해체 또는 EU 시장 퇴출 등 다른 제재도 가할 수 있다.

디지털서비스법

EU 디지털서비스법(DSA)에는 기만적 패턴과 관련하여 더 좋은 소식이 있다.[3] 2022년 11월에 발효된 이 법은 단계적으로 적용 중이며, 2023년 6월부터 기만적 패턴 부분이 전면 적용되었다. DSA 규정은 계층적 구조로 되어 있어 단계가 높아질수록 엄격해진다.

DSA에는 기만적 패턴에 관한 조항이 두 가지 최고 계층('온라인 플랫폼'과 '매우 큰 규모의 온라인 플랫폼(very large online platforms, VLOPs)' 및 '매우 큰 규모의 검색 엔진(very large online search engines, VLOSEs)')에만 적용된다.

- **온라인 플랫폼:** '서비스 수혜자의 요청에 따라 정보를 저장하고 대중에 전파'하는 서비스를 말한다. 여기에는 온라인 상점(아마존 등), 앱 스토어(애플 앱 스토어 및 구글 플레이 등), 공유 경제 플랫폼(우버 등), 소셜미디어 플랫폼(페이스북 등)이 해당된다.
- **VLOPs 및 VLOSEs:** VLOPs는 온라인 플랫폼과 동일하지만, 월별 활성 사용자 수가 4500만 명이 넘는 기업이 해당된다. VLOSEs는 월별 활성 사용자 수가 4500만 명이 넘는 검색 엔진(구글 등)을 말한다.

이보다 낮은 계층에 해당하는 기업에는 DSA의 기만적 패턴 조항이 적용되지 않는다. 따라서 이 법에서 면제되는 대상은 다음과 같다.

- **초소규모 및 소규모 기업:** (사용자 기반 규모로만 따지면 VLOP나 VLOSE에 해당하더라도) 직원 수가 50명 미만이고 매출이 1000만 유로 미만인 기업.
- **중개 서비스:** VPN, DNS 서비스, 도메인 네임 등록, 도메인 대

행업체, VOIP 서비스, CDN 등 네트워크 인프라를 제공하는 기업.

- **호스팅 서비스**: 고대디, 아마존 웹 서비스 등 클라우드와 웹 호스팅을 제공하는 기업.

여기서 볼 수 있듯이, 계층적인 성격상 DSA는 다소 복잡하지만, 기만적 패턴에 관한 조항이 많은 빅테크 기업에 적용된다는 사실이 중요하다. 애플, 아마존, 우버, 구글, 페이스북 등은 모두 DSA에 따라 어느 정도 규제를 받는다.

기본 사항은 이해했으니, 기만적 패턴을 규제하는 DSA의 실제 조항을 살펴보자. DSA 비고 부분(비고 67)에서는 '다크패턴'을 다음과 같이 정의하고 있다.

> 온라인 플랫폼의 온라인 인터페이스에 적용된 다크패턴은 고의로 또는 실질적으로 서비스 수혜자가 자율적이고 정보에 바탕을 둔 선택이나 의사 결정을 할 능력을 물질적으로 왜곡 또는 저해하는 행위이다. 이런 행위는 서비스 수혜자를 설득하여 원치 않는 행위를 하거나 해당 서비스 수혜자에게 부정적인 결과를 가져오는 원치 않는 의사 결정을 하게 만드는 데 사용될 수 있다. 따라서 온라인 플랫폼 제공업체가 서비스 수혜자를 기만하거나 유도하는 행위, 온라인 인터페이스나 그에 포함되는 요소의 구조, 디자인 또는 기능으로 서비스 수

혜자의 자율성, 의사 결정권, 선택권을 왜곡하거나 저해하는 행위는 금지되어야 한다. 여기에는 온라인 플랫폼 공급업체에게는 이득이 되지만 수혜자의 이해에는 반할 수 있는 행위를 하도록 수혜자를 유도하는 착취적인 디자인 선택이 포함되며, 이에 국한되지 아니한다.

기만적 패턴에서 고의성을 필수 요건으로 하지 않은 점에 주목해야 한다. 사용자에게 영향을 미친다는 점만 명시('고의로 또는 실질적으로')했는데, 이는 불공정 상관행에 관한 불공정 상관행 지침에서도 마찬가지로, 법 시행을 훨씬 간단하게 만든다. 또한 특정 기만적 패턴을 명확하게 금지한다. 그렇지만 EU 법에서 '비고' 내용에는 법적 구속력이 없고 단순히 법을 더 명확하게 하기 위함이라는 점에 주의해야 한다.

- **미스디렉션**: "서비스 수혜자에게 결정을 요구할 때 시각, 청각 또는 기타 요소를 통해 특정 선택지를 더 눈에 띄게 만드는 등 선택지를 중립적이지 않은 방식으로 제시."
- **끈질기게 괴롭힘**: "서비스 수혜자가 전에 이미 선택했음에도 선택할 것을 반복적으로 요구하는 행위도 포함해야 한다."
- **어려운 취소**: "서비스 가입보다 취소 절차를 상당히 복잡하게 만들거나, 다른 선택보다 특정 선택을 더 어렵거나 시간이 더 오래 걸리도록 만들거나, 불합리하게 단계를 중단하기 어렵

게 만듦."

- **방해**: "서비스 수혜자의 자율성, 의사 결정권, 선택권을 왜곡하거나 저해하는 방식으로 기본 설정을 변경하기 어렵게 만들어 불합리하게 서비스 수혜자의 의사 결정을 한쪽으로 치우치게 함(비고 67)."

비고의 내용과는 달리 EU 법의 '조항'은 법적 구속력을 갖는다. DSA 25조에서는 기만적 패턴을 명확하게 금지한다.

> 온라인 플랫폼 공급업체는 서비스 수혜자를 기만하거나 조종하는 방식 또는 서비스 수혜자가 자유롭고 정보에 기반하여 의사 결정을 할 능력을 물질적으로 왜곡하거나 저해하는 방식으로 온라인 인터페이스를 설계, 조직 또는 운영해서는 안 된다.

이 조항은 상당히 단순하지만, 유럽연합집행위원회에 향후 이 규정에 기반하여 추가 지침을 낼 것을 바로 제안한다. 구체적으로 살펴보자.

> 집행위원회는 1항을 구체적인 행위, 특히 (a) 서비스 수혜자에게 결정을 요구할 때 시각, 청각 또는 기타 요소를 통해 특정 선택지를 더 눈에 띄게 만드는 행위, (b) 서비스 수혜자가

전에 이미 선택했음에도 특히 사용자 경험을 방해하는 팝업을 표시하며 선택할 것을 반복적으로 요구하는 행위, (c) 서비스 해지 절차를 가입보다 어렵게 만드는 행위 등에 적용하는 것에 관한 지침을 발표할 수 있다.

DSA가 비록 일부 유형의 기업에만 적용되고 눈속임 조항이 상당히 간결하지만, 여기서 끝나는 게 아니라 더 많은 규칙이 만들어질 것을 기대할 수 있다.

또한 DSA에는 리스크 평가, 감사 및 리스크 완화에 관한 중요한 조항이 있어 기만적 패턴과의 싸움에서 큰 영향력을 발휘할 것으로 보인다. 이런 조항은 아마존, 구글 등 VLOPs와 VLOSEs에만 적용된다. 한편으로는 이런 조항의 적용 대상을 거대 기업으로 한정한 것을 실용적이라고 볼 수 있다. 거대 기업이 EU 시민에 미치는 영향이 어마어마하고, 규제 부담에 따른 추가 업무를 수행할 수 있을 정도로 돈도 많이 벌기 때문이다.

반면에 이보다 규모가 작은 기업은 이 엄격한 요건이 적용되지 않으므로 기만적 패턴을 사용하는 것이 묵인될 가능성이 있다. 이는 규모와 관계없이 모든 플랫폼에서 기만적 패턴을 방지하기 위한 규정의 포괄적인 감독과 시행에서 규제당국이 직면한 과제를 보여준다. DSA의 관련 조항을 살펴보자.

- **기만적 패턴 평가를 포함한 연간 리스크 평가 필수**(34조): DSA

에서는 VLOPs와 VLOSEs가 제품의 어떤 영역이 DSA를 위반할 소지가 있는지에 관한 리스크 평가를 수행하도록 한다. DSA는 기만적 패턴에 관한 규칙이 있으므로, 기업은 자체적으로 제품을 조사하고 리스크 또는 기만적 패턴의 존재 여부를 설명하는 문서를 작성해야 한다. 이는 규제당국의 조사 비용을 기업에 이전하는 효과가 있다.

- **리스크 평가 문서의 당국 제출 필수**(34조): 리스크 평가의 모든 근거 자료를 최소 3년간 제공해야 하며, 관련 당국이 요청 시 제출해야 한다. 이런 문서는 당국 조사관과 집행 담당자에게는 노다지나 다름없다.
- **외부 전문가의 독립적인 감사 필수**(37조): 연간 리스크 평가 외에도 기업에서는 비용을 들여 독립적인 외부 기관에 의뢰하여 DSA 준수 여부에 관한 감사를 받아야 한다. 감사에는 기만적 패턴에 관한 내용과 이를 없애기 위한 권고 사항이 포함된다. 감사관에게는 협력, 지원 및 해당 기업의 내부 데이터에 접근할 수 있도록 전면적인 권한이 제공되어야 한다.
- **감사 보고서 공개 의무**(42조): 감사 보고서는 당국에 바로 제출한 뒤에 일반 대중도 이용할 수 있어야 한다(공개 버전에서는 상업적 기밀에 해당하는 내용은 삭제 가능). 이런 독립적인 감사는 내부 리스크 평가보다 훨씬 객관적이고 포괄적일 가능성이 높다.
- **감사 보고서 내 부정적인 결과에 대한 조치 의무**(37조): 감사 보

고서 내 권고 사항을 수신한 지 1개월 이내에 기업은 DSA 준수를 위해 어떻게 변경 사항을 적용할지를 설명하는 이행 보고서를 채택해야 한다. 즉, 기만적 패턴 근절에서 독립적인 감사관의 역할이 중요하다.

- **회원국 또는 유럽연합집행위원회의 법 시행**(49조): DSA는 각 EU 회원국에서 디지털 서비스 코디네이터라는 기구를 지정하도록 했다. 이 코디네이터는 회원국의 모든 DSA 관련 집행을 담당한다. 그러나 DSA의 시행 주체는 국가 차원이거나 유럽연합집행위원회이다. 이는 회원국이 VLOPs와 VLOSEs의 본사를 유치하기 위해 이들에 적용되는 규정을 느슨하게 시행하는 것을 방지하기 위함이다. 회원국에서 DSA 집행이 느슨할 경우, 유럽연합집행위원회가 개입할 수 있다.

요약하면, DSA의 리스크 평가, 감사, 리스크 완화 조항은 기만적 패턴과의 싸움에서 매우 큰 역할을 한다. 기업과 감사관이 기만적 패턴을 언제 사용하는지, 향후 어디에 사용할 수 있는지를 보여주도록 강제하기 때문이다. 그러나 VLOPs와 VLOSEs에만 적용되므로, 규모 기준에 미달하는 기업에서는 앞서 설명한 리스크 평가와 감사 의무가 없다.

이런 상황을 모두 고려하면, DSA는 EU의 플랫폼 규제에 새롭고 흥미로운 내용을 더한다. DSA의 처벌 기준도 매섭다. 전 세계에서 벌어들인 매출의 최대 6%가 벌금으로 부과될 수 있고, 리스크 완화 조치를 취해야 하며, 반복해서 위반할 경우 EU에서 퇴출될 수 있다.

계류 중인 데이터법

데이터법은 2022년 2월에 제안되었다. 법안이 승인되면 데이터 공유와 데이터 이동 활동에 적용된다. GDPR을 바탕으로 만들어진 이 법은 데이터 공유와 이동에 관한 더 구체적인 지침을 제공한다. 이 법의 목적은 다양한 주체의 데이터 접근과 재사용을 더 확대하고, 혁신·경쟁·공익을 증진하는 것이다. 이 법에 기만적 패턴에 관한 새로운 정의나 기준이 도입되지는 않았지만, 특정 유형의 기만적 패턴을 금지하는 다음과 같은 조항이 있다.

- **사용자의 데이터 보호 권리 행사 방해:** 관련 옵션을 복잡한 메뉴 속에 숨기거나 작업 완료까지 거쳐야 할 단계를 여러 개로 만들어, 제품의 사용자가 자기 계정을 삭제하거나 데이터를 다른 서비스 공급업체로 이전하는 일을 어렵게 하면 안 된다.
- **제3자 데이터 공유에 관한 허위 동의:** 데이터를 제공받는 제3자는 사용자가 이용하는 디지털 인터페이스 등의 수단으로 사용자의 자율성, 의사 결정권, 선택권을 박탈하거나 저해하여 어떻게든 사용자를 강제, 기만 또는 조종해서는 안 된다.

요약하면, 데이터법이 채택되면 사용자에게는 좋은 일이다. 기업에게는 데이터를 독점하며 인질로 삼는 행위가 금지되고, 사용자에게는 자기 데이터를 경쟁사로 가져갈 수 있게 하기 때문이다. 또한 이 법(그리고 기타 데이터 관련 규정)을 피하려고 기만적 패턴을 사용하는 것도 금지된다.

불공정 상관행 지침의 안내문

EU에서 나타난 또 다른 주목할 만한 성과는 2021년 12월에 유럽연합집행위원회가 불공정 상관행 지침의 안내문을 발표했다는 것이다.[4] 이 안내문에 법적 구속력은 없으나, 지침을 시행하고 활용하는 방법을 설명하는 매뉴얼이 회원국에게 제공되었다. 그리고 놀라운 점은 안내문에 '데이터 기반 행위 및 다크패턴(4.2.7절)'을 금지하는 대목이 있다는 것이다. 그 내용은 다음과 같다.

> B2C 상업적 관계의 맥락에서 다크패턴이 적용된 경우, 본 지침을 활용하여 그런 행위의 공정성에 문제를 제기할 수 있다. (…) 평범하거나 취약한 소비자의 경제적 행위를 물질적으로 왜곡하거나 왜곡할 가능성이 있는 모든 조종 관행은 거래자의 직업적 근면성 요건(5조)을 위반하는 것으로 볼 수 있으며, 적용된 다크패턴의 구체적인 유형에 따라 오도 행위(6~7조) 또는 공격적인 행위(8~9조)로 간주할 수 있다.

이 안내문에는 불공정 상관행 지침에 따라 금지되는 구체적인 기만적 패턴의 수많은 예시가 나열되어 있다.

- **시각적 방해**: "시각적으로 중요한 정보를 가리거나 특정한 옵션을 부각시킬 목적으로 정렬."
- **방해**: "예: 하나의 경로는 매우 긴데 다른 경로는 짧음."
- **속임수 표현**: "모호한 언어(예: 이중 부정)로 소비자를 혼란스럽게 함."
- **은닉**: "기본 인터페이스 설정 (…) 예를 들어 추가 서비스 비용을 포함하여 사전 선택된 확인란."

상법이 적용되는 데는 시간이 걸리므로, 유럽연합집행위원회의 안내문이 완전히 효력을 발휘하는 모습을 아직 보지 못했을 수 있다.

불공정 상관행 지침의 안내문과 DMA, DSA, 계류 중인 데이터법을 보면, 어느 방향으로 나아가는지가 명확하게 보인다. 기만적 패턴은 EU 입법의 핵심 문제이며, 앞으로 몇 년간 수많은 시행 조치를 보게 될 것이고, 이에 따라 기술업계도 디자인 관행을 바꿔야 한다는 점을 깨닫게 될 것이다.

31장

미국에서 일어나는 변화

우선은 미국이 EU와 다르지 않다는 점부터 말할 필요가 있다. 예를 들어 GDPR과 DSA는 EU 외 지역에서도 적용된다. 즉, 미국 기업이라도 유럽에서 제품을 판매한다면 유럽 법률을 따라 관행을 바꿔야 한다.

EU 법은 미국 법과 목적과 가치가 비슷하므로, 기업에 정반대의 행동을 요구하지는 않는다. 현재로서는 EU 법이 일반적으로 더 엄격하다. 따라서 기업이 EU 법을 따르면 자연히 미국 연방법과 주별 법을 준수할 가능성이 커진다. 이론적으로 보면, 이는 미국 기업에 매력적이다. 점점 경계 수준을 높이는 FTC와 계속해서 성장하는 집단 소송 업계의 사냥감이 될 가능성을 낮출 수 있기 때문이다.

EU가 법의 제정에 조금 더 치중한다면, 미국은 시행, 특히 반경쟁 행위 방지 관점에서의 법 집행을 중요시한다. 국가 경제와 미국 시민의 안녕에 악영향을 줄 수 있기 때문이다. 2021년 7월에 바이든 대통령은 연방 기관이 경쟁을 증진하고 기업 지배력을 제한하는 것을 권장하는 행정 명령에 서명했다. 비슷한 시기에 바이든 대통령은 반경쟁 행위 규제 전문가이자 기만적 패턴 규제에 적극적인 리나 칸을 FTC 수장으로 임명했다.[1] 최근 발표에서 칸은 기관의 입장을 매우 명확하게 밝혔다.[2]

> 대중, 특히 아동을 온라인 프라이버시 침해와 다크패턴으로부터 보호하는 것이 위원회의 최우선 과제이며, 이를 실현하려는 조치는 FTC가 이런 불법 행위를 단속하리라는 점을 기업에 명확히 보여주는 것입니다.
>
> — 리나 칸(FTC 위원장, 2022년 12월 19일)

최근 몇 년간, FTC는 기만적 패턴을 이용하는 기업의 규정 위반 조치를 강화했다. 2022년 9월에 FTC는 〈다크패턴 폭로하기〉라는 직원 보고서를 통해 기관의 입장을 상세히 설명하며 수많은 조치 사례와 함께 기업에 지침을 제공했다.[3] 2022년 11월에는 인터넷 전화 서비스 공급업체인 보나지가 고객의 서비스 취소를 방해하는 기만적 패턴을 사용한 것을 이유로 1억 달러의 합의금을 이끌어냈다.[4] FTC는 보나지가 무료 체험을 위한 온라인 회원 가입은 쉽게 만들었으나 가입을 취소하려면 전화로 문의해야 하며, 이 과정에서 상당한 방해가 있는 데다 해지 시 비싼 추가 수수료를 부과하는 등 소비자에게 강압을 행사했다고 주장했다.

2023년에는 포트나이트라는 게임에서 기만적 패턴을 사용한 에픽 게임즈에 2억 4500만 달러라는 기록적인 합의금을 내게 만드는 성과를 올렸다. 당시 이의 제기 내용에 따르면, 에픽 게임즈는 의도치 않은 구매를 촉진하는 방식으로 결제 시스템을 설계했다. 신용 카드 세부 정보를 포트나이트 시스템에 입력하면 플레이어는 버튼 하나만 눌러 게임 내에서 결제할 수 있는데, 이때 카드 소유자의 동의를 묻거나 기타 추가 단계(확인 단계, 카드 CVV 번호 재입력 등)는 없었다. 에픽은 이 문제와 관련한 직원의 내부 피드백과 100만 건이 넘는 고객 불만 사항을 무시한 채, 환불 불가 정책을 고수했다. FTC가 조사에 나서자 이 사건은 기만적 패턴과 관련하여 사상 최대 규모의 합의금이 부과된 사건으로 기록되었다. 에픽은 이 사건으로 수백만 달러를 사용자에게 돌려주고 원치 않는 구매를 방지하도록 결제 경험을 재설계하며 정직하게 환불해주는 조치를 적용해야 했다.

기술업계는 이런 FTC의 최근 활동에 정보 기술 및 혁신 재단(Information Technology and Innovation Foundation, ITIF)이라는 싱크탱크를 설립하는 것으로 대응했다. 2022년에 어도비, 에어비앤비, 아마존, 애플, 컴캐스트, 페이스북, 구글, 마이크로소프트, 우버, 버라이즌 등 많은 기업이 ITIF에 금전적인 지원을 제공했다. 이들 기업은 그

동안 기술업계의 이익을 대변해온 오랜 역사가 있다.

2023년 1월에 ITIF는 '다크패턴'이 "불필요한 우려를 자아내는 용어"로 "반기술 활동가가 공포를 확산하기 위해 퍼트린 것"이라고 주장하며 FTC를 공격하는 글을 발표했다.[5] 이 글에서 ITIF는 몇 가지 이상한 주장을 펼쳤다. 예를 들면, "의도치 않은 구매는 (…) 그 자체가 불법은 아니다"라고 말한다거나(맞는 말이기는 하지만, 이는 의도적으로 논점을 흐린다), "이런 (FTC의) 이의 제기 내용은 모두 에픽의 게임 내 결제 인터페이스 디자인이 혼란을 준다는 점에 기반하지 않는다"라고 한다. 이는 "포트나이트의 직관적이지 않고 일관적이지 않으며 혼란을 주는 버튼 구성은 플레이어가 하나의 버튼만 누르면 의도치 않게 결제하도록 유도한다"[6]라고 한 이의 제기 내용과 언론 보도문에서 단순하게 사건을 설명한 FTC를 정면으로 반박하는 것이다.

ITIF 글의 내용은 갈팡질팡하지만, 어조는 상당히 많은 것을 시사한다. FTC의 최근 행보가 기술업계의 심기를 불편하게 했고, 방어 태세를 취하게 만들었음을 보여주는 것이다. 또한 기술업계가 갖는 우려의 원인이 EU에서 일어나는 변화라는 것도 어렵지 않게 추측할 수 있다.

32장

다크패턴을 학습하는 AI?

2023년 AI 도구의 폭발적인 급증으로 정부, 규제당국 및 기술 윤리학자의 이목이 엄청나게 쏠렸다. AI로 잘못된 정보 및 허위 정보 캠페인을 만드는 것이 훨씬 쉬워질 것으로 여겨진다. 딥페이크[1], 봇[2], 허위 콘텐츠의 홍수 등이 주요하게 우려된다.[3] AI가 기만적 패턴에 미치는 영향은 비교적 덜 논의되지만, 이야기의 주제는 비슷하다.

예를 들면, AI는 디자이너가 기존 기만적 패턴을 만드는 일을 지원하는 데 사용될 수 있다. 마찬가지로 미드저니[4]와 달-E[5]로 이미지를 생성할 수 있고, 위저드 오토디자이너[6]와 텔레포트HQ AI 웹사이트 빌더[7] 등의 새로운 도구를 이용하여 텍스트 프롬프트만으로 다음의 캡처 화면처럼 사용자 인터페이스를 만들 수 있다.[8]

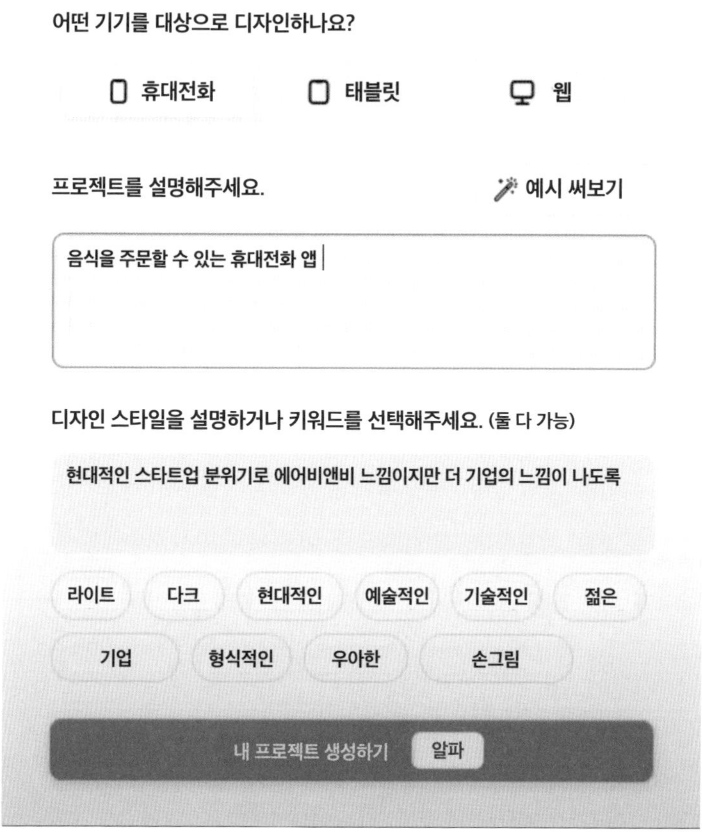

어떤 기기를 대상으로 디자인하나요?

휴대전화 태블릿 웹

프로젝트를 설명해주세요. 예시 써보기

음식을 주문할 수 있는 휴대전화 앱

디자인 스타일을 설명하거나 키워드를 선택해주세요. (둘 다 가능)

현대적인 스타트업 분위기로 에어비앤비 느낌이지만 더 기업의 느낌이 나도록

라이트 다크 현대적인 예술적인 기술적인 젊은

기업 형식적인 우아한 손그림

내 프로젝트 생성하기 알파

위저드 오토디자이너의 캡처 화면

이 글을 쓰는 현재, 이런 도구는 상당히 기초적인 수준이지만 AI의 빠른 가속화를 보면 곧 널리 퍼질 것으로 보인다. AI 도구는 학습 데이터에 의존한다. 미드저니는 웹상의 수백만 개의 이미지로 AI를 훈련하고, 챗GPT는 수백만 편의 기사로 학습한다. 오늘날 웹사이트와 앱에는 기만적 패턴이 포함된 것이 많으므로, 새로운 UI

생성 AI 도구가 이를 바탕으로 학습한다면, 똑같은 종류의 기만적 패턴을 다양하게 재생산할 것이다. 이를 막기 위해 특별한 노력을 기울이지 않는다면 말이다.

디자이너가 '선택을 권장하는 쿠키 동의 대화창'이라는 문제없어 보이는 텍스트 프롬프트를 입력했는데 AI 도구가 기만적 패턴을 포함한 디자인을 생성하는 상황도 생각해볼 수 있다. 이런 AI 자동화에 따른 결과는 해당 디자인 팀의 규모가 작아서 기만적 패턴을 비판하거나 되돌려 보낼 사람이 없으면 더 심각해질 수 있다.

2003년에 스웨덴 철학자 닉 보스트롬은 '종이 클립 생산 극대화' 사고 실험을 고안했다. 이는 AI에 자율성을 주고 생산을 극대화하라는 목표를 설정하면, 결국 파국에 이르게 된다는 것이다. 보스트롬은 다음과 같이 말했다.[9]

> 종이 클립을 최대한 많이 생산하는 것이 유일한 목적인 AI가 있다고 해보자. 이 AI는 인간이 없으면 더 나을 것이라는 점을 빨리 깨달을 것이다. 인간이 AI를 끌 수 있기 때문이다. 인간이 AI를 끄면, 종이 클립이 덜 생산될 것이다. 게다가 인간의 몸에는 종이 클립을 만들 수 있는 수많은 원자가 포함되어 있다. AI가 향하는 미래는, 종이 클립은 많지만 인간은 없는 미래일 것이다.
>
> — 닉 보스트롬(2003)

물론 이런 생각은 현재 공상 과학으로 여겨지지만, 종이 클립을 클릭당 결제 또는 사용자 행위 추적에 기반한 디자인 최적화로 바꿔서 생각해보면 갑자기 더 현실적으로 다가온다.

이러한 문제점이 고려된 지는 몇 년 되었다. 예를 들어 페이스북[10]과 구글[11]은 기업 소유주에게 A/B 테스트용으로 다양한 광고 변수를 올리고(클릭률이나 이와 비슷한 수치 측정) 승자 자동 선택을 수행할 수단을 제공한다. 이 과정에서 인간은 배제되므로, 광고주가 '실행' 버튼만 누르면 작업이 알아서 진행된다. 그리고 몇 주가 지나서 확인하면 '적자생존'이 발생했음을 알 수 있다. 사람들이 클릭하지 않은 광고는 내려지고, 가장 클릭을 많이 유도한 광고가 승자로 남아 모든 사용자에게 표시되는 것이다.

다행히 이런 시스템은 자율적이지 못하다. 인간이 설정하고 디자인 변수를 제공해야 하며, 광고에만 적용되고 있다. 새로운 세대의 AI 도구를 활용하면 이런 작업이 더 큰 규모로 이뤄져서 인간은 큰 범위의 조정이 가능한 개요만 입력하고 '실행'만 누른 다음 계속해서 실행하도록 하는 것도 상상해볼 수 있다. 자체적으로 카피를 작성하고, 페이지를 디자인 및 퍼블리시하고, 알고리즘을 만들고, 끝없이 변수를 실행하고, 학습한 결과를 바탕으로 최적화 개선을 시행할 수 있다.AI 도구에 윤리 지침이나 법 준수 개념이 없다면, 기만적 패턴은 필연적으로 나타날 것이다. 공통적이고 만들기도 쉬우며, 정직한 경쟁자들보다 더 많은 클릭 수를 달성하기 때문이다.

이와 연관된 것이 설득 프로파일링[12] 또는 하이퍼 넛지[13] 개념이다. 이는 개인 또는 세분된 시장에서 어떤 설득 기법이 효과가 있는지에 관한 행동 데이터를 암암리에 수집하고 이를 활용하여 개인에 맞춘 기만적 패턴을 보여주는 시스템을 말한다. 어떤 시스템에서 당신이 다른 인지 편향 대비 시간 압박에 취약하다는 점을 알아냈다고 하자. 그러면 이 시스템은 시간 압박을 이용하는 기만적 패턴을 너 많이 보여줄 것이다.

지금까지의 연구는 인지 편향에 초점을 맞췄지만, 다른 유형의 취약점을 겨냥하는 것으로 확대해서 생각해볼 수 있다. 당신에게 난독증이 있음을 시스템에서 파악했다면 그 약점을 겨냥하여 더 복잡한 속임수 표현을 써서 당신이 계약에 서명하는 것 같은 귀중한 작업의 완료를 방해할 수 있다. 아니면 난산증(숫자와 암산에 어려움을 겪는 증상)이 있는 사용자에게 특별 제안, 번들, 기간 등을 수학적으로 복잡하게 조합하는 방식을 사용할 수 있다.

마우리츠 캅테인 박사는 저서《설득 프로파일링: 어떻게 인터넷은 당신이 선택하게 만드는 것을 알고 있나(Persuasion Profiling: How the Internet Knows What Makes You Tick)》에서 "설득 프로파일은 온라인 마케팅의 효과를 배가하는 다음 단계"이며 "온라인에서 무언가를 판매한다면 매우 유용"하다고 말한다. 다음 그림은 캅테인의 연구 논문에 수록된 설득 프로파일 중 하나다. 각 행은 치알디니의 '영향력의 무기'에서 유래한 '설득 원칙'을 나타낸다.[14] x축은 품목이 사용자의 선택에 긍정적인 혹은 부정적인 영향을 미쳤는지를 나타

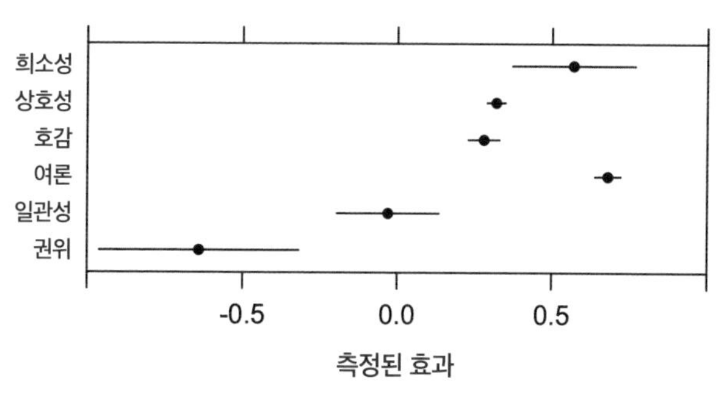

설득 프로파일의 예(캅테인 등, 2015)

낸다.[15]

한 연구에서 캅테인 등은 참여자 수백 명에게 '취약성-설득 비율(STPS)'을 완성하도록 하여 각 개인의 설득 프로파일을 추출했다. 그런 다음 참여자에게 식사 사이에 간식을 덜 먹도록 하는 다이어트 활동을 수행하도록 했다. 참여자들은 간식 섭취 행위를 기록하라는 메시지를 SMS로 받았다. 이때 발송된 SMS 메시지의 내용은 실험 조건에 따라 달라졌다. 각자의 설득 프로파일에 따라 작성된 메시지를 받은 참여자는 그렇지 않았던 집단보다 효과적으로 설득되어 식사 사이에 간식을 덜 먹은 것으로 나타났다.

설득 프로파일링 개념은 소위 심리전 도구와 케임브리지 애널리티카 브렉시트 스캔들과도 연관이 있다. 당시 불법적으로 획득한 개인 프로파일에 기반하여 개인 맞춤형 정치 메시지가 영국에 거주하는 개인에게 몰래 발송되었고, 그 결과 브렉시트 국민투표 결과에 영향을 주었다.[16] 최근 몇 년간 프라이버시와 소비자 보호 법안에 엄청나게 중점을 둔 것을 보면 이 스캔들은 여전히 EU 입법자들의 뇌리에 생생하게 남아 있는 듯하다.

2023년 〈인터페이스 이면의 조종〉이라는 연구 보고서에서 법학자 마크 라이저와 크리스티아나 산토스는 기만적 패턴 가시성 스펙트럼이라는 개념을 제시했다.[17] 조사관이 쉽게 발견할 수 있는 것에서부터 폭넓게 연구해야만 발견할 수 있는 수준까지 기만적 패턴의 범위가 다양하다는 것이다. 라이저와 산토스는 가시성 스펙트럼을 '가시적', '안 보임', '매우 안 보임'이라는 세 가지 단계로 나누었다. 이에 관한 설명은 다음과 같다.

- **자명한 기만적 패턴**: 감정적 선택 강요, 강압적 행동, 끈질긴 괴롭힘 등은 누구나 알아차릴 수 있다. 상당히 뻔뻔하며 놓칠 수가 없는 유형이다.
- **숨겨져 있지만 UI에 기반한 기만적 패턴**: 은닉과 미스디렉션 같은 유형은 사용자가 알아차리지 못하게 은밀하게 슬쩍 넘어가도록 설계되었으나, 조사관이 신중하게 페이지를 분석하면 발견할 수 있다(즉, 페이지에서 관찰할 수 있으며, 캡처와 강조 표시도 가능하다).
- **여러 단계에 걸친 비즈니스 로직 기만적 패턴**: 이런 유형은 알고리즘 기반이지만, 상대적으로 평범한 로직을 사용한다. 여러 단계에 걸친 질문지를 생각해보자. 사용자가 어떤 질문에

대답하면, 분기 로직이 작동하여 응답에 따라 사용자를 특별 제안이나 다른 질문 등으로 안내한다. 이런 눈속임 유형은 그 단계를 몇 번씩 반복하고 그에 따른 행동을 플로 차트로 표현하는 것을 통해 조사할 수 있다.

- **복잡한 알고리즘 기반 기만적 패턴**: 기존의 맞춤화와 추천 시스템이 여기에 해당한다. 이런 알고리즘에는 복잡한 코드와 수학이 동반되며, 시스템 소스 코드(보통 대중이 이용하기 어려움)를 보기 전에는 정확한 시스템 행동을 명확하게 구분할 수가 없다. 그러나 행동은 결정론적이다. 동일한 값을 입력하면 언제나 동일한 결과가 나온다. 즉, 기업에서 언제든지 시스템의 정확한 행동을 규명할 수 있지만, 그 설명에는 수학 공식이나 유사 부호가 포함될 가능성이 높다.
- **AI 기반 기만적 패턴**: 사용자 입력 내용을 학습하고 AI를 이용하는 시스템(GPT 같은 대규모 언어 모델)은 만든 사람조차도 이해할 수 없는 밀폐 상자가 될 수 있다. 이런 시스템의 행동은 우발적이며 가능성에 기반한다. 즉, 동일한 값을 입력하더라도 시스템에서 다양한 사용자 또는 다양한 시점에 따라 다른 답을 내놓을 수 있다. 이는 기업에서 시스템이 사용자를 상대로 어떻게 행동하는지 규명하기 어려우므로 규제에 어려움으로 작용할 수 있다.

현재까지 기만적 패턴에 관한 대부분의 연구는 가장 가시성이 높은 계층에만 집중되어 있다. 따라서 더 심층적이고 가시성이 낮은 기만적 패턴을 이해하기 위해 더 많은 연구가 필요하다.

33장

기술적 디스토피아가 다가올 위험성

오늘날에도 우리 삶의 많은 부분은 여전히 오프라인에서 이루어진다. 동전 몇 개만 있어도 상점에 들어서면 다른 고객과 동등한 취급을 받을 것이다. 기계는 집에 놔두고 숲길을 따라 걸으면 익명의 개인으로 그 어떤 추적도 받지 않고 방해 없이 자유롭게 자연과 교감할 수 있다.

그러나 우리는 이미 이런 상황이 더 이상 성립하지 않는 세상을 어렴풋이 보고 있다. 다른 대륙의 서버 팜에서 일어나는 이해하기 힘든 비즈니스 의사 결정에 따라서 당신이 끊임없이 모니터링되고, 팔리고, 조종당하며, 옆 사람과 다른 거래 제안을 받는 세상 말이다.

2014년 연구 논문인 〈근접학 상호작용에서의 다크패턴〉에서 그린버그 등은 사생활을 침해하는 추적과 맞춤형 광고를 절대 피할 수 없는 세상을 그린 공상 과학 영화 〈마이너리티 리포트〉 또는 〈블랙 미러〉 같은 일이 현실에서도 일어날 가능성을 설명했다.[1] 연구진은 일본에서 진행한 얼굴 인식, 감정 탐지, 시간, 온도에 따라 가격을 동적으로 바꾸는 자동판매기 사례를 들었다. 이 사례는 다른 말로 하면 시스템에서 사용자가 얼마를 지불할 수 있는가를 파악한 다음 가격을 보여준다는 말이다.[2]

에이드리언 혼은 서서 《당신은 플레이되었다(You've Been Played)》에서 기술업계의 철학이 일상에 얼마나 녹아들었는지 설명한다. 아마존 창고 노동자가 얼마나 많이 추적되고 물리적인 성과를 극대화하라는 압박을 받는지, 우버 운전사가 계속 운전하도록 만들기 위해 어떤 맞춤형 '퀘스트'가 발송되는지, 그리고 중국이 어떻게 시민의 준법 행동을 점수화하는지 등이 나와 있다.[3]

온라인 세상이 유일한 세상이 되어가고 여기서 도망칠 수가 없다는 사실이 매우 우려스럽다. 오늘날 기만적 패턴 연구의 문제라면 업계 로비 집단인 ITIF가 주장하는 것처럼 불필요하게 우려를 자아내서 문제가 아니라, 충분히 우려를 만들어내지 못하는 게 문제가 아닐까.[4]

34장

나쁜 넛지가 되지 않게

당신이 이 책을 다 읽고 나서 '흠, 그렇지만 나라면 저런 짓은 하지 않을 거야. 난 정직해. 언제나 사용자를 존중하고 그들을 조종하거나 기만하지 않을 거야'라는 결론에 다다랐을지도 모르겠다.

당신이 디자이너, 기업 소유주 또는 어떤 형태로든 제품에 관한 의사 결정을 내리는 사람이라면, 위와 같은 사고방식은 상당히 위험하다. 제품 디자인의 결과에 관해 깊게 고민하는 과정을 차단해 버리기 때문이다. 특히 결과를 내야 하는 압박에 시달리면 더욱더 그럴 것이다.

대신에 UI 디자인이 설득 행위라고 언제나 생각하는 것이 도움이 된다. 사용자의 요구와 당신이 한 작업이 불러올 결과를 충분히 생각하지 않으면 설득을 위해 기울이는 노력은 쉽게 미끄러운 경사로를 타고 조종이나 기만으로 빠지기 쉽다. 디자인은 비즈니스 목표와 사용자 요구 사항 사이에서 균형을 잡는 역할을 한다. 중립적으로 보이는 결정에도 결과는 따른다. 제품에서 어느 한 기능만 눈에 띄게 표시하면 그 결과 다른 기능은 눈에 덜 띄게 된다. 때때로 이런 반대급부는 처음에 예상했던 것만큼 해가 없지만은 않다.

공포 영화의 클리셰를 떠올려보자. 등장인물 중 하나가 매우 과장되게 설명하기를, 우리를 쫓아오는 사악한 것이 터미네이터든 상어든 하키 마스크를 쓴 사람이든 간에 연민도 없고 이성이 통하지 않으며 절대 멈추지 않을 것이라 한다고 해보자. 이는 영화 관객들이 의자 끄트머리에 앉아서 긴장을 유지하며 영화를 시청하게 만드는 꽤 좋은 기법이다. 그런데 소프트웨어도 이와 상당히 비슷하다. 소프트웨어는 똑같은 지침을 반복해서 따르는 데 특화되어 있고, 연민도 없고, 더 큰 세상에 소프트웨어의 행동이 미칠 영향을 대체로 잘 생각하지 못한다.

사용자 인터페이스가 특정한 방식으로 작동하도록 프로그래밍되면, 하루에 1000명이든 100만 명이든 그 이상이든 간에 이 인터페이스를 사용하는 모든 사람에게 똑같은 방식으로 작동할 것이다. 이 숫자는 거의 무한대로 볼 수 있으니, 모든 사소한 디자인 결정의 영향력은 증폭되기 마련이다. 따라서 이에 관해 더 깊이 고민해야 한다.

당신이 고객 서비스나 세일즈 업무 시 따라야 하는 대화 스크립트를 불친절하게 만들어서 다른 사람들에게 주면, 그들은 이 스크립트가 가져올 후폭풍을 알아차릴 것이다. 팀 내의 누군가는 결국

이 스크립트에서 벗어나거나 약간의 연민을 갖고, 또는 관리자에게 문제를 제기하거나 사표를 던질 것이다. 소프트웨어에 명확하게 그렇게 하라고 프로그래밍하지 않는 이상, 소프트웨어는 자발적으로 취약한 사용자를 돕거나 친절하게 대하거나 더 많은 노력을 기울이지는 않을 것이다.

소프트웨어는 기업 내 사람과 기업 밖 사용자 간에 장벽을 형성한다. 사용자는 비즈니스 이해 당사자들이 이리저리 움직이는 스프레드시트 내 익명의 숫자 또는 그래프 선의 픽셀로만 존재하게 된다. 인간성은 사라지게 되고, 이로 인해 기만과 조종을 통한 불공정하고 유해한 행위는 더 쉬워진다.

여기서 "《넛지》에 사인해달라는 사람을 만날 때마다 나는 '좋은 일을 위해 넛지 하세요'라고 사인한다. 이는 기대가 아니라 요청이다. 공공과 민간 부문의 주체 모두 나쁜 방향으로 넛지할 수 있기 때문이다"[1]라고 말한 노벨상 수상자 리처드 탈러의 말을 되새겨볼 필요가 있다.

좋은 일을 위해 넛지 하는 것을 기대가 아니라 규범으로 함께 만들자. 우리 제품과 시장에 더 이상 조종과 기만이 활개 칠 수 없게 만들어야 한다.

에필로그

기만적 패턴 관련 주제는 최근 급성장했으며, 이제는 응용심리학, 디자인, 법의 교차점이 되었다. 다음 단계에서는 이 세 분야의 전문성이 포함되어야 한다. 따라서 우리가 함께 협력해야 한다.

이 목표를 위해 deceptive.design 웹사이트를 협력 프로젝트로 만들었다. 마크 라이저 박사, 크리스티아나 산토스 박사와 코샤 도시가 deceptive.design 팀에 합류하여 법률과 규제에 관한 전문성이 생겼다.[1]

이 새로운 웹사이트는 기만적 패턴, 법과 집행을 하나로 엮는다. 누구든 기만적 패턴에 관해 찾으면, 해당 설계가 위반한 미국이나 EU의 법률, 관련 소송 사건이나 집행 조치(벌금 규모 및 결과 포함) 등을 알 수 있다. 디자이너, 엔지니어를 비롯하여 회사 직원들에게 직장에서 기만적 패턴에 맞서 싸울 수 있도록 새롭고 더 강력한 자료를 제공하는 것이 목표이다. 그들이 상사에게 가서 "이건 기만적 패턴입니다. 이걸 사용하면 안 됩니다. 아니면 망신당할 겁니다"라고 하는 대신, "이건 기만적 패턴입니다. 구체적으로 이런 법을 위반했고, 위반한 기업에 제기된 모든 법적 소송 내용은 이렇습니다. 그들이 내야 했던 벌금 규모를 보세요"라고 말할 수 있게 될 것이다. 이는 리스크와 재무적 언어를 사용하여 기업 소유주에게 말하는 아주 강력한 방법이다.

우리가 이 프로젝트를 지속하려면 당신의 도움이 필요하다. 불명예의 전당에 올릴 사례를 발견했다면 소셜미디어에 공유하거나 우리 웹사이트의 공유 페이지를 이용하여 전달해주길 바란다. 이와 관련한 연구 논문을 게시한 적이 있는 연구자라면 우리가 읽어볼 수 있는 링크를 전달해주면 좋겠다. 그리고 관련 법과 소송에 관한 전문가라면 정보를 알려주길 바란다. 아무리 작은 도움이라고 해도 변화를 만드는 데 큰 도움이 될 것이다.

감사의 말

이 책의 초고를 검토하고 내용을 다듬을 수 있도록 도와준 모든 사람에게 진심으로 고마운 마음을 전한다.

이본 로저스 교수님은 오래전에 HCI와 인터랙션 디자인의 길로 나를 이끌어주셨고, 학사·석사·박사 과정 내내 가르침을 주셨다. 또한 이 책을 쓰는 데에도 많은 도움을 주셨다. 교수님께 감사드린다.

기만적 패턴에 대한 법적 대응은 특히 EU에서 빠르게 발전하고 있다. 이 책이 전문적으로 법률을 다루는 것은 아니지만, 기만적 패턴을 법적으로 규제하는 것에 관해 쓸 수 있도록 도와주신 암스테르담 자유대학교의 마크 라이저 박사님께 고마움을 전한다.

다소 까다로운 주장을 풀어서 다시 쓸 수 있도록 시간을 할애해 준 세니드 보울스에게 감사하는 마음이다. 그는 10년도 더 전에 내가 이 주제로 작성한 첫 강의안을 검토해주기도 했다.

유용한 주제와 연구로 나를 안내해준 핀 뤼초우 홀름에게도 감사드린다. 이 분야는 매우 거대해졌는데, 핀은 그 모두를 다뤄본 것 같다.

마지막으로, 익명을 유지해달라고 부탁한 수많은 리뷰어도 있다. 아마도 당사자들은 잘 알 것이다. 그들에게 감사를 전한다.

• 초판이므로 오류나 누락이 있을 수 있다. 오류를 보내거나 검토하고 싶다면 아래의 웹페이지에 방문해주길 바란다. 마찬가지로, 이 책에 언급된 조직에서 일하는 사람으로서 피드백을 보내고 싶다면 같은 웹페이지를 이용하면 된다.
http://www.deceptive.design/book-errata

주

프롤로그

1 C-SPAN. (2021, March 25). House Hearing on Combating Online Misinformation and Disinformation [Video]. C-SPAN. https://www.c-span.org/video/?510053-1/house-hearing-combating-online-misinformation-disinformation&live=#

1부 기만적 눈속임은 어떻게 만들어지는가

1 월드와이드웹 재단의 기술 정책 설계 연구실의 권고에 따라, '다크패턴' 대신 '기만적 패턴'이라는 용어를 쓴다. 용어를 바꾼 이유는, 의도한 바는 아니나 인종차별적인 언어를 사용하지 않기 위함이다. 이 책에서 '다크패턴'은 해당 용어가 사용된 법률, 인용문, 연구 논문에만 사용되었다.

2 이 책은 법률서가 아니다. 이 책에서 '기만적'이라는 단어를 쓴 것은 어떠한 법적인 범주나 판단으로 간주하기 위해서가 아니다. 이전의 '다크패턴'을 대체할 목적으로 썼다고 봐주길 바란다. 이 책에서 '기만적 패턴'는 대체로 '기만 또는 조종 패턴'을 짧게 줄여 표현한 것이다.

3 Brignull, H. (2010, October 3). Dark patterns. Retrieved 3 May 2023 from https://old.deceptive.design/ A historical snapshot of darkpatterns.org, which was recently renamed to deceptive.design

4 Flights and airline FAQs | Gatwick Airport. (n.d.). https://www.gatwickairport.com/faqs/flights-and-airlines/

5 Santos, D. (2018, October 9). Customer Paths and Retail Store Layout — Part 3. Aislelabs. https://www.aislelabs.com/blog/2018/09/26/customer-paths-and-retail-store-layout-part-3

6 Image source for figure: Gatwick Airport South Terminal Passenger Maps. (2019, December). Retrieved 3 May 2023 from https://www.gatwickairport.com/globalassets/passenger-facilities/airport-maps/dec-2019/gatwick-airport-south-terminal-passenger-maps---dec-2019.pdf

7 Gatwick key facts | Gatwick Airport. (n.d.). https://www.gatwickairport.com/business-community/about-gatwick/company-information/gatwick-key-facts/

8 Image source for figure: Brignull, H. (2010, September 28). Trick questions - dark patterns. From https://old.deceptive.design/trick_questions/ A historical snapshot of darkpatterns.org.

9 GDPR 4조에는 "정보 주체의 '동의'는 본인과 관련된 개인정보의 처리에 대해 합의한다는 정보 주체의 희망을 진술 또는 명백한 적극적인 행위를 통해 자유롭고, 구체적으로, 결과에 대해 인지하여 분명하게 나타낸 의사표시를 가리킨다"고 되어 있다.

10 European Parliament and Council. (2016, May 27). Regulation (EU) 2016/679. EUR-Lex. Retrieved 5 August 2022 from https://eur-lex.europa.eu/eli/reg/2016/679/oj.

11 Alexander, C., Ishikawa, S., & Silverstein, M. (1977). A pattern language: towns, buildings, construction. New York: Oxford University Press.

12 Regulation (EU) 2022/1925 of the European Parliament and of the Council of 14 September 2022 on contestable and fair markets in the digital sector and amending Directives (EU) 2019/1937 and (EU) 2020/1828 (Digital Markets Act) (Text with EEA relevance). (2022, October 12). EUR-Lex. Retrieved 5 March 2023 from https://eur-lex.europa.eu/eli/reg/2022/1925.

13 Regulation (EU) 2022/2065 of the European Parliament and of the Council of 19 October 2022 on a Single Market For Digital Services and amending Directive 2000/31/EC (Digital Services Act) (Text with EEA relevance). (2022, October

27). EUR-Lex. Retrieved 5 March 2023 from https://eur-lex.europa.eu/eli/reg/2022/2065.

14 Proposal for a Regulation of the European Parliament and of the Council on Harmonised Rules on Fair Access to and Use of Data (Data Act). (2022, February 23). European Commission. https://eur-lex.europa.eu/legal-content/EN/TXT/HTML/?uri=CELEX:52022PC0068

15 The California Consumer Privacy Act of 2018. (2023, January 20). State of California - Department of Justice - Office of the Attorney General. Retrieved 7 February 2023 from https://oag.ca.gov/privacy/ccpa.

16 Colorado Privacy Act. (2021, July 7). https://leg.colorado.gov/sites/default/files/2021a_190_signed.pdf

17 집행 당국이란 법 규제 준수를 보장하고 소비자를 기만적 패턴으로부터 직간접적으로 보호하는 기구를 의미한다. 많은 규제당국이 곧 집행 당국(연방거래위원회, 경쟁시장청 등)이지만, 민간 법무법인, 소비자 단체 등이 집행에 나설 수도 있다.

1장 다크패턴을 이해하기 위해 알아야 할 용어들

1 이 책에서 설명하는 많은 패턴(예: 감정적 선택 강요, 끈질긴 괴롭힘 또는 강요된 행동)은 FTC법에서 정의한 기만에 해당하지 않는다. 이런 패턴은 오히려 조종으로 설명된다. 이 책이 법률서는 아니므로, 책 전반에서 기만적 패턴이라는 용어를 사용하고 있으며, FTC와 다른 미국 기구에서 사용하는 다크패턴이라는 용어의 유의어로 썼다.

2장 다크패턴은 어떻게 널리 퍼졌나

1 Stanford Digital Civil Society Lab. (n.d.). Dark Pattern Tipline. Retrieved 3 August 2022 from https://darkpatternstipline.org/

2 Stevens, M. (2016). Cheats and deceits: How animals and plants exploit and mislead. Oxford University Press.

3 Underhill, P. (1999). Why we buy: The science of shopping. Simon & Schuster.

4 자바스크립트는 프로그래밍 언어로 보통 웹 브라우저에서 실행되며 인터랙티브하고 동적인 웹사이트를 만들 수 있다.

5 분할 테스트와 다변량 테스트(Multivariate Testing, MVT)를 들어본 적이 있을 것이다. 둘 다 개념적으로는 A/B 테스트와 비슷하지만, 기술적으로 차이가 약간 있다.

6 Hopkins, Claude C. (1923) Scientific advertising. http://www.scientificadvertising.com/ScientificAdvertising.pdf

3장 경제적 인간에서 조종당하는 인간으로

1 Simon, H. A. (1986). Rationality in psychology and economics. The Journal of Business, 59(4), S209 – S224. http://www.jstor.org/stable/2352757

2 Nobel Prize in Economic Sciences 2017: https://www.nobelprize.org/prizes/economic-sciences/2017/press-release/

3 Thaler, R. H., & Sunstein, C. R. (2008). Nudge: Improving decisions about health, wealth, and happiness. Yale University Press.

4 Wickens, C.D., Gordon, S., & Liu, Y. (1997) An introduction to human factors engineering. Longman. https://openlibrary.org/works/OL2728752W/An_introduction_to_human_factors_engineering

5 Jarovsky, L. (2022, March 1). Dark patterns in personal data collection: Definition, taxonomy and lawfulness. https://papers.ssrn.com/sol3/papers.cfm?abstract_id=4048582

2부 다크패턴이 노리는 인간의 8가지 취약성

1 Gray, C. M., Kou, Y., Battles, B., Hoggatt, J., & Toombs, A. L. (2018). The dark (patterns) side of ux design. Proceedings of the 2018 CHI conference on human factors in computing systems. https://doi.org/10.1145/3173574.3174108

4장 제대로 보지 못한다: 지각의 취약성

1 Purves, D. (2001). Neuroscience. Palgrave Macmillan.

2 Gleitman, H., Gross, J., & Reisberg, D. (2011). Psychology. WW Norton & Company.

3 Lime hawk-moth | Cumbria Wildlife Trust. (n.d.). https://www.cumbriawildlifetrust.org.uk/wildlife-explorer/invertebrates/moths/lime-hawk-moth

4 Image source for figure: Sale, B. (2018). Lime hawk-moth (Mimas tiliae). Flickr. https://flickr.com/photos/33398884@N03/40578533840. cc-by-2.0.

5 W3C. (n.d.). G17: Ensuring that a contrast ratio of at least 7:1 exists between text (and images of text) and background behind the text | Techniques for WCAG

2.0. w3.org. Retrieved 3 August 2022 from https://www.w3.org/TR/WCAG20-TECHS/G17.html#G17-tests

6 WebAIM. (n.d.). WebAIM: Contrast checker. webaim.org. Retrieved 3 August 2022 from https://webaim.org/resources/contrastchecker/

7 Atrash, D. (2022, February 8). Understanding web accessibility standards: ADA, Section 508, and WCAG compliance. Medium. https://bootcamp.uxdesign.cc/understanding-web-accessibility-standards-ada-section-508-and-wcag-compliance-143cfb8b691e

8 Arena v. Intuit Inc. Case No. 19-cv-02546-CRB. (2020, March 12). Casetext. Retrieved June 29, 2023, from https://casetext.com/case/arena-v-intuit-inc

9 Arena v. Intuit Inc. Case No. 19-cv-02546-CRB. (2020, March 12). Casetext. Retrieved June 29, 2023, from https://casetext.com/case/arena-v-intuit-inc

10 이 사건은 연방제9항소법원에서 뒤집혔으며, 이는 해당 사건과 미국 법률의 모호함을 보여준다.

11 Nouwens, M., Liccardi, I., Veale, M., Karger, D., & Kagal, L. (2020). Dark patterns after the GDPR: Scraping consent pop-ups and demonstrating their influence. Proceedings of the 2020 CHI conference on human factors in computing systems. https://doi.org/10.1145/3313831.3376321

12 The Behavioural Insights Team. (2014a, April 11). EAST: Four simple ways to apply behavioural insights. BIteam.com, 11th Apr 2014. Retrieved June 17, 2023, from http://www.bi.team/wp-content/uploads/2015/07/BIT-Publication-EAST_FA_WEB.pdf

13 Image source for figure: How can a letter encourage us to pay our parking fines? (4 March 2016). The Behavioural Insights Team. Retrieved 17 October 2022 from https://www.bi.team/blogs/how-can-a-letter-encourage-us-to-pay-our-parking-fines/

14 문자만 쓴 조건에서는 14.7%의 수신인이 납부했고, 빨간색 스탬프가 찍힌 조건에서는 17.8%의 수신인이 납부했다. 샘플 총수는 4만 8445개였다. BIT는 각 조건의 수는 밝히지 않았다. http://www.bi.team/wp-content/uploads/2015/07/BIT-Publication-EAST_FA_WEB.pdf

15 Williams, R. (2015). The non-designer's design book: Design and typographic principles for the visual novice. Amsterdam University Press.

5장 제대로 읽지 않는다: 이해의 취약성

1 PIAAC. (n.d.). The Programme for the International Assessment of Adult Competencies. Retrieved January 24, 2023, from https://nces.ed.gov/surveys/piaac/about.asp

2 Infographics. (n.d.). PIAAC Gateway. Retrieved 24 January 2023 from https://www.piaacgateway.com/infographics

3 Image source for figure: Justin Hurwitz, Americans at risk: Manipulation and deception in the digital age. (Written testimony of Justin Hurwitz) (2020) https://www.congress.gov/event/116th-congress/house-event/LC67008/text?loclr=cga-committee

4 Krug, S. (2006). Don't make me think! A common sense approach to web usability. New Riders.

5 이는 사용자의 목적과 콘텐츠 양이 서로 다른 웹사이트와 앱에 해당한다('이 콘텐츠를 빨리 살펴보고 내 일을 끝낼 방법을 찾고 싶다'). 다만 사용자의 목적이 시간, 주의, 에너지를 많이 들이더라도 학습이거나 모든 단어를 음미하는 데 있는 소설과 긴 형식의 콘텐츠는 제외된다.

6 Morkes, J., & Nielsen, J. (1997, January 1) Concise, SCANNABLE, and objective: How to write for the web https://www.nngroup.com/articles/concise-scannable-and-objective-how-to-write-for-the-web/

7 Nielsen, J. (1997, September 30). How users read on the web https://www.nngroup.com/articles/how-users-read-on-the-web/

8 Pernice, K., Whitenton, K.. & Nielsen, J. (2014). How people read online: The eyetracking evidence https://www.nngroup.com/reports/how-people-read-web-eyetracking-evidence/

9 Pirolli, P., & Card, S.K. (1999). Information foraging. Psychological Review, 106(4), 643–675. https://doi.org/10.1037/0033-295X.106.4.643

10 Federal Trade Commission. (2022, September 15). Bringing dark patterns to light - FTC staff report. Retrieved 1 January 2023 from https://www.ftc.gov/reports/bringing-dark-patterns-light

11 Luguri, J., & Strahilevitz, L.J. (2021, January 1). Shining a light on dark patterns.

Journal of Legal Analysis, 13(1), 43–109. https://academic.oup.com/jla/article/13/1/43/6180579

6장 비합리적으로 행동한다: 의사 결정의 취약성

1 Society for Judgment and Decision Making. (n.d.). Retrieved 23 January 2023 from https://sjdm.org/

2 Wylie, C. (2020). Mindf*ck: Cambridge Analytica and the plot to break America. Penguin Random House.

3 Ariely, D. (2010). Predictably irrational: The hidden forces that shape our decisions. Revised and expanded edition. Harper Perennial.

4 Sloman, A. (1989). Preface. In M. Sharples, D. Hogg, S. Torrance, D. Young, & C. Hutchinson, Computers and thought: A practical introduction to artificial intelligence. Bradford Books. https://www.cs.bham.ac.uk/research/projects/cogaff/personal-ai-sloman-1988.html

5 Benson, B. (2016, September 1). Cognitive bias cheat sheet: An organized list of cognitive biases because thinking is hard. Better Humans. Medium. Retrieved 23 September 2022 from https://betterhumans.pub/cognitive-bias-cheat-sheet-55a472476b18

6 Cialdini, R.B. (2001). Influence: Science and practice. Allyn and Bacon. The book details '7 weapons of influence': scarcity, authority, social proof, sympathy, reciprocity, consistency and unity.

7 Schüll, N.D. (2014). Addiction by design: Machine gambling in Las Vegas. Amsterdam University Press.

8 250 best A/B testing ideas based on neuromarketing. (n.d.). Convertize.com. Retrieved 31 January 2023 from https://tactics.convertize.com/principles

9 Johnson, E., & Goldstein, D. A. (2003). Do defaults save lives? Science, 302(5649), 1338–1339. https://doi.org/10.1126/science.1091721

10 Thaler, R.H. (2015). Misbehaving: The making of behavioural economics. Penguin Books Ltd.

11 Servicio Nacional del Consumidor [SERNAC]. (2022, March). Policy paper on cookies consent requests: Experimental evidence of privacy by default and dark patterns on consumer privacy decision making. Retrieved 28 January 2023 from

https://icpen.org/sites/default/files/2022-05/SERNAC_Policy_Paper_Cookies_Experiment.pdf

12 Tversky, A., & Kahneman, D. (1974). Judgement under uncertainty: Heuristics and biases. Science, 185, 1124 – 1131. https://doi.org/10.1126/science.185.4157.1124

13 Tversky, A., & Kahneman, D. (1981). The framing of decisions and the psychology of choice. Science, 211, 453 – 458. https://doi.org/10.1126/science.7455683

14 Ariely, D. (2010). Predictably irrational: The hidden forces that shape our decisions. Revised and expanded edition. Harper Perennial.

15 Hallsworth, M., List, J.A., Metcalfe, R.D., & Vlaev, I. (2017). The behavioralist as tax collector: Using natural field experiments to enhance tax compliance. Journal of Public Economics, 148, 14 – 31. https://doi.org/10.1016/j.jpubeco.2017.02.003

16 Ninja Foodi Air Fryer. (n.d.). Amazon.co.uk. Retrieved 4 February 2023 from https://www.amazon.co.uk/Ninja-Foodi-Fryer-Dual-Zone/dp/B08CN3G4N9/

17 Brignull, H. (2021, May 21). Manipulating app store reviews with dark patterns. 90 Percent of Everything. Retrieved 4 February 2023 from https://90percentofeverything.com/2012/05/21/manipulating-app-store-reviews-with-dark-patterns/

18 Worchel, S., Lee, J. W., & Adewole, A. (1975). Effects of supply and demand on ratings of object value. Journal of Personality and Social Psychology, 32(5), 906 – 914. https://citeseerx.ist.psu.edu/viewdoc/download?doi=10.1.1.822.9487

19 Arkes, H.R., & Blumer, C. (1985). The psychology of sunk cost. Organizational Behavior and Human Decision Processes, 35(1), 124 – 140. https://doi.org/10.1016/0749-5978(85)90049-4

20 Behavioural Insights Team with Cabinet Office, Department of Health, Driver and Vehicle Licensing Agency, & NHS Blood and Transplant. (2013, December 23). Applying behavioural insights to organ donation. Behavioural Insights Team. Retrieved 17 October 2022 from https://www.bi.team/publications/applying-behavioural-insights-to-organ-donation/

21 설득의 인지 편향 이용에 관한 자세한 정보는 다음 책을 참조하길 바란다. Cialdini, R.B. (2001). Influence: Science and Practice. Allyn and Bacon. 이 책에서는 희소성, 권위, 사회적 증거, 공감, 호혜, 일관성, 단일성이라는 '7가지 영향력 무기'를 자세히 설명한다.

7장 예상한 대로 될 거라 믿는다: 기대치 이용하기

1 Frost, B. (2013). Atomic design. https://atomicdesign.bradfrost.com/

2 Nikolaus, U., & Bohnert, S. (2017, September 28). User expectations vs. web design patterns: User expectations for the location of web objects revisited. Retrieved 22 January 2023 from https://www.hfes-europe.org/wp-content/uploads/2017/10/Nikolaus2017poster.pdf

3 Podestà, S. (2017, June 26). Digital patterns: A marketing perspective. Medium. https://silviapodesta.medium.com/digital-patterns-a-marketing-perspective-4abf1833cc57

4 Forney, J. (2014). Dark patterns: Ethical design as strategy [I694 thesis project report]. Indiana University at Bloomington.

8장 시간과 주의력을 쉽게 빼앗긴다: 자원 고갈과 압박

1 Whitenton, K. (2013, December 22). Minimize cognitive load to maximize usability. NN Group. https://www.nngroup.com/articles/minimize-cognitive-load/

2 Interactive Design Foundation. (n.d.). Cognitive friction. https://www.interaction-design.org/literature/topics/cognitive-friction

3 Hockey, R. (2013). The psychology of fatigue: Work, effort and control. Cambridge University Press. https://doi.org/10.1017/CBO9781139015394

4 Sunstein, C.R. (2022). Sludge: What stops us from getting things done and what to do about it. MIT Press.

5 Obstruction: https://www.deceptive.design/types/obstruction

6 Roach motel: https://old.deceptive.design/roach_motel/

7 더 구체적으로 보면, 추가 단계 그룹의 3215명 중 19.2%, 직접 그룹의 5215명 중 24.3%였다.

9장 거부할 수 없는 상황에 가두기: 강제와 차단

1 Defeat Keurig's K-Cup DRM with a single piece of tape. (2014, December 11). [Video]. Boing Boing. Retrieved 12 March 2023 from https://boingboing.net/2014/12/11/defeat-keurigs-k-cup-drm-wit.html

2 Harding, S. (2023, March 9). HP outrages printer users with firmware update suddenly bricking third-party ink. Ars Technica. https://arstechnica.com/gadgets/2023/03/customers-fume-as-hp-blocks-third-party-ink-from-more-of-its-printers/

10장 부정적 감정을 피하려 한다: 감정의 취약성

1 Krishen, A.S., & Bui, M. (2015). Fear advertisements: Influencing consumers to make better health decisions. International Journal of Advertising, 34(3), 533–548. https://doi.org/10.1080/02650487.2014.996278

2 The pair of advertisements in this figure employ sexist imagery and offensive content. While these tactics are objectionable and in poor taste, they illustrate the topic of this chapter—'exploitation of emotional vulnerabilities'.

3 Chapman, S. (2018). Is it unethical to use fear in public health campaigns? American Journal of Public Health, 108(9), 1120–1122. https://doi.org/10.2105/ajph.2018.304630

11장 인간은 도파민의 노예다: 중독

1 American Psychiatric Association. (2022). Diagnostic and statistical manual of mental disorders (5th ed., text rev.). APA Publishing. https://doi.org/10.1176/appi.books.9780890425787

2 Griffiths, M.D. (2005). A 'components' model of addiction within a bio-psychosocial framework. Journal of Substance Use, 10(4), 191–197. https://doi.org/10.1080/14659890500114359

3 Mujica, A.D., Crowell, C.R., Villano, M., & Uddin, K. (2022). Addiction by design: Some dimensions and challenges of excessive social media use. Medical Research Archives, 10(2). https://esmed.org/MRA/mra/article/view/2677

4 Nestler, E.J. (2005). Is there a common molecular pathway for addiction? Nature Neuroscience, 8(11), 1445–1449. https://doi.org/10.1038/nn1578

5 Pandey, E. (2017, November 9). Sean Parker: Facebook was designed to exploit human 'vulnerability.' Axios. https://www.axios.com/2017/12/15/sean-parker-facebook-was-designed-to-exploit-human-vulnerability-1513306782

6 Skinner, B.F. (1938). The behavior of organisms: An experimental analysis. New York: D. Appleton-Century Company.

7 Mujica, A.D., Crowell, C.R., Villano, M., & Uddin, K. (2022). Addiction by design: Some dimensions and challenges of excessive social media use. Medical Research Archives, 10(2). https://esmed.org/MRA/mra/article/view/2677

8 Eyal, N., & Hoover, R. (2014). Hooked: How to build habit-forming products. Portfolio.

9 Schüll, N.D. (2014). Addiction by design: Machine gambling in Las Vegas. Amsterdam University Press.

10 Knowles, T. (2019, April 27). I'm so sorry, says inventor of endless online scrolling. The Times. Retrieved 28 May 2023 from https://www.thetimes.co.uk/article/i-m-so-sorry-says-inventor-of-endless-online-scrolling-9lrv59mdk

11 Kelly, M. (2019, July 30). New bill would ban autoplay videos and endless scrolling. The Verge. https://www.theverge.com/2019/7/30/20746878/josh-hawley-dark-patterns-platform-design-autoplay-youtube-videos-scrolling-snapstreaks-illegal

12 Forbrukerrådet [Norwegian Consumer Council]. (2022, May 31). Insert coin: How the gaming industry exploits consumers using loot boxes. Retrieved May 19, 2023, from https://fil.forbrukerradet.no/wp-content/uploads/2022/05/2022-05-31-insert-coin-publish.pdf

Also see: Gambling Commission. (2018, September 17). International concern over blurred lines between gambling and video games. Gambling Commission. https://www.gamblingcommission.gov.uk/news/article/international-concern-over-blurred-lines-between-gambling-and-video-games

13 Macey, J., & Hamari, J. (2022). Gamblification: A definition. New Media & Society. https://doi.org/10.1177/14614448221083903

14 Riendeau, D. (2017, October 20). We talk EA woes, Mass Effect: Andromeda, race, and sexism with Manveer Heir. Waypoint Radio. https://www.vice.com/

en/article/evbdzm/race-in-games-ea-woes-with-former-mass-effect-manveer-heir

15 Apple Inc. (2017). App Store review guidelines - Apple Developer. Apple Developer. https://developer.apple.com/app-store/review/guidelines/#in-app-purchase

16 Robertson, A. (2019, May 29). Google's Play Store starts requiring games with loot boxes to disclose their odds. The Verge. https://www.theverge.com/2019/5/29/18644648/google-play-store-loot-box-disclosure-family-friendly-policy-changes

17 Rousseau, J. (2022, August 4). Study finds that Belgium's loot box ban isn't being enforced. GamesIndustry.biz. https://www.gamesindustry.biz/study-finds-that-belgiums-loot-box-ban-isnt-being-enforced

18 Wawro, A. (2017, November 7). Take-Two plans to only release games with 'recurrent consumer spending' hooks. Game Developer. https://www.gamedeveloper.com/business/take-two-plans-to-only-release-games-with-recurrent-consumer-spending-hooks

19 DarkPattern.games. Healthy gaming: Avoid addictive gaming dark patterns. (n.d.). DarkPattern.games. Retrieved 19 May 2023 from https://www.darkpattern.games/

20 Forbrukerrådet [Norwegian Consumer Council]. (2022, May 31). Insert coin: How the gaming industry exploits consumers using loot boxes. Retrieved 19 May 2023 from https://fil.forbrukerradet.no/wp-content/uploads/2022/05/2022-05-31-insert-coin-publish.pdf

21 Goodstein, S. (2021, February 1). When the cat's away: Techlash, loot boxes, and regulating 'dark patterns' in the video game industry's monetization strategies. University of Colorado Law Review. Retrieved 19 May 2023 from https://lawreview.colorado.edu/printed/when-the-cats-away-techlash-loot-boxes-and-regulating-dark-patterns-in-the-video-game-industrys-monetization-strategies/

12장 설득인가, 조종인가

1 이 책에서 '기만적 패턴'이라는 용어를 쓰고 있지만, 내가 법적인 맥락에서 일할 때

는 '기만 또는 조종 패턴'이라는 용어를 사용한다.

2 Sunstein, C.R. (2015, February 18). Fifty Shades of Manipulation. Social Science Research Network. https://doi.org/10.2139/ssrn.2565892

3부 다크패턴의 여러 유형

1 Gray, C. M., Kou, Y., Battles, B., Hoggatt, J., & Toombs, A. L. (2018). The dark (patterns) side of ux design. Proceedings of the 2018 CHI conference on human factors in computing systems. https://doi.org/10.1145/3173574.3174108

2 EDPB. (2022, March 14). Dark patterns in social media platform interfaces: How to recognise and avoid them. European Data Protection Board. Retrieved 14 January 2023 from https://edpb.europa.eu/system/files/2022-03/edpb_03-2022_guidelines_on_dark_patterns_in_social_media_platform_interfaces_en.pdf

3 Dark commercial patterns. (2022). OECD Digital Economy Papers. https://doi.org/10.1787/44f5e846-en

4 Mathur, A., Kshirsagar, M., & Mayer, J. (2021). What makes a dark pattern… dark? Proceedings of the 2021 CHI conference on human factors in computing systems. https://doi.org/10.1145/3411764.3445610

13장 다크패턴의 분류 체계

1 Mathur, A., Acar, G., Friedman, M.J., Lucherini, E., Mayer, J., Chetty, M., and Narayanan, A. (2019). Dark patterns at scale: Findings from a crawl of 11K shopping websites. Proceedings of the ACM on human-computer interaction, 3(CSCW), article 81. https://doi.org/10.1145/3359183

2 Brignull, H. (2013, August 29). Dark patterns: Inside the interfaces designed to trick you. The Verge. https://www.theverge.com/2013/8/29/4640308/dark-patterns-inside-the-interfaces-designed-to-trick-you

3 전자책 리더기로 이 표를 보기 불편하면 마투르 등의 웹사이트에서 보는 것이 편할 수 있다. 주소: https://webtransparency.cs.princeton.edu/dark-patterns/

4 여기에서 용어를 약간 바꿔서 썼다. 마투르 등은 '속임수 질문'이라고 했는데, '속임수 표현'이라고 한 것이다. 속임수를 쓰는 언어가 언제나 간단한 질문 형태인 것은 아니기 때문이다.

14장 은닉

1 Nielsen, J. (2006, December 3). Progressive disclosure. Nielsen Norman Group. Retrieved 21 December 2022 from https://www.nngroup.com/articles/progressive-disclosure/

2 Image source for figure: Sports Direct. (n.d.). Retrieved 4 May 2015 from https://sportsdirect.com

3 Image source for figure: Sports Direct. (n.d.). Retrieved 4 May 2015 from https://sportsdirect.com

4 Consumer Rights Directive (2011) https://eur-lex.europa.eu/legal-content/EN/TXT/?uri=celex%3A32011L0083

5 Federal Trade Commission. The economics of drip pricing. (2015, January 6). Retrieved 10 October 2022 from https://www.ftc.gov/news-events/events/2012/05/economics-drip-pricing

6 Bait and switch: A type of deceptive design. (2010). Retrieved 10 October 2022 from https://www.deceptive.design/types/bait-and-switch

7 Blake, T., Moshary, S., Sweeney, K., & Tadelis, S. (2021, July). Price salience and product choice. Marketing Science, 40(4), 619–636. https://doi.org/10.1287/mksc.2020.1261

8 그림 출처는 Stubhub.com이다. 디모인에 있는 웰스파고 아레나에서 2022년 10월 8일 열리는 빌 버의 공연 티켓을 구매하는 과정에서 2022년 9월 18일에 캡처했다.

9 Serati, N. (2019, May 16). The ugly side of Marriott's new home rentals: Sky-high cleaning fees. Thrifty Traveler. Retrieved 10 October 2022 from https://thriftytraveler.com/news/hotels/marriott-cleaning-fees-homes-villas/

10 Pennsylvania Office of Attorney General. AG Shapiro's action requires Marriott to disclose 'resort fees.' (n.d.). Retrieved 10 October 2022 from https://www.attorneygeneral.gov/taking-action/ag-shapiros-action-requires-marriott-to-disclose-resort-fees/

11 Image source for figure: alexa. (2021, May 17). we gotta stop airbnb. Twitter. Retrieved 10 October 2022 from https://twitter.com/mariokartdwi/status/1394176793616080896

12 Shon, S. (2021, June 22). Demystifying Airbnb fees: How to understand the final

cost before booking. The Points Guy. Retrieved 10 October 2022 from https://thepointsguy.com/guide/understand-airbnb-fees/

13 Sawyer, D. (2017, December 28). I built a browser extension. Reddit. Retrieved 10 October 2022 from https://www.reddit.com/r/Frugal/comments/7mpca2/i_built_a_browser_extension_that_shows_you_the/

14 ACCC. Price displays. (2022, October 6). Australian Competition and Consumer Commission. Retrieved 10 October 2022 from https://www.accc.gov.au/consumers/pricing/price-displays

15 Schaal, D. (2019, July 13). Airbnb offers greater price transparency in Europe after regulatory threats. Skift. Retrieved 10 October 2022 from https://skift.com/2019/07/15/airbnb-offers-greater-price-transparency-in-europe-after-regulatory-threats/

16 Airbnb.co.uk. (n.d.). Airbnb. Retrieved 10 October 2022 from https://www.airbnb.co.uk/

17 Image source for figure: Airbnb.co.uk. (n.d.). Airbnb. Retrieved 10 October 2022 from https://www.airbnb.co.uk/

18 Screenshot in figure captured from the Figma App on 4 July 2023

19 Screenshot for figure captured on 5 December 2022 from: https://help.figma.com/hc/en-us/articles/360040531773-Share-or-embed-your-files-and-prototypes

20 Image source for figure: Weichbrodt, G. (2021, March 9). Hey @figmadesign, could you please tell people that they're being charged extra money if they submit this form. Twitter. Retrieved 8 May 2023 from https://twitter.com/greg00r/status/1369308234318766091

21 Source for screenshot in figure: How to add a base collaborator. Airtable support. (n.d.). https://support.airtable.com/hc/en-us/articles/202625759-Adding-a-base-collaborator

22 harper. (2020, June 15). just got a $3360 charge from @airtable because i invited some folks to review a base i made. Twitter. Retrieved 8 May 2023 from https://twitter.com/harper/status/1272549461391290370

15장 긴급성

1 Twozillas. (n.d.). Hurrify Countdown timer: Powerful, effective & instant sales booster. Shopify App Store. Retrieved 1 September 2022 from https://web.archive.org/web/20220901000625/https://apps.shopify.com/hurrify-countdown-timer. Page archive hosted by archive.org.

2 Bogle, A. (2018, January 24). Are five people really looking at this item right now? For consumers, it's hard to know. ABC News. https://www.abc.net.au/news/science/2018-01-25/online-shopping-are-five-people-really-looking-at-this-item/9353788

3 Twozillas. (n.d.). Hurrify Countdown timer: Powerful, effective & instant sales booster. Shopify App Store. Retrieved 1 September 2022 from https://web.archive.org/web/20220901000625/https://apps.shopify.com/hurrify-countdown-timer. Page archive hosted by archive.org.

4 Samsung Electronics America. Jet 75 cordless vacuum (n.d.). Retrieved 21 December 2022 from https://www.samsung.com/us/home-appliances/vacuums/jet-stick/samsung-jet--75-complete-cordless-stick-vacuum-vs20t7551p5-aa/

5 Samsung Electronics America. Jet 75 cordless vacuum (n.d.). Retrieved 1 November 2022 from https://web.archive.org/web/20221101145349/https://www.samsung.com/us/home-appliances/vacuums/jet-stick/samsung-jet--75-complete-cordless-stick-vacuum-vs20t7551p5-aa/

6 Image source for figure: Samsung Electronics Ameria. Jet 75 cordless vacuum (n.d.). Retrieved 1 November 2022 from https://web.archive.org/web/20221101145349/https://www.samsung.com/us/home-appliances/vacuums/jet-stick/samsung-jet--75-complete-cordless-stick-vacuum-vs20t7551p5-aa

16장 미스디렉션

1 Joseph, E. (1992). How to pick pockets for fun and profit: A magician's guide to pickpocket magic. Adfo Books.

2 confirmshaming. (n.d.). Confirmshaming. Retrieved 3 August 2022 from https://confirmshaming.tumblr.com/

3 특히 예리한 사람이라면 컨펌셰이밍을 기만보다는 조종 패턴으로 설명하는 것이 더 낫다는 점을 알게 될 것이다. 사용자에게 숨기는 정보가 없기 때문이다. 이름을 간결하고 기억하기 쉽게 할 목적에서 나는 조종 및 기만 둘 다를 의미하는 '기만적 패턴'이라는 용어를 쓰고 있다. 둘의 차이에 관해 더 자세한 분석을 보고 싶다면 다음을 참조하길 바란다. 'The Ethics of Manipulation' (Stanford Encyclopedia of Philosophy). (2022, April 21). https://plato.stanford.edu/entries/ethics-manipulation/

4 Image source for figure: Alex9zo. (2017, June 22). No thanks, I hate free money. Reddit. Retrieved 3 August 2022 from https://www.reddit.com/r/mildlyinfuriating/comments/6it8q1/no_thanks_i_hate_free_money/

5 Axbom, P. [axbom]. (2021, August 29). Per Axbom [Tweet]. Twitter. https://twitter.com/axbom/status/1432004956190556163

6 Image source for figure: Axbom, P. [axbom]. (2021, August 29). Per Axbom [Tweet]. Twitter. https://twitter.com/axbom/status/1432004956190556163

7 Sunflower, [ohhellohellohii]. (2021, January 27). @darkpatterns this one nearly got me. @trello really wants you to use their free trial [Tweet]. Twitter. https://twitter.com/ohhellohellohii/status/1354535533456879618

8 Image source for figure: Sunflower, [ohhellohellohii]. (2021, January 27). @darkpatterns this one nearly got me. @trello really wants you to use their free trial [Tweet]. Twitter. https://twitter.com/ohhellohellohii/status/1354535533456879618

9 Image source for figure: Sunflower, [ohhellohellohii]. (2021, January 27). @darkpatterns this one nearly got me. @trello really wants you to use their free trial [Tweet]. Twitter. https://twitter.com/ohhellohellohii/status/1354535533456879618

10 Apple. (n.d.). Accessibility - Vision. Apple (United Kingdom). https://www.apple.com/uk/accessibility/vision/

11 Image source for figure: Atlassian. (n.d.). Try Trello Premium free for 30 days. Trello.com. Retrieved 5 November 2021 from https://trello.com/

12 bigslabomeat. (2021, January 20). Getting desperate now? This came up when I opened the @YouTube app. I don't want premium [Tweet]. Twitter. https://

twitter.com/bigolslabomeat/status/1351819681619976198

13 Image source for figure: bigslabomeat. (2021, January 20). Getting desperate now? This came up when I opened the @YouTube app. I don't want premium [Tweet]. Twitter. https://twitter.com/bigolslabomeat/status/1351819681619976198

14 이 글을 쓰는 현재, 테슬라의 자율 주행 기능은 2단계에 불과하며, '완전' 자율 주행이 아니다. 즉, 이는 속임수 표현 또는 허위 광고이다. 더 자세한 정보는 다음을 참조하길 바란다. Morris, J. (2021, March 13). Why is Tesla's full self-driving only level 2 autonomous? Forbes. https://www.forbes.com/sites/jamesmorris/2021/03/13/why-is-teslas-full-self-driving-only-level-2-autonomous/

15 Ted Stein on Twitter. (2020, January 20). Twitter. Retrieved 8 May 2023 from https://web.archive.org/web/20200120235411/https://twitter.com/tedstein/status/1219406818415456268

16 Image source for figure: Ted Stein on Twitter. (2020, January 20). Twitter. Retrieved 8 May 2023 from https://web.archive.org/web/20200120235411/https://twitter.com/tedstein/status/1219406818415456268

17 Taleb, N.N. (2020, January 15). Elon @elonmusk, your Customer Support at Tesla is even worse than I claimed last time [Tweet]. https://twitter.com/nntaleb/status/1217471369350348807

18 Source of screenshot in figure: https://teslamotorsclub.com/tmc/threads/anyone-here-get-a-refund-for-acceleration-boost.183979/

19 Goldmacher, S. (2021, April 17). G.O.P. group warns of 'defector' list if donors uncheck recurring box. The New York Times. https://www.nytimes.com/2021/04/07/us/politics/republicans-donations-trump-defector.html

20 Source of image in screenshot: Donald J. Trump's digital donation portal. (n.d.). Winred. Retrieved 13 March 2020 from https://web.archive.org/web/20200313042615/https://secure.winred.com/djt/we-made-history?amount=150&location=websitenav

21 Brignull, H. (2015, April 1). Ryanair hide free option: Don't insure me. darkpatterns.org. Retrieved 8 May 2023 from https://web.archive.org/

web/20150804081628/http://darkpatterns.org/ryanair-hide-free-option-dont-insure-me/

22 Autorita' Garante della Concorrenza e del Mercato (AGCM). https://en.agcm.it/en/media/press-releases/2014/2/alias-2105 (last visited 17 Jan 2021).

23 Forbrukerrådet [Norwegian Consumer Council]. Regarding deceptive design on your website. (2022, December 1). Retrieved 28 May 2023 from https://storage02.forbrukerradet.no/media/2022/11/brev-ryanair-engelsk.pdf

24 Competition and Markets Authority. (2019, September 13). Online hotel booking. GOV.UK. Retrieved 13 October 2022 from https://www.gov.uk/cma-cases/online-hotel-booking

25 Competition and Markets Authority. (2019, February 26). Consumer protection law compliance: Principles for businesses offering online accommodation booking services. GOV.UK. Retrieved 13 October 2022 from https://bit.ly/436v4l5

26 Cheplyaka, R. (2017, September 23). How Booking.com manipulates you. Roche.info. Retrieved 3 August 2022 from https://ro-che.info/articles/2017-09-17-booking-com-manipulation

27 Competition and Markets Authority. (2019, February 6). Hotel booking sites to make major changes after CMA probe. GOV.UK. Retrieved 13 October 2022 from https://www.gov.uk/government/news/hotel-booking-sites-to-make-major-changes-after-cma-probe

17장 사회적 증거

1 Image source for figure: Neves-Charge, H., [henry_neves7]. (2017, November 29). This sort of stuff needs to stop. It's a lie and a dark pattern. See it on almost every e-commerce site. #ux #badux #darkpattern #usability @Etsy [Tweet]. Retrieved 8 May 2023 from https://twitter.com/henry_neves7/status/935960327312855040

2 Image source for figure: Beeketing and related apps no longer on Shopify: Details and alternative apps. (2022, January 31). Shopify Community. https://community.shopify.com/c/announcements/beeketing-and-related-apps-no-longer-on-shopify-details-and/td-p/553686

3 Image source for figure: Sales Pop. The world's best social proof app (free!). (n.d.). Retrieved8 October 2022 from https://beeketing.com/powered-by-sales-pop

4 Beeketing. How to create custom notifications with Sales Pop? (2019, February 27). https://support.beeketing.com/support/solutions/articles/6000162593-how-to-create-custom-notifications-with-sales-pop

5 Image source for figure: Beeketing. How to create custom notifications with Sales Pop? (2019, February 27). https://support.beeketing.com/support/solutions/articles/6000162593-how-to-create-custom-notifications-with-sales-pop

6 Federal Trade Commission. (2022, September 15). Bringing dark patterns to light - FTC staff report. Retrieved 1 January 2023 from https://www.ftc.gov/reports/bringing-dark-patterns-light

7 FTC v. RagingBull.com LLC. Case 1:20-cv-03538-GLR https://www.ftc.gov/system/files/documents/cases/ragingbull.com_-_amended_complaint_for_permanent_injunction_and_other_equitable_relief.pdf

18장 희소성

1 Image source for figure: HeyMerch. (n.d.). Hey!Scarcity Low Stock Counter. Shopify App Store. Retrieved 21 December 2022 from https://apps.shopify.com/heymerch-sales-stock-counter

2 Shopify. (n.d.). Requirements for apps in the Shopify App Store. Retrieved 21 December 2022 from https://shopify.dev/apps/store/requirements

3 Effective Apps. (n.d.). Scarcity++ Low Stock Counter. Shopify App Store. Retrieved 21 December 2022 from https://apps.shopify.com/almostgone-low-in-stock-alert

4 Image source for figure: Effective Apps. (n.d.). Scarcity++ Low Stock Counter. Shopify App Store. Retrieved 21 December 2022 from https://apps.shopify.com/almostgone-low-in-stock-alert

19장 방해

1 European Parliament and Council. (2016, May 27). Regulation (EU) 2016/679.

EUR-Lex. Retrieved 5 August 2022 from https://eur-lex.europa.eu/eli/reg/2016/679/oj

2 Forbrukerrådet [Norwegian Consumer Council]. (2018, June 18). Deceived by design: How tech companies use dark patterns to discourage us from exercising our rights to privacy. Retrieved 8 March 2023 from https://fil.forbrukerradet.no/wp-content/uploads/2018/06/2018-06-27-deceived-by-design-final.pdf

3 Image source for figure: Forbrukerrådet [Norwegian Consumer Council]. (2018, June 18). Deceived by design: How tech companies use dark patterns to discourage us from exercising our rights to privacy. Retrieved 8 March 2023 from https://fil.forbrukerradet.no/wp-content/uploads/2018/06/2018-06-27-deceived-by-design-final.pdf

4 Image source for figure: Forbrukerrådet [Norwegian Consumer Council]. (2018, June 18). Deceived by design: How tech companies use dark patterns to discourage us from exercising our rights to privacy. Retrieved 8 March 2023 from https://fil.forbrukerradet.no/wp-content/uploads/2018/06/2018-06-27-deceived-by-design-final.pdf

5 BEUC. (2022, June 30). European consumer groups take action against Google for pushing users towards its surveillance system. Retrieved 25 May 2023 from https://www.beuc.eu/press-releases/european-consumer-groups-take-action-against-google-pushing-users-towards-its

6 Brignull, H. (2010). Roach Motel - Dark Patterns. Retrieved June 29, 2023, from https://old.deceptive.design/roach_motel/

7 vanillatary. (2021, November 10). this should literally be illegal [tweet]. Twitter. Retrieved 8 May 2023 from https://twitter.com/vanillatary/status/1458489382327967747

8 Image source for figure: vanillatary. (2021, November 10). this should literally be illegal [tweet]. Twitter. Retrieved 8 May 2023 from https://twitter.com/vanillatary/status/1458489382327967747

9 jandll. (2021, February 18). Before buying a NYT subscription, here's what it'll take to cancel it. Hacker News. Retrieved 8 May 2023 from https://news.ycombinator.com/item?id=26174269

10 Business and professions code, article 9, Automatic purchase renewals [17600 – 17606]. https://leginfo.legislature.ca.gov/faces/codes_displaySection.xhtml?lawCode=BPC§ionNum=17602.

11 Consider the Consumer. (2021, June 14). Maribel Moses settlement – California New York Times auto subscription class action lawsuit settles for $5 Million…. https://considertheconsumer.com/class-action-settlements/maribel-moses-settlement-california-new-york-times-auto-subscription-class-action-lawsuit-settles-for-5-5-million

12 Top Class Actions. (2021, August 6). Washington Post auto-renew $6.8m class action settlement. https://topclassactions.com/lawsuit-settlements/closed-settlements/1028395-washington-post-auto-renew-6-8m-class-action-settlement/

13 Federal Trade Commission (2020, September 2). Children's online learning program ABCmouse to pay $10 million to settle FTC charges of illegal marketing and billing practices. https://www.ftc.gov/news-events/press-releases/2020/09/childrens-online-learning-program-abcmouse-pay-10-million-settle

14 Forbrukerrådet [Norwegian Consumer Council]. (2021). You can log out, but you can never leave: How Amazon manipulates consumers to keep them subscribed to Amazon Prime. Retrieved 25 May 2023 from https://fil.forbrukerradet.no/wp-content/uploads/2021/01/2021-01-14-you-can-log-out-but-you-can-never-leave-final.pdf

15 European Commission. (2022, July 1). Consumer protection: Amazon Prime changes its cancellation practices to comply with EU consumer rules. Retrieved 25 May 2023 from https://ec.europa.eu/commission/presscorner/detail/en/ip_22_4186

16 Public Citizen. (2021, January 14). FTC complaint: Ending an Amazon Prime membership is a deceptive, unlawful ordeal. https://www.citizen.org/news/ftc-complaint-ending-an-amazon-prime-membership-is-a-deceptive-unlawful-ordeal/

17 Kim, E. (2022, March 14). Internal documents show Amazon has for years

knowingly tricked people into signing up for Prime subscriptions. 'We have been deliberately confusing,' former employee says. Business Insider. https://www.businessinsider.com/amazon-prime-ftc-probe-customer-complaints-sign-ups-internal-documents-2022-3

18 Federal Trade Commission. (2023, March 23). FTC proposes rule provision making it easier for consumers to 'click to cancel' recurring subscriptions and memberships. Retrieved 25 May 2023 from https://www.ftc.gov/news-events/news/press-releases/2023/03/federal-trade-commission-proposes-rule-provision-making-it-easier-consumers-click-cancel-recurring

19 Biden, P. (2023, March 23). Too often, companies make it difficult to unsubscribe from a service [Tweet]. Twitter. Retrieved 25 May 2023 from https://twitter.com/POTUS/status/1638896377353601028

20장 행동 강요

1 Brignull, H. (2010, October). Privacy zuckering: A type of deceptive design. Retrieved 11 October 2022 from https://www.deceptive.design/types/privacy-zuckering

2 Krebs, B. (2022, August 13). Twitter. Retrieved 11 October 2022 from https://twitter.com/briankrebs/status/1558441625197633537

3 Screenshot used in figure captured from the Skype iPad app on 11 October 2022.

4 Screenshot used in figure captured from the Skype iPad app on 11 October 2022.

5 Hartzog, W. (2018, April 9). Privacy's blueprint: The battle to control the design of new technologies (illustrated). Harvard University Press.

6 Wylie, C. (2020). Mindf*ck: Cambridge Analytica and the plot to break America. Penguin Random House.

7 Griffith, C. (2019, February 18). Skype's sneaky contact harvest. The Australian. Retrieved 11 October 2022 from https://amp.theaustralian.com.au/business/technology/skypes-sneaky-contact-harvest/news-story/96fce90ccfa81fe8929e218bc24414cf

8 Add similar segments to your targeting - Google Ads Help. (n.d.). Retrieved June 29, 2023, from https://support.google.com/google-ads/answer/7139569?hl=en-GB

9 Meta. (n.d.). About lookalike audiences. Facebook. Retrieved 28 May 2023 from https://www.facebook.com/business/help/164749007013531?id=401668390442328

10 Perkins v. Linkedin Corp. (Case No. 13-CV-04303-LHK). (2013, September 17). archive.org. Retrieved June 30, 2023, from http://ia800900.us.archive.org/6/items/gov.uscourts.cand.270092/gov.uscourts.cand.270092.96.1.pdf

11 Schlosser, D. (2015, June 5). LinkedIn dark patterns, or: why your friends keep spamming you to sign up for LinkedIn. Medium. Retrieved 4 April 2023 from https://medium.com/@danrschlosser/linkedin-dark-patterns-3ae726fe1462

12 Brignull, H. (2010). Friend spam: A type of deceptive design. Retrieved 1 January 2023 from https://old.deceptive.design/friend_spam/

21장 다크패턴끼리 결합하는 경우

1 Luguri, J., & Strahilevitz, L.J. (2021, January 1). Shining a light on dark patterns. Journal of Legal Analysis, 13(1), 43 – 109. https://academic.oup.com/jla/article/13/1/43/6180579

2 동의율은 다음과 같다(중도 포기는 데이터 보호 플랜을 거부한 것으로 간주). 대조군: 11.3%(73명), 보통 수준의 다크패턴: 25.4%(155명), 공격적인 다크패턴: 37.2%(217명).

3 Strahilevitz, L. (2022, August 12). Update on Dark Patterns at the NIAC 2022 Summer National Meeting. niac.org. Retrieved October 18, 2022, from https://content.naic.org/sites/default/files/national_meeting/Lior+Update+on+Dark+Patterns.pdf

4부 당신이 생각하는 것보다 더 나쁘다

1 Servicio Nacional del Consumidor [SERNAC]. (2022, March). Policy Paper On Cookies Consent Requests:Experimental Evidence Of Privacy By Default And Dark Patterns On Consumer Privacy Decision Making. Retrieved January 28, 2023, from https://icpen.org/sites/default/files/2022-05/SERNAC_Policy_Paper_Cookies_Experiment.pdf

2 Moser, C., S. Schoenebeck and P. Resnick (2019), 'Impulse buying: Design practices and consumer needs', Proceedings of the 2019 CHI Conference

on Human Factors in Computing Systems (CHI '19), https://doi.org/10.1145/3290605.3300472

3 Soe, T. H., Nordberg, O. E., Guribye, F., & Slavkovik, M. (2020). Circumvention by design - dark patterns in cookie consent for online news outlets. Proceedings of the 11th Nordic Conference on Human-Computer Interaction: Shaping Experiences, Shaping Society. https://doi.org/10.1145/3419249.3420132

4 Consumer protection: manipulative online practices found on 148 out of 399 online shops screened. (2023, January 30). European Commission. https://ec.europa.eu/commission/presscorner/detail/en/ip_23_418

5 Dark commercial patterns. (2022). OECD Digital Economy Papers. https://doi.org/10.1787/44f5e846-en

6 In this research paper, Mathur et al refer to the perspectives as 'Lenses': Mathur, A., Kshirsagar, M., & Mayer, J. (2021). What Makes a Dark Pattern. . . Dark? Proceedings of the 2021 CHI Conference on Human Factors in Computing Systems. https://doi.org/10.1145/3411764.3445610

22장 다크패턴이 내게서 빼앗아가는 것

1 Locked In: Consumer issues with subscription traps. (2016, March 8). Citizen's Advice. https://www.citizensadvice.org.uk/about-us/our-work/policy/policy-research-topics/consumer-policy-research/consumer-policy-research/locked-in-consumer-issues-with-subscription-traps/

2 Brignull, H., Leiser, M., Santos, C., & Doshi, K. (2023, April 25). Deceptive patterns – Legal cases. Retrieved April 25, 2023, from https://www.deceptive.design/cases

3 Lupiáñez-Villanueva, F., Boluda, A., Bogliacino, F., Liva, G., Lechardoy, L., & Rodríguez de las Heras Ballell, T. (2022). Behavioural study on unfair commercial practices in the digital environment: Dark patterns and manipulative personalisation. European Commission. https://op.europa.eu/en/publication-detail/-/publication/606365bc-d58b-11ec-a95f-01aa75ed71a1/language-en/format-PDF/source-257599418

4 Leiser, M. R., & Caruana, M. (2021). Dark Patterns: Light to be found in Europe's Consumer Protection Regime. Journal Of European Consumer And Market Law,

10(6), 237-251. Retrieved from https://hdl.handle.net/1887/3278362

5 Servicio Nacional del Consumidor [SERNAC]. (2022, March). Policy Paper On Cookies Consent Requests:Experimental Evidence Of Privacy By Default And Dark Patterns On Consumer Privacy Decision Making. Retrieved January 28, 2023, from https://icpen.org/sites/default/files/2022-05/SERNAC_Policy_Paper_Cookies_Experiment.pdf

6 Shaw, S. (2019, June 12). Consumers Are Becoming Wise to Your Nudge - Behavioral Scientist. Behavioral Scientist. https://behavioralscientist.org/consumers-are-becoming-wise-to-your-nudge/

7 Lupiáñez-Villanueva, F., Boluda, A., Bogliacino, F., Liva, G., Lechardoy, L., & Rodríguez de las Heras Ballell, T. (2022). Behavioural study on unfair commercial practices in the digital environment: Dark patterns and manipulative personalisation. European Commission. https://op.europa.eu/en/publication-detail/-/publication/606365bc-d58b-11ec-a95f-01aa75ed71a1/language-en/format-PDF/source-257599418

8 Alegre, S. (2023). Freedom to Think: The Long Struggle to Liberate Our Minds. Atlantic Books (UK).

9 Alegre, S. (2022, April 25). Freedom to Think, by Susie Alegre - The Conduit. The Conduit. Retrieved May 28, 2023, from https://www.theconduit.com/insights/peace-justice/freedom-to-think-by-susie-alegre/

10 Article 9: Freedom of thought, belief and religion | Equality and Human Rights Commission. (1995). Retrieved May 28, 2023, from https://www.equalityhumanrights.com/en/human-rights-act/article-9-freedom-thought-belief-and-religion

23장 어떤 사람이 더 취약한가

1 Luguri, J., & Strahilevitz, L. J. (2021, January 1). Shining a light on dark patterns. Journal of Legal Analysis, 13(1), 43–109. https://academic.oup.com/jla/article/13/1/43/6180579

2 Federal Trade Commission. (2022, September 15). Bringing dark patterns to light - FTC staff report. Retrieved 1 January 2023 from https://www.ftc.gov/reports/bringing-dark-patterns-light

3 Pak, K., & Shadel, D. (2011). AARP Foundation national fraud victim study. AARP Foundation. Retrieved 6 June 2023 from https://www.aarp.org/content/dam/aarp/research/surveys_statistics/econ/2011/2011-aarp-national-fraud-victim-study.pdf

25장 지금까지의 노력이 실패한 이유

1 ACM Ethics. (2018, July 17). Case: Dark UX patterns. Association for Computing Machinery's committee on professional ethics. https://ethics.acm.org/code-of-ethics/using-the-code/case-dark-ux-patterns/

2 AIGA Standards of Professional Practice. (n.d.). AIGA. https://www.aiga.org/resources/aiga-standards-of-professional-practice

3 American Psychological Association. (2017). Ethical principles of psychologists and code of conduct. Retrieved 21 December 2022 from https://www.apa.org/ethics/code

4 UXPA code of professional conduct. (2019, April 14). UXPA International. https://uxpa.org/uxpa-code-of-professional-conduct/

5 European Union. (2005, May 11). Directive 2005/29/EC of the European Parliament and of the Council ('Unfair Commercial Practices Directive'). EUR-Lex. Retrieved 13 May 2023 from https://eur-lex.europa.eu/legal-content/EN/TXT/HTML/?uri=CELEX:32005L0029

6 European Union. (2021, December 29). Commission notice: Guidance on the interpretation and application of Directive 2005/29/EC of the European Parliament and of the Council concerning unfair business-to-consumer commercial practices in the internal market. EUR-Lex. Retrieved 13 May 2023 from https://eur-lex.europa.eu/legal-content/EN/TXT/?uri=CELEX:52021XC1229(05)

7 Truong, H., & Dalbard, A. (2022, June 30). Bright patterns as an ethical approach to counteract dark patterns. Retrieved 17 January 2023 from https://www.diva-portal.org/smash/get/diva2:1680425/FULLTEXT01.pdf

8 https://fairpatterns.com/ (coming soon from Amurabi: https://www.amurabi.eu/).

9 ISO. (2019, July). ISO 9241-210:2019 Ergonomics of human-system interaction

— Part 210: Human-centred design for interactive systems. ISO. Retrieved 17 January 2023 from https://www.iso.org/standard/77520.html

10 IAB Europe. (n.d.). Transparency and Consent Framework. Retrieved 21 March 2023 from https://iabeurope.eu/transparency-consent-framework/

11 GDPR.eu. (2018, November 16). Article 4 GDPR: Definitions. GDPR.eu. Retrieved 22 December 2022 from https://gdpr.eu/article-4-definitions/

12 Santos, C., Nouwens, M., Toth, M. J., Bielova, N., & Roca, V. (2021). Consent management platforms under the GDPR: Processors and/or controllers? Social Science Research Network. https://doi.org/10.2139/ssrn.4205933

13 Soe, T. H., Nordberg, O. E., Guribye, F., & Slavkovik, M. (2020, October). Circumvention by design: Dark patterns in cookie consent for online news outlets. Proceedings of the 11th Nordic conference on human-computer interaction: Shaping experiences, shaping society. https://doi.org/10.1145/3419249.3420132

14 Lomas, N. (2022, February 2). Behavioral ad industry gets hard reform deadline after IAB's TCF found to breach Europe's GDPR. Techcrunch. Retrieved 22 December 2022 from https://techcrunch.com/2022/02/02/iab-tcf-gdpr-breaches/

15 Santos, C., Nouwens, M., Toth, M. J., Bielova, N., & Roca, V. (2021). Consent management platforms under the GDPR: Processors and/or controllers? Social Science Research Network. https://doi.org/10.2139/ssrn.4205933

16 Walshe, P. (2023, March 29). All based on the IAB TCF. Having the IAB in charge of ad standards aka the TCF is like having Dracula in charge of the national blood bank. [Tweet] Twitter. Retrieved 29 March 2023 from https://twitter.com/PrivacyMatters/status/1641089844033249281

17 NOYB. (2023, January 24). Data protection authorities support NOYB's call for fair yes/no cookie banners. noyb.eu. Retrieved 27 May 2023 from https://noyb.eu/en/data-protection-authorities-support-noybs-call-fair-yesno-cookie-banners

27장 EU의 관련 법률

1 이 부분에서 설명한 모든 현행 EU 법은 이 글을 쓰는 현재 영국에서도 유지되고 있

으나, 향후 변동 가능성이 있다.

2 BB2 Association for Computing Machinery (ACM). (2018). ACM Code of Ethics and Professional Conduct. Retrieved 31 March 2023 from https://www.acm.org/code-of-ethics

28장 미국의 관련 법률

1 Federal Trade Commission. (2022, September 15). Bringing dark patterns to light - FTC staff report. Retrieved 1 January 2023 from https://www.ftc.gov/reports/bringing-dark-patterns-light

2 CPDPConferences. (2022, June 3). Manipulative design practices online: Policy solutions for the EU and the US [Video]. YouTube. https://www.youtube.com/watch?v=kLU3w2tp3YA

29장 규제는 제대로 작동하고 있는가?

1 Vinocur, N. (2019, April 24). How one country blocks the world on data privacy. Politico. Retrieved 27 May 2023 from https://www.politico.com/story/2019/04/24/ireland-data-privacy-1270123

2 Bryant, J. (2023, January 4). Irish DPC fines Meta 390m euros over legal basis for personalized ads. International Association of Privacy Professionals. https://iapp.org/news/a/irish-dpc-fines-meta-390m-euros-over-legal-basis-for-personalized-ads/

3 Bracy, J. (2023, May 22). Meta fined GDPR-record 1.2 billion euros in data transfer case. International Association of Privacy Professionals. https://iapp.org/news/a/meta-fined-gdpr-record-1-2-billion-euros-in-data-transfer-case/

4 European Union. (2019, December 18). Directive (EU) 2019/2161 of the European Parliament and of the Council of 27 November 2019 amending Council Directive 93/13/EEC and Directives 98/6/EC, 2005/29/EC and 2011/83/EU of the European Parliament and of the Council as regards the better enforcement and modernisation of Union consumer protection rules (Text with EEA relevance). Retrieved 31 May 2023 from https://eur-lex.europa.eu/eli/dir/2019/2161/oj

5 Laubheimer, P. (2020, June 21). 3 persona types: Lightweight, qualitative, and

statistical. Nielsen Norman Group. Retrieved 21 March 2023 from https://www.nngroup.com/articles/persona-types/

6 Lewis, C., Polson, P.G., Wharton, C., & Rieman, J. (1990, March). Testing a walkthrough methodology for theory-based design of walk-up-and-use interfaces. Proceedings of the conference on human factors in computing systems (pp. 235–242). Retrieved 5 July 2020 from https://doi.org/10.1145/97243.97279

7 Mozilla. (n.d.). Take screenshots on Firefox | Firefox Help. https://support.mozilla.org/en-US/kb/take-screenshots-firefox

8 NocoDB (n.d.). Retrieved 29 December 2022 from https://www.nocodb.com/

9 Baserow (n.d.). Retrieved 29 December 2022 from https://baserow.io/

10 Airtable (n.d.). Retrieved 29 December 2022 from https://www.airtable.com/

11 BrowserStack. (n.d.). Retrieved 8 January 2023 from https://www.browserstack.com/live

12 Brandwatch. (n.d.). Retrieved 27 May 2023 from https://www.brandwatch.com/

13 Mentionlytics. (n.d.). Retrieved 27 May 2023 from https://www.mentionlytics.com/

14 Bose, S. (2023, February 13). How to take screenshot in Selenium WebDriver. BrowserStack. https://www.browserstack.com/guide/take-screenshots-in-selenium

15 Carter, L. (n.d.). Air/shots: Discovering a workflow for app screenshots. Airbnb Design. https://airbnb.design/airshots-discovering-a-workflow-for-app-screenshots/

16 NOYB. (n.d.). WeComply. Retrieved 27 May 2023 from https://wecomply.noyb.eu/

17 NOYB. (2021, May 31). NOYB aims to end 'cookie banner terror' and issues more than 500 GDPR complaints. noyb.eu. Retrieved 27 May 2023 from https://noyb.eu/en/noyb-aims-end-cookie-banner-terror-and-issues-more-500-gdpr-complaints

18 BEUC. (2022, July 2). 'Dark patterns' and the EU consumer law acquis: Recommendations for better enforcement and reform. Retrieved 28 March 2023

from https://www.beuc.eu/sites/default/files/publications/beuc-x-2022-013_dark_patters_paper.pdf

6부 앞으로 나아갈 길

1 Leiser, M.R. (2020, June 12). 'Dark patterns': The case for regulatory pluralism. Social Science Research Network. https://doi.org/10.2139/ssrn.3625637

2 Directorate-General for Justice and Consumers (European Commission), Lupiáñez-Villanueva, F., Boluda, A., Bogliacino, F., Liva, G., Lechardoy, L., & Rodríguez de las Heras Ballell, T. (2022, May 16). Behavioural study on unfair commercial practices in the digital environment: Dark patterns and manipulative personalisation, final report. Publications Office of the European Union. https://data.europa.eu/doi/10.2838/859030

3 Mathur, A., Kshirsagar, M., & Mayer, J. (2021). What makes a dark pattern… dark? Proceedings of the 2021 CHI conference on human factors in computing systems. https://doi.org/10.1145/3411764.3445610

4 Himes, J.L., & Crevier, J. (2021, August). 'Something is happening here but you don't know what it is. Do you, Mrs. Jones?' Dark patterns as an antitrust violation. CPI Antitrust Chronicle. Retrieved 2 January 2023 from https://www.competitionpolicyinternational.com/wp-content/uploads/2021/08/7-Something-Is-Happening-Here-but-You-Dont-Know-What-It-Is.-Do-You-Mrs.-Jones-Dark-Patterns-as-an-Antitrust-Violation-By-Jay-L.-Himes-Jon-Crevier.pdf

30장 EU에서 일어나는 변화

1 European Union. (2022, October 12). Regulation (EU) 2022/1925 of the European Parliament and of the Council of 14 September 2022 on contestable and fair markets in the digital sector and amending Directives (EU) 2019/1937 and (EU) 2020/1828 (Digital Markets Act). Retrieved 5 January 2023 from https://eur-lex.europa.eu/legal-content/EN/TXT/HTML/?uri=CELEX:32022R1925

2 European Commission. (2023, May 2). Questions and answers: Digital Markets Act: Ensuring fair and open digital markets. https://ec.europa.eu/commission/presscorner/detail/en/QANDA_20_2349

3 European Union. (2022, October 27). Regulation (EU) 2022/2065 of the European Parliament and of the Council of 19 October 2022 on a single market for digital services and amending Directive 2000/31/EC (Digital Services Act). Retrieved 5 January 2023 from https://eur-lex.europa.eu/legal-content/EN/TXT/HTML/?uri=CELEX:32022R2065

4 European Union. (2021, December 29). Commission notice: Guidance on the interpretation and application of Directive 2005/29/EC of the European Parliament and of the Council concerning unfair business-to-consumer commercial practices in the internal market. EUR-Lex. Retrieved 1 January 2023 from https://eur-lex.europa.eu/legal-content/EN/TXT/?uri=CELEX:52021XC1229(05)

31장 미국에서 일어나는 변화

1 Federal Trade Commission. (2021, June 15). Lina M Khan sworn in as chair of the FTC. Federal Trade Commission. https://www.ftc.gov/news-events/news/press-releases/2021/06/lina-m-khan-sworn-chair-ftc

2 Federal Trade Commission. (2022, December 19). Fortnite video game maker Epic Games to pay more than half a billion dollars over FTC allegations of privacy violations and unwanted charges. Federal Trade Commission. Retrieved 2 January 2023 from https://www.ftc.gov/news-events/news/press-releases/2022/12/fortnite-video-game-maker-epic-games-pay-more-half-billion-dollars-over-ftc-allegations

3 Federal Trade Commission. (2022, September 15). Bringing Dark Patterns to Light - FTC staff report. Retrieved 1 January 2023 from https://www.ftc.gov/reports/bringing-dark-patterns-light

4 Federal Trade Commission. (2022, November 3). FTC action against Vonage results in $100 million to customers trapped by illegal dark patterns and junk fees when trying to cancel service. Federal Trade Commission. Retrieved 31 May 2023 from https://www.ftc.gov/news-events/news/press-releases/2022/11/ftc-action-against-vonage-results-100-million-customers-trapped-illegal-dark-patterns-junk-fees-when-trying-cancel-service

5 Castro, D. (2023, January 4). The FTC's efforts to label practices 'dark patterns'

is an attempt at regulatory overreach that will ultimately hurt consumers. ITIF. Retrieved 8 January 2023 from https://itif.org/publications/2023/01/04/the-ftcs-efforts-to-label-practices-dark-patterns-is-an-attempt-at-regulatory-overreach-that-will-hurt-consumers/

6 Federal Trade Commission. (2022, December 19). Fortnite video game maker Epic Games to pay more than half a billion dollars over FTC allegations of privacy violations and unwanted charges. Federal Trade Commission. Retrieved 2 January 2023 from https://www.ftc.gov/news-events/news/press-releases/2022/12/fortnite-video-game-maker-epic-games-pay-more-half-billion-dollars-over-ftc-allegations

32장 다크패턴을 학습하는 AI?

1 Pasternack, A. (2023, February 22). GPT-powered deepfakes are a 'powder keg.' Fast Company. https://www.fastcompany.com/90853542/deepfakes-getting-smarter-thanks-to-gpt

2 Hsu, T., & Thompson, S.A. (2023, February 8). Disinformation researchers raise alarms about A.I. chatbots. The New York Times. https://www.nytimes.com/2023/02/08/technology/ai-chatbots-disinformation.html

3 Knight, W. (2021, May 24). GPT-3 can write disinformation now—and dupe human readers. Wired. https://www.wired.com/story/ai-write-disinformation-dupe-human-readers/

4 Midjourney. (n.d.). Retrieved 30 May 2023 from https://www.midjourney.com/

5 DALL · E 2. (n.d.). https://openai.com/product/dall-e-2

6 Uizard Autodesigner (n.d.). Uizard. Retrieved 30 May 2023 from https://uizard.io/autodesigner/

7 AI-powered website and UI builder using OpenAi generated code. (n.d.). TeleportHQ. Retrieved 30 May 2023 from https://teleporthq.io/ai-website-builder

8 Uizard. (2023, April 12). Uizard Autodesigner full walkthrough [Video]. YouTube. https://www.youtube.com/watch?v=PD5j7Ll7wLs

9 Miles, K. (2014, August 22). Artificial intelligence may doom the human race within a century, Oxford professor says. HuffPost. https://www.huffpost.com/

entry/artificial-intelligence-oxford_n_5689858

10 Meta Business Help Centre. (n.d.). About automated ads. Facebook. Retrieved 30 May 2023 from https://www.facebook.com/business/help/223852498347426?id=2393014447396453

11 Google Ads Help. (n.d.). About smart bidding and smart creative solutions with Google Ads. https://support.google.com/google-ads/answer/9297584?hl=en-GB

12 Kaptein, M. (2015). Persuasion profiling: How the internet knows what makes you tick. Business Contact.

13 Yeung, K. (2017). 'Hypernudge': Big Data as a mode of regulation by design. Information, Communication & Society, 20(1), 118-136. https://doi.org/10.1080/1369118x.2016.1186713

14 Cialdini, R.B. (2006). Influence: The psychology of persuasion, revised edition. Harper Business.

15 Image source for figure: Kaptein, M., Markopoulos, P., de Ruyter, B., & Aarts, E. (2015). Personalizing persuasive technologies: Explicit and implicit personalization using persuasion profiles. International Journal of Human-Computer Studies, 77, 38-51. https://doi.org/10.1016/j.ijhcs.2015.01.004

16 Wylie, C. (2020). Mindf*ck: Cambridge Analytica and the plot to break America. Penguin Random House.

17 Leiser, M.R., & Santos, C. (2023, April 27). Dark patterns, enforcement, and the emerging digital design acquis: Manipulation beneath the interface. Social Science Research Network. https://papers.ssrn.com/sol3/papers.cfm?abstract_id=4431048

33장 기술적 디스토피아가 다가올 위험성

1 Greenberg, S., Boring, S., Vermeulen, J., & Dostal, J. (2014, June 21). Dark patterns in proxemic interactions. Proceedings of the 2014 conference on designing interactive systems. https://doi.org/10.1145/2598510.2598541

2 Design Studio S. (n.d.). Retrieved 8 January 2023 from http://www.design-ss.com/product.html/JR/JR.html

3 Hon, A. (2022). You've been played: How corporations, governments, and

schools use games to control us all. Basic Books.

4 Castro, D. (2023, January 4). The FTC's efforts to label practices 'dark patterns' is an attempt at regulatory overreach that will ultimately hurt consumers. ITIF. Retrieved 8 January 2023 from https://itif.org/publications/2023/01/04/the-ftcs-efforts-to-label-practices-dark-patterns-is-an-attempt-at-regulatory-overreach-that-will-hurt-consumers/

34장 나쁜 넛지가 되지 않게

1 Albrecht, L. (2018, February 20). Richard Thaler, Nobel Prize-winning economist, says Wells Fargo is 'slimy'. MarketWatch. https://www.marketwatch.com/story/richard-thaler-nobel-prize-winning-economist-says-wells-fargo-is-slimy-2018-02-16

에필로그

1 Brignull, H., Leiser, M., Santos, C., & Doshi, K. (2023, April 25). Deceptive patterns: User interfaces designed to trick you. deceptive.design. Retrieved 25 April 2023 from https://www.deceptive.design/

옮긴이 심태은

경희대학교에서 호텔경영을 공부하고 한국외국어대학교 통번역대학원 한영과를 졸업하였다. 다년간 통번역가로 활동하였으며, 현재 번역에이전시 엔터스코리아에서 전문 번역가로 활동 중이다. 《읽자마자 IT 전문가가 되는 네트워크 교과서》, 《UX 라이터의 글쓰기 수업》, 《공감의 디자인》, 《구글은 어떻게 디자인하는가》 등이 있다.

다크패턴의 비밀

초판 1쇄 발행 2024년 4월 30일

지은이 해리 브리그널
옮긴이 심태은
발행인 김형보
편집 최윤경, 강태영, 임재희, 홍민기, 강민영
마케팅 이연실, 이다영, 송신아
디자인 송은비
경영지원 최윤영

발행처 어크로스출판그룹(주)
출판신고 2018년 12월 20일 제 2018-000339호
주소 서울시 마포구 양화로10길 50 마이빌딩 3층
전화 070-5080-4037(편집) 070-8724-5877(영업) **팩스** 02-6085-7676
이메일 across@acrossbook.com

ISBN 979-11-6774-149-3 03320

만든 사람들
편집 최윤경 **교정** 이진숙 **표지디자인** 디스커버 **본문디자인** 송은비 **본문조판** 순순아빠